모국어를 위한
불편한 미시사

앙꼬あんこ빵
곰보빵
빠다butter빵

일본어를 내치지 못하고
영어는 제대로 받아들이지 못한 채
우리말조차 바르게 쓰지 못했던
그 시절에 나는
모국어를 얼마나 체득했을까.

모국어를 위한
불편한 미시사

천년의상상   이병철 지음

지은이 말

　집안 어른 격인 말이 하나 사라지면 거기 딸린 식구도 더불어 사라진다. 이를테면 옛날얘기 들머리에 자주 쓰였던 말 '두메'가 그렇다. 두메에는 '산골'이라는 말이 붙어 다니다시피 했다. 그러한 파생어가 무려 스물일곱 가지에 이른다. 두멧구석 두멧길 두멧사람 두메싸립…. 속담도 있다. '두메로 꿩사냥 보내놓고' '두메 앉은 이방吏房이 조정朝庭 일 알 듯'. 우리 어머니, 그분 어머니, 또 그분 어머니가 쓰셨던 말 스물여덟 개와 속담이 내 대代에 사라져 간다.

　두메란 말, 쓸 일 없어진 것이 아니다. 오지라는 말에 밀렸다. 두메는 바깥세상과 멀리 떨어진 외진 곳이다. '둠+메(산)'에서 온 우리 토박이말이다. 오지는 한자어이다. 내가 이상하게 생각하는 것은, 막상 '깊을 오奧' 자를 쓸 수 있고 그 뜻도 아는 사람이 거의 없다는 사실이다. 이 글자는 '오묘' '오밀조밀' 외에 널리 쓰이는 어휘가 없다. 오스트리아를 오지리奧地利라고 부른 적이 있을 정도이다.

　사어死語가 있으면 신어新語도 있다. 그런데 사라지는 말은 거의가 우리말이고 새로 생기는 말은 한자어이다. 그리고 한자 신어가 생길 때마다 또 우리말과 그 식솔 수십 개가 사라진다. 빨래틀이 아니라 세탁기洗濯機가 생기니 '빨래한다'는 말이 사라지고 그 자리를 '세탁한다'가 냉큼 차지했다. 빨래·빨랫감·빨랫비누도 세탁·세탁물·세탁세제로 바뀌었다. 이렇게 사라진 우리말은 빨래질 빨래판 빨랫터 등 물경 스물아홉 개다.

사어가 될 까닭이 전혀 없는 말조차 한자어에 밀려나고 있다. 흔하디흔했던 '걱정'까지 '우려憂慮'에 밀려 퇴출될 지경에 이르렀다. 우리말 단짝인 '근심'도 같은 운명이다. 정말로 걱정이 태산이다. 이십만 개도 안 남은 우리말인데 어찌해야 하나. 아, 걱정도 팔자인가.

내 어머니가 쓰셨고, 그분 어머니, 또 그분 어머니가 쓰셨던 말, 그러다가 나한테까지 전해진 우리말. 그 모국어가 이렇듯 편안치 못하다. 모국어라는 개념에는 어휘만 포함될까. 아니다. 한글 전용 논쟁과 일본어 잔재 탓에 대중은 어휘에 문제가 많다고 느끼지만, 모국어 훼손을 말할 때 더 심각한 쪽은 글틀, 즉 구문構文이다. 일본어 노의로 말미암아 우리글 서술 체계가 무너졌다. '~의'를 마구잡이로 쓰자 부사와 동사가 사라지고 한자어 명사만 쓰게 되었다. 아무리 한글을 쓰자고 외쳐도 한자어를 한글로 표기하는 '무늬만 한글 전용'에 그칠 수밖에 없다.

나는 이 책에서 일상 쓰이는 말과 글을 살펴 그 실체를 드러내고자 했다. 그리하여 독자로 하여금 언어환경이 우리가 소중하다고 생각하는 그 무엇과 견주어도 결코 소홀히 할 수 없는 명제임을 깨닫게 해 드리는 것을 주안점으로 삼았다.

　이 책 전체에 다른 글 인용한 것 빼고는 '~의'라는 조사助詞를 한 번도 쓰지 않았다. 쉽지 않은 도전이었다. 그뿐더러 엄연한 우리말을 애써 쓰지 않음 또한 자연스럽지 못하다. 하지만 이렇게 해서라도 '글버릇'을 통제할 수 있음을 보여주고 싶었다. 문장을 '것이다'로 끝맺지 않은 것 또한 그런 뜻에서다. 우리글 구문을 망치는 원인 중 하나가 바로 글쓰기를 업으로 삼는 사람들이 지닌 이 글버릇이기 때문이다. 글로 먹고사는 사람이 글을 망치는 아이러니. 이를 고치는 데 뭐라도 보태고 싶어 시도했다.

　내 글쓰기 목표는 전문 분야 쉽게 전달하기이다. 이 책도 우리말과 글이 맞닥뜨린 어려운 문제들을 다루었으되 나조차 미셀러니인지 에세이인지 모를 만큼 편안히 읽히게 쓰려고 애썼다. 욕심이겠지만 "문법을 다룬 책이 이렇게 재미있다니!"라는 말을 듣는다면 정말로 행복하겠다.

　글은 셋으로 나누어 엮었다. 첫 묶음 소재는 내 성장기·청년기 언어환경이다. 스토리텔링을 통해 어휘 중심으로 추억했다. 두 번째 묶음에서는 기자로서 겪은 언어환경을 회고했다. 대중에게 알려지지 않은 기사記事 생산 과정을 곁들여 글쟁이들이 지닌 문제점을 다루었다. 국어를 다룬 책들이 거의 어휘에 치중한데 비해 세 번째 묶음에는 구문構文에서 우리 말과 글이 나아갈 바를 모색했다. 예문들이 독자에게 놀라움과 흥미를 듬뿍 안기리라고 믿는다.

내가 읽고 싶었던 책을 쓴 나에게 고맙다. 책을 내자마자 또 제목을 제시하며 이 책을 쓰게끔 닦달한 천년의상상 선완규 대표도 고맙다. 이 책에서 마뜩찮은 부분이 현재 수준으로나마 그친 공은 감상과 비평으로 격려한 아내와 두 딸에게 돌린다. 특히 둘째가 가끔 퇴짜를 놓느라 애 많이 썼다. 이 책, 모국어라는 말을 들으면 왠지 가슴이 찡해지거나 혹은 아늑함을 느끼거나 그 무엇엔가 가슴이 일렁거림을 느낄 이들에게 바친다.

2020년 10월 5일 那卑居에서

차례

● 앙꼬빵·곰보빵·빠다빵
‑성장기·청년기에 겪은 언어환경‑

● 내가 사랑한 네거티브 인생
-직업인으로서 겪은 언어환경-

● 지나간 전쟁 아니다
-개선해야 할 언어환경-

일러두기

★ 이 글은 수필인 데다 지은이가 개인 견해와 주장을 담았으므로 국어학 관련 공식 학설과 다른 점이 있을 수 있습니다. 또한 다른 국어학 관련 책을 참고하지 않고 썼으므로 '참고 문헌' 목록을 붙이지 않았습니다.

★ 한글맞춤법이나 외래어표기법에 맞지 않는 말이 간혹 나오는데, 이는 그 시절 사회에서 쓰인 말을 그대로 전달해 당시 분위기를 나타내고자 한 것입니다. 다음 예에서 괄호 안이 맞는 말입니다.
  예: 국민학교(초등학교) 첫찌 가다(첫째 가타) 으찌 니 쌈(이치 니 산) 다꽝(다쿠앙) 니꾸사꾸(룻쿠삿쿠 ← 류색) 쎄칸 베이스맨(2루수) 쑈스탑(유격수)

★ 글 중에 〈국어대사전〉(1961년, 이희승, 민중서림) 〈국어대사전〉(1991년, 김민수, 금성출판사) 〈우리말 큰사전〉(1992년, 한글학회, 어문각) 〈표준국어대사전〉(1999년, 국립국어연구원, 동아출판)을 각각 '李사전' '金사전' '큰사전' '표사전'으로 표시한 곳이 있습니다.

★ 이 책에 나오는 일본어 풀이는 이와나미 쇼텐岩波書店이 발간한 일본어 사전 〈고우지엔広辞苑〉 제5판(1998년)과 대동문화사가 발간한 〈대동판 日韓大辞典〉(1994년)에서 인용하거나 참고했습니다.

★ 지은이는 이 책에 인용문 외에는 문장에 '~의'와 '것이다'를 쓰지 않았습니다.

앙꼬빵·곰보빵·빠다빵

성장기·청년기에 겪은
언어환경

일생에서

언어 발달이 가장 활발하다고

알려진 유소년기에

내가 겪은 언어환경을

요약해 비유하자면

'앙꼬あんこ빵

곰보빵

빠다butter빵'이었다.

일본어를 내치지 못하고

영어는 제대로 받아들이지 못한 채

우리말조차 바르게 쓰지 못했던

그 시절에 나는

모국어를 얼마나 체득했을까.

어렸을 때

2018년 한 손님이 이런저런 얘기 끝에 이렇게 말했다.

"이제 우리 오팔년 개띠가 예순입니다. 정말 지지리 고생만 하다가 은퇴합니다."

내가 웃으면서 물었다.

"정말 개띠가 그렇게 고생을 많이 했어요?"

"그럼요. 우리만큼 고생한 세대가 어디 있습니까?"

개띠가 어떠니 저떠니 하면서 고생을 제일 많이 했다는 말이 사회에서 회자됨을 나도 알고 있었다. 하지만 그것은 자기네 생각일 뿐이다. 그렇다면 내 얘기도 한번 들어보겠느냐고 묻고 내가 그이에게 풀어낸 이야기는 이렇다.

1945년 광복 이후 1959년까지 태어난 사람 중에서 출생부터 노년에 이르기까지 제일 심하게 고생한 이들은 1951년생이다. 1951년생이 만 59세가 된 2010년 신체와 정신을 조사하니 그들이 1945~1959년 출생자 중에서 장애나 불편함을 제일 많이 지니고 있었다. 1951년에 자식을 낳은 어머니들이 임신한 몸으로 한국전쟁 초기에 제일 심한 혼란을 겪었기 때문이다.*

나는 1951년 1월 20일 태어났다. 그보다 보름 전 1·4후퇴 때 매서운 겨울바람을 뚫고 부산으로 향하는 피란 열차 지붕에 웅크린 어머니는 만삭이셨다. 거기에 여섯 살짜리 딸과 세 살배기 아들까지 딸렸다. 임신 3개월째부터 내내 전쟁을 겪다가 마지막 산달을 그렇게 보내고서야 해운대 단칸방에서 몸을 풀었다.

무얼 제대로 잡수셨겠나. 어머니는 피란지에서 폐병을 얻었고, 나도 허약했다고 한다. 그 무렵 남들이 나를 놀릴 때 툭하면 노래처럼 불렀던 말이 '빼빼야 울지 마라, 낼 모레 장가간다'였다. 전쟁이 끝나 서울로 돌아오고도 생활 터전을 잃은 탓에 살림은 몹시 궁했다. 국민학교 1학년 때 어머니를 따라 중구 보건소에 갔더니 흰 가운을 입은 어른이 어머니에게 약을 주면서 이런 말을 했다.

"고기 드실 형편이 안 되면 달걀이라도 하루에 한 개씩 드셔야 합니다. 이 병은 영양이 좋아야만 낫습니다."

어머니는 가만히 듣기만 했다. 우리 형편에는 당치도 않은 사치였기에. 그때 우리나라에는 중산층이 없었다. 몇몇 부자 말고는 살림살이 어렵기가 너나없이 엇비슷했다. 못 먹고, 못 입고,

---

* 서울대 경제학부 이철희 교수가 2010년 통계청이 시행한 인구주택총조사 결과를 바탕으로 삼아 2017년 4월 발표한 자료. 같은 1951년생이라도 격전이 벌어졌던 중부지방 출신이 남부지방 출신보다 장애율이 더 높았다. 반면 1952년생은 전쟁 영향을 거의 받지 않았다. 그들이 태아이던 1951년 3월 이후에는 휴전선 인근에서만 전투가 벌어졌기 때문이다.

명절 때만 대중 목욕탕에 갔던 우리네 삶. 그때는 그랬다. 여기서 말을 맺자 개띠 손님은 머리를 긁적이며 말했다.

"할 말 없습니다. 오팔년 개띠가 고생했다는 말은 이제 못 하겠네요."

내 유년기. 그때 서울 거리 풍경이 생생하다. 팔 끝에 달린 쇠갈고리를 번쩍이며 몰려다니는 상이용사, 깡통 들고 집집마다 동냥하러 다니는 고아, 침 달린 작대기로 꽁초를 찍어서 줍는 사람과 지게꾼. 이들이 거리에 널렸다. 아버지가 신문을 보다가 혀를 차시면, 쌀값이 올랐다거나 전선주에 올라 몰래 전기를 끌어 쓰려다가 감전되어 사람이 죽었다거나, 탄피를 주우러 다니던 아이들이 불발 로켓 포탄을 두드리다가 폭사했다는 기사가 난 것이 틀림없었다. 나도 동네 형들을 따라 소총 탄피를 주으려고 지금 경리단길 군인아파트 자리에 있던 포방터 사격장에 간 적이 있다. 1980년 어린이문학가 김원석씨가 내게 보내온 동시집에 실린 〈내 어릴 때 남산〉 중 한 대목은 이렇다.

'사사사 사아/
강바람이 찬바람재를 지나/ 아카시아밭을 지나/
딱쿵딱쿵 딱따쿵 / 포방터 총소릴 업고/
이마에 와 닿으면/ 아아, 시원해라.'

이 시를 읽고 즉시 전화해서 만나기를 청했다. 그 날 우리는 서부역 뒤 약현성당 밑 골목 작은 술집에서 막걸리에 병어찜을

부산 피란 시절. 전쟁 물자와 구호품이 부산항으로 쏟아져 들어오던 때 수영비행장 건설 현장에서 날품을 팔던 아버지는 용케 미군부대에 일자리를 얻었다. 눈썰미와 손재주가 비상한 아버지는 얼마 안 가 부대 식당 쿡이 되어 빵 만드는 일을 했다. 누나는 미군이 동네에 구제품을 싣고 오면 제일 먼저 달려가 장난감과 옷을 얻어 왔다. 뽀뿌링(포플린) 치마를 입은 어머니, 군복 차림 아버지와 찍은 이 사진에서 누나는 일곱 살, 형은 네 살, 아버지 무릎에 안긴 나는 두 살이었다(1952년).

먹으면서 시간 가는 줄 모르고 어릴 적 이야기를 나누었다. 포방터 얘기며, 국군의날 남산에 올라 F86 세이버 전투기들이 흑석동 부근 한강변 모래 사장에 네이팜탄 폭격하는 것을 보았던 얘기며…. 둘 다 이사를 자주 다녀 얘깃거리가 많았다.

전쟁이 끝나고 우리 식구가 서울로 돌아와 처음 자리 잡은 곳이 원효로인데, 9·28 수복 때 유엔군 포격을 심하게 당한 곳이었다. 우리집 언저리에 서 있는 집이 거의 없이 다 무너져내려 건축 쓰레기가 널린 허허벌판 같았다. 어린 마음에도 그 살벌한 풍경에 자극되었는지 해가 뉘엿할 때 그 황량한 풍경을 물끄러미 서서 바라본 기억이 선명하다. 또래가 거의 없는 그 동네에서 내가 했던 딱 한 가지 놀이는 땅강아지 잡기였다.

거기서 옮겨간 곳이 청파동이었는데, 집이 많아서 꼬마들도 많았다. 엄마와 누나는 〈산토끼〉나 〈학교종〉을 가르쳐 주었지만, 그보다는 골목에 나가 아이들이 부르는 대로 따라 하면서 배운 노래가 더 많았다. 그 중 제일 먼저 떠오르는 노래가 이것이다.

'때굴때굴 땍때굴 도토리 하나/ 도토리 먹으면 아기 된다고/
육군사관학교 갖다 바치니/ 나라를 사랑하는 꽃다발'

첫 소절은 아주 좋고, 둘째 소절도 그만하면 괜찮다. 그런데 셋째 소절은 참으로 어처구니없다. 육군사관학교에 갖다 바친다는 엉뚱한 발상은 무엇인가. 그리고 도토리가 꽃다발이라니! 아무리 전쟁 직후여서 군대에 관한 것이 판치던 세상이라고 해도 서너 살 먹은 아이들이 부르는 노래가 이처럼 엉터리라면, 그것을 줄창 불러대는 아이 머리에 무슨 의식이 자리 잡을까. 우리집 아이들이 유치원에서 자랄 때 제일 많이 부른 〈앉은뱅이꽃〉 노랫말을 보자.

'보랏빛 예쁜 꽃 우리집 문패꽃/
꽃 중에 작은 꽃 앉은뱅이랍니다'

앉은뱅이꽃이라고도 불리는 제비꽃. 아이들 심성에 천진함과 아름다움을 심어준 노래이다. 이 노래를 부르는 모습을 보면서 육군사관학교에 도토리를 갖다 바친다는 노래가 내 대代에서 끝난 것을 다행스럽게 여겼다. '때굴때굴'을 지나 레퍼토리가 늘어날 시기에 자주 부른 노래가 〈승리의 노래〉이다. 동네 형들이 부를 때 그냥 따라 부르다 보니 이런 가사가 되었다.

'무찌르자 오랑캐 몇백만이냐/ 대한 **넘어** 가는데 **저기**로구나/
나아가자 나아가 **순이**에 길로/ 나가자 나아가 **순이**에 길로'

골목마다 조무래기들은 다 이렇게 불렀다. 나중 일이지만, 해가 갈수록 뭔가 이상했다. 제일 먼저 여자애 이름 순이가 아니라 '승리'일 것이라는 생각이 들었다. 그런데 넘어와 저기는 오리무중이었다. 대한(민국)을 넘어가는데 (목표로 했던 그곳이) 저기라니, 저기가 어디인가. 도무지 모를 일이었다.

참 오랫동안 가슴에 품었던 이 의문은 고등학생이 되어서야 풀렸다. 무슨 노래책을 보다가 노랫말을 알게 되었는데, 넘어는 '남아'이고 저기는 '초개'였다. 남아는 男兒일 터인데 초개는 또 무엇이란 말인가. '조개'를 잘못 썼나? 조개 같은 오랑캐? 상대를 얕잡아 보는 말을 많이 들어왔지만 조개는 금시초문이니 그도 아닐 듯. 결국 도서관에 가서 사전을 찾아보고서야 초개草芥가 지푸라기임을 알았다. 요즘은 웬만큼 배운 어른도 모를 말을 어린이들이 부르는 노래에 썼으니 혀를 찰 노릇이다. (그런데 또 생각해 보면 꼭 그렇지도 않다. 요즘도 겨울철이라고 하면 누구나 알아들을 텐데 자기도 한자로 쓰기 어려운 동절기冬節期라고 쓰는 세상이니 70년이 지났어도 나아진 것이 없다.)

청파동 시절 비로소 내 뇌리에 평생 남게 될 낱말이 등장했다. 호야. 아마도 처음 해본 심부름이어서 그런 것이 아닌가 싶다. 어쨌든 전기가 하루에 몇 시간만 공급되던 때여서 남포등(남포燈←ランプ←lamp) 신세를 졌는데, 얇은 유리로 된 호야가 깨지면 아버지는 나를 철물점에 보냈다. 일본어 호야ほや는 화옥火屋, 즉 불을 가두어 모신 집이다. 불꽃이 바람에 꺼지지 않도록 램프를 둘러싸는 바람막이이다. 일본에서는 이것과 비슷하게 생겼다고 해서 우렁쉥이(멍게)도 호야라고 한다.

호야에 대한 기억이 얼마나 강렬했는지, 50대 들어 골동품을 모을 때 제일 먼저 구한 것이 바로 그 옛날 우리집에서 쓴 것과 똑같은 남포등이다(이 책 표지 안쪽 지은이 사진에 나오는 배경을 보시라). 네 살짜리 마음속에 깊이 새겨진 첫 번째 낱말이 하필 우리말 등피燈皮가 아니고 일본말 호야라는 점이 아쉽다.

철물점 기억 중 또 하나는, 겨울에 그득 쌓여 있었던 유담포ゆたんぽ다. 길이 30cm쯤 되는 타원형 양철 그릇이 마치 커다란 군용 수통 같았다. 겉이 라지에이터처럼 요철 모양이어서 뜨거운 물을 담고 마개를 막으면 열기가 잘 발산된다. 난방이 어려웠던 그 시절 이불 속에서 이것을 품에 안고 잠으로써 보온 효과를 보았다. 우리집은 그것을 쓰지 않아서 그에 대한 기억은 따로 없다.

다섯 살 때 청파동을 떠나 시구문 옆을 거쳐 자리 잡은 곳이 필동이었다. 필동 시절에는 꽤 서정적이라고 할 만한 기억이 남아 있다. 주일마다 누나 손을 잡고 필동에서부터 걸어서 명동 한

복판을 가로지르면 마냥 즐거웠다. 볼거리가 참 많았다. 명동·소 공동을 지나 조선호텔 앞에서 길을 건너면 지금은 플라자호텔이 들어선 대한체육회 이층 건물 뒤편 북창동 좁은 골목길이 차이 나타운이었다.

회색 검정색 붉은색뿐인 침침한 골목을 지나 넓은 차도를 건 너면 대한문大漢門이었다. 덕수궁 돌담길을 따라 걷다가 정동교 회를 지나 이화학교 교문 앞에서 오른쪽으로 꺾으면 길한복판 에 공동 수도전 하나. 거기서 지금 난타 공연장으로 오르는 언덕 길 양옆은 그 수도전에서 물지게로 물을 길어다 먹는 하꼬방はこ 房이 다닥다닥 붙어 있었다. 그 언덕 꼭대기에 큰 천막을 둘러치 고 흙바닥에 가마니(←かます)를 깐 곳이 우리 식구와 외가 어른 들이 다닌 황동교회였다.

예배를 마치고 오른쪽으로 몇십 미터 거리에 일부만 남은 옛 노서아露西亞(러시아) 공사관 쪽으로 가면 그 아래 널따랗고 비 탈진 풀밭이 있었다. 지금 예원학교 자리. 거기 있는 소나무에서 송진을 긁어 씹었다. 그때 아이들은 껌보다 칡뿌리나 송진을 질 겅댔으니까. 혼자 강아지풀 토끼풀 뜯고 놀다 보면 어른들이 예 배를 마치고 나왔다. 집으로 돌아가는 길 정동교회 앞. 언제나 까만 자동차가 서있었다. 이승만 대통령 부부가 타고 온 차였다. 뒷날 알아 보니 그 차는 캐딜락 시리즈 60 세단이었다. 아이젠하 워 미국 대통령이 선물한 그 차를 나중에 윤보선 대통령도 탔다. 대통령이 경호원도 없이 신도들과 함께 예배를 보았다면 믿기 어 렵겠지만 사실이다.

가수 이문세는 '언덕 밑 정동길엔 아직 남아 있어요. 눈 덮인

조그만 교회당'이라고 노래했지만(《광화문 연가》), 내 기억에 정동 길에는 조그만 교회당이 없다. 역사나 규모를 보면 정동교회는 절대로 크리스마스 카드에 나올 법한 조그만 교회당이 아니다. 내 기억 속 정동길과 그 노래 사이에 일치하는 이미지는 하나뿐 이다. '향긋한 오월의 꽃향기가 가슴 깊이 그리워지면' 서울에서 보기 드물게 담장 밖으로 꽃가지가 많이 보였던 풍경이다.

이렇게 서정적이고 애틋한 추억도 있지만 내가 초등학교에 들 어가기 전까지 들은 말들은 거의 부정적이고 어두운 말 일색이 다. 6·25사변 하꼬방 주정뱅이 거지 깡패 양아치 쓰리すり(소매치 기) 새치기 양갈보 야미やみ(뒷거래. '야미로 ○○했다'고 부사형으로 썼는데 이 경우 '몰래' '불법으로'라는 뜻) 와이로わいろ(뇌물) …. 한 창 말을 배우고, 그 말이 인지를 발달시키고 성격을 이루는 유년 기에 내 언어환경은 이랬다.

1951년생. 그들은 또래 세대 중에 가장 적게 태어났고, 퍽 어 렵게 자랐다. 그리고 그것으로도 모자랐는지 고령자 치사율이 아주 높은 코로나 전염병 사태를 예순아홉부터 2년째 겪고 있다.

앙꼬빵·곰보빵·빠다빵

　1957년 4월, 지금은 극동빌딩이 들어선 퇴계로 일신국민학교에 입학했다. 그때 퇴계로에 높은 건물이라고는 명동 입구에 6층쯤으로 기억되는 해군본부 건물과 대한극장, 그리고 내가 입학하기 2년 전에 선 7층짜리 아스토리아 호텔이 다였다. 학교 맞은편에 있는 이 호텔 옆에는 공군부대가 있었고, 거기서 조금 떨어진 곳에는 정신병원이 있었다. 길가에 붙은 2층 건물인데, 창문 쇠창살 사이로 환자들이 지나가는 사람을 보고 막 소리를 질러대기도 해서 피해 다녔다.

　퇴계로에 소나 말이 끄는 구루마くるま(달구지)가 느려터지고, 아직 서울역 맞은편 남대문경찰서 기둥에 총탄 팬 자국들이 그대로였지만, 그래도 새 나라였고 춘삼월이었다. 사방에서 조무래기들이 모여들었다. 가슴마다 하나같이 콧물 닦을 손수건을 옷핀으로 꼽고. 골목에서만 놀던 내게 운동장은 담장이 까마득

히 보일 정도로 넓었다. 학교 운동장을 반이나 잘라내 퇴계로를 넓히는 데 보태기 전이어서 더 그랬던 것 같다.

예쁜 여자애와 손잡고 두 줄로 서서 '하나 둘, 하나 둘' 하면서 선생님을 따라 교실로 들어갔다. 첫눈에 들어온 것이 교실 창문 밑으로 죽 늘어선 길쭉하고 울퉁불퉁한 쇳덩어리였다. 약간 무섭기까지 했던 그것을 어른들은 '신식' 난로라고 했다. 학교들이 다 조개탄 난로를 때던 시절 중앙난방식 라지에이터가 있었던 것은, 일신국민학교가 덕혜옹주와 일본 아이들이 다닌 학교였기 때문이다.

운동장 한가운데는 언제나 상급생 차지였다. 우리는 담장 근처에서 미끄럼이나 그네를 탔다. 친한 동무와는 모래밭에 퍼질러 앉아 모래를 봉긋하게 돋우고 그 꼭대기에 주워온 와리바시 わりばし(나무젓가락)를 꽂은 뒤 모래를 조금씩 덜어내며 누가 와리바시를 쓰러뜨리는지 가리며 놀았다. 상급 학년이라도 여자는 남자에게 밀려나 운동장 가장자리에서 놀았다. '우리집 옆집에 도둑괭이가 연지 곤지 바르고 눈썹 그리고'를 부르며 고무줄놀이를 하거나 쪼그려 앉아서 공기놀이를 했다.

비주류 신세를 벗어나 상급 학년이 되자 운동장은 우리 차지가 되었다. 콩나물 시루라고 불리던 과밀 학급 현상이 제일 심했던 그 때(오전반 오후반으로 나누었는데도 내가 6학년일 때 우리 반은 70명이었다), 쉬는 시간이면 수십 명이 운동장으로 우루루 몰려나갔다. 무슨 놀이를 할지는 대개 '첫찌 가다'가 정했다. 그때는 어깨가 떡 벌어져 힘깨나 씀 직한 불량배를 가다카た(어깨)라고 했으니, 첫찌 가다라면 반에서 싸움을 이찌방いちばん(첫 번째)으로 잘하는 아이를 가리킨다. 반마다 암묵적으로 첫찌 가다, 둘찌 가다, 세찌 가다가 정해져 있었다. 그 아이들은 따르는 꼬붕こぶん(부하)도 몇 거느렸다.

여럿이 짧은 시간에 할 수 있는 놀이는 닭싸움이나 까기 정도였다. '까기'란, 요즘 엄마들이 들으면 대경실색하겠지만, 편을 갈라 이리저리 뛰어다니면서 무조건 상대편을 발로 까는(차는) 놀이이다. 요이스 땅ょうい どん(준비- 땅!) 소리가 떨어지기 무섭게 우리는 넓은 운동장을 종횡으로 누비며 상대편에게 마구 발길질을 해댔다. 피아가 뒤엉켜 언제 등뒤에서 발차기가 들어올지 모르는 패싸움에서 유니폼을 입지 않고도 용케 상대와 내 편을 식별했다는 사실이 지금 생각해도 놀랍다.

학교가 파하고 집으로 오면 가방 내려놓기 무섭게 "○○야 놀자" 하며 이 집 저 집 애들을 불러내 다방구, 자치기, 말타기 따위를 했다. 일요일 날은 개천에서 까마중을 따 먹거나 남산에서 산벚나무에 올라가 입술과 혓바닥이 새까매지도록 버찌를 따 먹고는 으슥한 곳에 만들어 놓은 '소굴'에서 학년에 따라 딱지 계급장을 붙이고 전쟁놀이를 했다.

놀이를 할 때 무슨 뜻인지 모르는 말을 많이 썼지만, 그것을 알려고 한 적은 없었다. 술래잡기(숨바꼭질)에서 손바닥으로 담벼락을 치면서 최종 승리를 알리는 '야도!'를 외칠 때 그 말이 사는 집을 가리키는 일본말 야도やど인 줄 알 턱이 없었다. 일본말은 특히 한 군데 자리 잡고 손으로 하는 놀이를 할 때 많이 쓰였다. 새로 딱지를 사면 신삥しんぴん·新品이라고 자랑했고, 다마たま(구슬) 따먹기를 할 때면 다마를 움켜쥔 상대를 향해 '으찌 니 쌈

25

いち に さん'을 외쳤다.

맨손으로 승부를 가리려면 장껨뽀じゃんけんぽん를 했고, 편을 가르려면 덴-찌てんち·天地를 했다. 승부 가리기에 널리 쓰인 장껨뽀는 묵찌빠나 '쎄 쎄 쎄' 같은 놀이에서도 중요했다. 어렸을 때 엄마와 내가 서로 손가락을 구부려 맞잡고 '쎄せっ 쎄せっ 쎄せっ' 하고 흔들다가 '아침 바람 찬 바람에 울고 가는 저 기러기…'를 부르며 손으로 눈물 훔치는 시늉을 하던 놀이가 초등학교에 가서는 손뼉을 마주 치며 '푸른 하늘 은하수'를 부르는 놀이로 바뀌었지만, 노래를 끝내고 '구리 구리 구리 구리 짱께미 세야'라고 외치면서 손을 내밀어 승패를 가르는 방식에는 변함이 없었다. 서로가 똑같은 모양을 내밀면 '아리고다 메야'를 외치면서 다시 손을 내밀었고, 그래도 무승부면 '센세다 뽀야'라고 외치면서 승자와 패자를 가렸다. 내가 중학생이 될 때쯤에야 그 장껨뽀는 우리말 '가위 바위 보'로 바뀌었다.

편을 나눌 때 쓴 덴찌는 아주 간단했다. 여럿이 다 함께 둘러서서 '덴-찌'라고 외치며 손등 혹은 손바닥을 내밀었다. 몇 차례 되풀이하다가 손등을 내민 사람과 손바닥을 내민 사람 수가 같아지면 편가름이 이루어졌다.

가可히 일본말 세상이었다! 아이들이 이럴진대 어른들은 오죽했을까. 교장 선생님이나 담임 선생님이나 하여튼 어른들이 여러 사람 앞에 나서서 말하려면 무조건 '에또-'라는 말이 앞섰다. 한두 마디 하고는 잠시 숨을 고르다가 또 '에또'로 시작했다. 여러 사람 앞에 나서서 말할 때 목청을 가다듬으려고 내는 소리인 줄 알았는데, 나중에 알고 보니 말 첫머리에 쓰는 일본말 에

에토ええと였다. 훈계는 예외 없이 공자님 말씀이거나 바르고 정직하게 살라는 내용이었다. 하지만 현실은 그와 반대였다. 그때 어른뿐만 아니라 아이들 사이에도 널리 쓰인 말 중에 사바사바さばさば(뒷거래할 때 속닥속닥하는 귀엣말)와 와이로わいろ(뇌물·촌지)가 있었다. 대개 사친회 회장인 아무개 엄마가 선생님께 사바사바를 잘하고 와이로를 써서 걔가 반장이 되었다는 그런 얘기였다. 배다른 동생(이복 동생), 작은 집이라는 말이 흔할 정도로 축첩蓄妾도 심했다.

우리 식구는 퇴계로 언저리에서 전셋집을 전전했다. 그래서 나는 1학년은 일신국민학교에, 2,3학년은 남산국민학교에, 4,5,6학년은 다시 일신국민학교에 다녔다. 1년에 한 번씩 이사할 집을 보러 다녔는데, 방 크기를 물어볼라치면 언제나 평坪이나 제곱미터(㎡)가 아니고 몇 조組냐고 물었다. 다다미たたみ 석 장을 깔 크기이면 3조, 넉 장 깔 크기라면 4조였다. 우리는 3조짜리 방 두 개에서 온식구가 지내면서도 식모를 두었다. 숙식만 제공하면 얼마든지 보릿고개를 피해 올라온 시골 처녀를 구하던 때여서 식모 없는 집이 별로 없었다.

말만 혼탁했을까. 노래라고 다를 바 없었다. 학교만 나서면 선생님이 풍금으로 반주해 주던 노래들과 전혀 다른 노래 천지였다. 길거리 전파사에서 흘러나오는 〈베사메무초〉〈케세라세라〉〈체인징 파트너〉는 듣기만 했지만 〈전우가〉나 〈아리조나 카우보이〉는 신나게 따라 불렀다.

'전우의 시체를 넘고 넘어 앞으로 앞으로…' 군가나 다름없는 이 노래 앞부분을 특히 씩씩하게 불렀다. '시체'라는 말이 들어간 대중가요가 〈전우가〉 말고 또 있는지 모르겠지만, 무엇을 넘어가든 밟고 가든 상관없다는 듯이 불러제꼈다. 우리가 '서부 영화'라고 부른(카우보이도 서부라고 불렀다) 웨스턴 무비가 유행하던 때여서 명국환이 1959년에 부른 〈아리조나 카우보이〉는 순식간에 어른 아이 할 것 없이 널리 불렸다.

'카우보이 아리조나 카우보이/ 광야를 달려가는 아리조나 카우보이/ 말채찍을 말아쥐고 역마차는 달려간다/ 저 멀리 인디언의 북소리 들려오면/ 고개 너머 주막집의 아가씨가 그리워/ 달려라 역마야 아리조나 카우보이'

카우보이와 역마차와 인디언, 주막집과 아가씨와 역마. 미국 정서와 한국 정서가 뒤죽박죽인 노래였다.

1960년 4학년 때 내가 겪은 가장 큰 사건은, 우리 국민 누구나가 그랬듯이 4·19 혁명이다. 헌병대(나중에 수도경비사령부) 입구에서 조금 떨어진 큰길가에서 살던 때였다. 그 날도 나는 퇴계로를 가득 메운 데모 행렬을 구경하고 있었다. "꼬마야, 냉수 좀 갖다줘!" 데모대를 가득 태운 도라꾸トラック(트럭)가 행렬에 막혀 잠시 멈추어 섰을 때 도라꾸 위에서 한 사람이 나한테 소리쳤다. 나는 부리나케 집으로 뛰어들어가 사발에 냉수를 가득 떠서 갖다 주었다. 그 사람이 물을 벌컥벌컥 들이켜자마자 차가 움직였다. 그 사람은 허겁지겁 사발을 땅으로 던졌다. 그런데 참 놀랍게도 아스팔트에 나둥그러진 사발은 멀쩡했다.

꺽꺽 쉰 목소리로 〈유정천리〉를 부르며 떠나간 그 아저씨. '무사하실까?' 그 며칠 전 피 묻은 와이셔츠 바람으로 우리집에 뛰어들어온 대학생 막내삼촌이 떠올랐다. 하얗게 질린 얼굴로 스크럼을 짰던 친구가 총에 맞았다고 말하던 모습을 떠올리며 그 아저씨 걱정을 했다. 그때 데모대가 목이 터져라 부른 노래는 〈유정천리〉 2절 가사를 패러디한 것이다. 원래 가사와 바뀐 가사는 이렇다.

'세상을 원망하랴 내 아내를 원망하랴/ 누이동생 혜숙이야 행복하게 살아다오/ 가도가도 끝이 없는 인생길은 몇 구비냐/ 유정천리 꽃이 피네 무정천리 눈이 오네'

'민주당을 원망하랴 자유당을 원망하랴/ 장면 박사 홀로 두고 조박사*는 떠나갔네/ 가도가도 끝이 없는 당선길은 몇 구비냐/ 자유당에 꽃이 피네 민주당에 비가 오네'

패배주의가 잔뜩 묻어나는 노래이다. 1절도 그렇다.

'가련다 떠나련다 어린 아들 손을 잡고/ 감자 심고 수수 심는 두메산골 내 고향에/ 못살아도 나는 좋아 외로워도 나는 좋아/ 눈물 어린 보따리에 황혼 빛이 젖어드네'

왜 그 시절 하고많은 노래 중에 〈유정천리〉가 데모대에게 불

---

* 조병옥(1894~1960). 1960년 제4대 대통령선거에 민주당 후보로 나서 유세하다가 병이 난 지 23일 만에 타계했다.

렸을까. 부패한 권력에 항거하기보다 현실에서 도피하려는 내용 아닌가. 고려가요 〈가시리〉에서 조선시대 〈아리랑〉에까지 면면히 이어진 한恨과 원소怨訴를 고스란히 이어받은 이 노래는 투쟁보다 자기 연민에 빠진 지식인을 연상케 한다. 그들은 정치 깡패에게 습격당하고 경찰이 쏜 총에 맞아 피를 흘리면서도 쇠파이프도 화염병도 들지 않은 맨주먹으로 오직 부정 선거 다시 하라고만 외쳤다. 〈유정천리〉는 그들이 선택할 수밖에 없는 노래였다.

그 날 이후 꼭 60년이 흐른 지금도 부지불식간에 〈유정천리〉를 흥얼거릴 때마다 내 눈앞에는 데모대를 태운 트럭과 땅에 던져지고도 깨지지 않은 복福 자 새겨진 하얀 사기그릇이 오버랩된다. 그와 더불어 내 기억에서 사라지지 않는 말. '데모' 그리고 '부정 선거'.

그 무렵 어머니는 내게 일본 동요 〈오카아상おかあさん〉*을 가르쳐 주셨고, 중학생이던 누나는 학교에서 영어 시간에 배운 〈징글벨〉을 원어로 가르쳐 주었다. 마치 앙꼬あんこ빵·곰보(←곰+보)빵·빠다butter빵이 공존했듯이 나도 세 나라 말을 구사한 셈이다. 일본어를 내치지 못하고 영어는 제대로 받아들이지 못한 채 우리말조차 어정쩡하게 쓰는 혼란스런 시기였다. 그런데 놀랍게도 그 소용돌이 속에서 우리말을 지켜준 고마운 존재가 있었다. 바로 만화다.

---

* '오카아상 오카아상 오카아상테바 오카아상 おかあさん おかあさん おかあさんてば おかあさん
난노 고요우와 나이게레도 なんの ごようは ないけれど
난다카 요비타이 오카아상 なんだか よびたい おかあさん'
(엄마 엄마, 저- 말이에요 엄마/ 아무 일 없지만/ 왠지 불러보고 싶어요, 엄마)

1950년대 만화들에는 일본말이 없었고, 영어는 더더욱 없었다. 독립군을 다룬 내용에서나 일본군 입을 통해 도쓰게키とつげき(돌격) 덴노헤이카 반자이てんのうへいか ばんざい(천황 폐하 만세) 빠가야로ばかやろう(바보 자식)라는 말 정도가 쓰였을 뿐이다. 주인공은 까불이, 날쌘돌이, 칠성이와 깨막이, 진진돌이, 짱구박사, 멍텅구리 등 우리말 이름이었고, 예외인 라이파이조차도 머리에 질끈 동여맨 두건에 R나 L이 아니고 ㄹ을 표시했다. 행동거지를 묘사하는 데도 '쏜살같이' 같은 우리말이 많이 쓰였다.

그렇게 우리 실과 일본 실과 서양 실들이 뒤엉켜 내 언어환경을 교직交織하는 사이에 가장 오랫동안 내 기억에 각인되고 알게 모르게 내 의식 저 깊은 곳에 남게 된 말이 몇 있다. 단순한 궁금증이 유발했든 같은 일을 되풀이하거나 놀라운 사건을 겪어 뇌리에 새겨졌든, 그 말들이 내 인생에 영향을 미쳤을 것이 틀림없다. 다음 글에서는 그 말들을 소개하겠다.

"공부해서 남 주니?"

식구와 밥벌이

많이 쓰이다가 요 몇십 년 동안 사라진 말이 많은데, 그 가운데 하나가 '식구'다. 예전에는 친구 집에 놀러 가면 그 집 어른들이 빠트리지 않는 질문이 '식구가 몇이냐'였다. 나는 청년기에 이르도록 사람들이 일상에서 가족이라는 말을 쓰는 것을 들은 적이 없다. 모두가 '식구'만 썼다.

초등학교 4학년 때 남녀 반이 나뉘었다. 한 반에 남자애들만 있게 된 첫날, 담임 선생님이 칠판에 분필로 크게 '人口'와 '食口'를 쓰셨다. 사람 수효를 말할 때 쓰는 '인구'는 사람 입, 한 식구라고 말할 때 쓰는 '식구'는 먹는 입. 그만큼 먹는 일이 사람에게 제일 중요한 일이라고 말씀하신 뒤 그 옆에 또 한 글자를 쓰셨다.

남자 '男'. 그것을 파자破字로 입〔口〕 열〔十〕 개를 먹여 살릴 힘〔力〕이 있어야 남자(口＋十＋力＝男)라고 풀이하셨다. 거기에 덧

붙인 말씀. "열 식구를 먹여 살릴 힘이란 '밥벌이 능력'을 말함이
니 너희들도 이다음에 제 밥벌이는 해서 식구를 먹여 살려야 한
다, 그래야 남자다."

지금은 취업이니 사업이니 경제 능력이니 하는 말들을 쓰지
만, 그때는 돈벌이나 밥벌이라는 말을 썼다. 취직을 못해 수입이
없으면 '자기 밥벌이도 못한다'고 했다. 밥값을 못하면 '밥버러
지'요 밥만 축내는 '군식구'였다. '밥'은 경제 활동이 이루고자 하
는 목적이고, '벌이'는 그 행위이다. 그러므로 밥벌이란 모든 경
제 활동을 뭉뚱그린 말이다. 밥벌이야말로 사내가 평생 짊어져
야 할 짐이었다.

식구란 한솥밥을 먹는 사람들이다. 밥을 나누어 먹이고 정이
들면 개나 고양이도 한 식구로 여긴다. '먹고살다'라는 말이 '먹
고'와 '살다'를 떼어 '먹고 살다'라고 쓰지 않고 붙여 쓰는 한 낱
말인 까닭은 밥이 곧 삶이라는 뜻이다. 그 삶은 아침에 어른에게
'조반早飯 잡수셨어요?'라고 한 인사로부터 시작되었다.

식구는 밥 먹는 입이 몇인지를 뜻하기도 했다. 식구 많음은 노
동력 많음을 뜻했지만, 가난을 의미하기도 했다. 그래서 이 땅
백성들은 사람마다 제 밥그릇을 가지고 태어난다고 애써 믿었
고, 제 밥벌이에 열심이다가 밥줄이 끊기면 밥숟가락을 놓는 것
이 인생인 줄 알고 살았다.

'가족家族'은 한자 성어에 없는 말이다. 우리나라에서는 겨레,
겨레붙이, 가문, 일가, 집안이라는 말은 썼어도 '가家'나 '민民'에
집이나 백성과 전혀 걸맞지 않는 '족族'을 붙여 쓰지 않았다. 그
러던 우리네 삶에 난데없이 '가족'이 끼어들었다. 세계에서 유일

하게 호적戶籍을 만든 일본은 가조쿠かぞく·家族를 법적으로 동일한 호적에 오른 일족一族(시조가 같은 무리)이라는 개념으로 썼다. 결혼과 혈연으로 이루어져 한 집[家]에 사는 집단이라는 뜻이다. 남자가 여자 집에 장가들고[혼婚] 여자가 남자 집에 시집간다[인姻]는 '혼인'도 법적으로 두 가족이 맺어진다는 '결혼'으로 바뀌었다.

법이 '가족'만 인정하고 공식 서류에 '가족난'이 등장하자 '식구'는 설 자리를 잃었다. 형제자매를 가리키는 '동기'도 '형제' 혹은 '자매'에게 자리를 내주었다. 남녀 구분 없이 쓰이던 '언니' '형님'도 남자는 형 여자는 언니로 구분되고, 혼인도 결혼으로, 내외도 부부로 바뀌었다. 우리네 풍습과 인생관을 담았던 뜻깊은 말들이 다 법률 용어와 제도를 정의하는 말로 바뀌었다. '식구'가 너무 그립다.

나라비ならび와 새치기

새치기 당한 경험담 셋 가운데 **그 하나**는 남산국민학교 3학년 때 교내 이발소에서 겪었다. 한참을 기다렸다가 내 차례가 되어 이발의자에 앉았는데, 이발사 아저씨가 우와기うわぎ(웃옷)를 벗으라고 했다. 의자에서 내려와 옷을 벗어 못에 걸고 돌아서는데 딴 아이가 냉큼 내 자리에 앉았다. 이발사는 나를 보고 픽 웃더니 그 아이 머리를 깎기 시작했다.

그 둘. 1950년대 중반에 설탕은 정말 귀했다. 어머니는 형제 중 누가 배가 아플 때만 물에 타서 먹였다. 그러니 분유가 뭔지 모를 수밖에. 어느 날 누나가 뽀얀 우윳가루를 종이 봉지에 배급

받아 왔다. 어떻게 먹는지 몰라 양은그릇에 넣고 쪘더니 너무 딱
딱했다. 돌덩이 같은 것을 가까스로 깨뜨려 사탕처럼 깨물어 먹
고 찬물을 마셨더니 배탈이 났다. 이 분유 소동 때 기억하게 된
말이 나라비ならび(줄)이다. 누가가 "어찌나 나라비가 긴지 기다
리느라고 혼났어"라고 했는데 오랫동안 기억에 남았다.

　몇 해 뒤(5학년 때쯤이었던 것 같다) 이번에는 내가 쌀 배급을
타러 필동 동사무소에 갔다. 쌀자루 든 사람들 맨 뒤에 섰다. 그
런데 이상하게도 나보다 늦게 온 어른들이 "웬 나라비가 이렇게
길어!" 하면서 앞으로 가고는 돌아오지를 않았다. 그들은 얼마
있다가 "이건 찰기가 없어서 숟갈로 뜨면 다 흐트러진다던데."
하면서 알랑미(←알남미←안남미(베트남산 쌀)) 한 자루씩 들고
지나갔다. 새치기였다. 나 같은 꼬마들은 쌀 떨어지면 어떡하나
조바심만 냈을 뿐이다.

　1896년 러시아에서는 니콜라이 2세가 대관식을 기념해 시민
들에게 생필품을 나누어 주었다. 준비한 선물 자루는 40만인데
몰려든 시민은 100만이 넘었다. 결국 물건이 다 떨어졌다는 소
문에 아수라장이 되어 1,389명이 깔려 죽은 대참사가 일어났다.
블라디미르 소로킨이 이 사건을 다룬 소설 제목이 〈줄〉이다. 러
시아 혁명에 원인遠因을 제공한 이 사건에 비하면 변영로가 술
배급에 관해 쓴 글은 퇴폐와 낭만이 풀풀 날린다.

　일정시대의 술 기근! 대동아전쟁 통에 주란酒亂을 뼈저리게 치렀다.
소위 '나라베'* 술집밖에 없었다. 3시만 되면 본정통* 금강산 술집 앞
에서 대기하다가 5시에 개문하면 1인당 일본 부란디*두 컵(극히 적

은)을 급히 마시고는 부랴부랴 튀어나와 삥 돌아 행렬의 뒤에 가서 또 대어섰다. 그지없이 안타깝던 것은 내 차례가 가까워 올수록 마음은 초조하기 짝이 없던 중 내 차례에 이르러 술이 떨어졌다고 술집 강아지*가 외오치는 것이었다. 《명정 40년》

그 셋. 아내가 첫아이 출산을 앞두고 배가 눈에 띄게 불렀을 무렵 함께 버스를 탔다. 아내가 계단을 오르자 문 입구에 앉아 있던 젊은 여성이 손짓을 하며 자리에서 일어났다. 아내가 고맙다고 인사하고 막 앉으려는데 난데없이 나타난 50대 아주머니가 잽싸게 그 자리를 차지했다.

내가 어른 도리를 저버린 이발사나 쌀자루 아저씨들, 버스 아주머니를 잊기로 작정한 때는 30대 후반. 새치기가 우리 삶에 깊숙이 끼여든 것이 한국전쟁 탓이라고 생각하고부터이다. 1·4후퇴 직전 흥남 철수 때 피란민을 수송한 배나 용산역 피란 열차는 새치기를 하거나 남을 밀치지 않고는 올라탈 수 없었다.

'눈보라가 휘날리는 바람 찬 흥남부두에/ 목을 놓아 불러 보았다 찾아를 보았다/ 금순아 어디로 가고 길을 잃고 헤매었더냐/ 피눈물을 흘리면서 1·4 이후 나 홀로 왔다'

부두까지는 누이동생 손을 꼭 잡고 왔는데 피란민들이 배에

---

* 나라베루ならべる(줄을 서다), 혹은 나라비ならび(줄) * 지금 충무로 * 블랜디 * 귀여운 아이를 일컫는 말

타려고 아수라장이 되자 손을 놓치고 말았다. 이 사연이 담긴 〈굳
세어라 금순아〉를 불러보면 그날 흥남부두가 어떠했을지 눈에
선하다.* 60명이 정원인데 1만4천명을 태운 화물선도 있었다(이
는 배 한 척이 구조한 인명이 가장 많은 〈기네스북〉 기록이다).

용산역이라고 다를 바 없었으리라. 그런 일을 겪은 사람들에
게 새치기란 생존이요 정의였을 터이다. 학교에서는 줄서기를 배
우는데, 실생활에서 보고 겪는 것은 긴 나라비와 새치기였다.

"실례하겠습니다"

5학년 때 어느 주일날. 예배가 끝나고 대학생 선생님을 따라 또
래 다섯이 남산에 놀러 갔다. 숭의여고 옆 범바위 약수터에서
목을 축이고 오솔길을 걷는데 저만치 아주머니 몇 분이 보였다.
우리 걸음이 더 빨라 금세 따라붙었다. 다음 순서는 그들 틈을
갈라 헤치고 앞서가는 일. 우리가 막 아주머니들 틈을 파고들려
고 할 때 뒤에서 선생님 목소리가 들렸다.

"잠깐 실례하겠습니다."

아주머니들이 흠칫 돌아보더니 길을 터주었다. 영국 신사나
함직한 '바른 생활'을 태어나서 처음 본 나는 하루 내내 그 일이
머릿속을 맴돌 정도로 강한 인상을 받았다. 예절 면에서 내 청년
기가 부끄럽지 않았던 것은 이 아름다운 추억을 잘 간직한 덕이
다. 그런데 이럴 수가! 어른이 되어 일본어를 공부하다 보니 '실

---

* 요즘 외국 언론이 한국 트로트가 '6·25 직후에 이별의 쓰라림을 노래하여 한국 역사에서 자화
상 같은 존재가 되었다'고 했다. 〈굳세어라 금순아〉 〈이별의 부산 정거장〉이 그 대표 격이다.

례失禮'는 일본어였다. 시쓰레이しつれい. 아! 선생님은 그때 '촛토 시쓰레이시마스ちょっと しつれいします'라고 말한 거였구나!

실례나 실경失敬·しっけい은 '예의를 잃었음禮儀を失うこと'(《広辭苑》 岩波書店)이다. 그렇다면 실례하겠다는 말은 '예의에 어긋난 짓임을 알지만 그래도 하겠다. 당신이 허락하든 말든'이라는 일방적 통고이다. 잘못임을 안다면 아예 하지 말지 기어이 하겠다니 이율배반이다. 한국인은 그렇지 않다. '무례함을 용서하십시오'라고 먼저 잘못을 빌었다. 둘러치나 메어치나라고 할지 모르지만, 아 다르고 어 다른 언어생활에서 그것은 한 민족이 지닌 성정性情에 관한 문제이다.

공부

예전 중학교 입학시험 날은 마치 요즘 수능 치르는 날같이 온 나라가 들썩였다. 내 2년 후배들이 1964년 12월 치른 중학교 입학시험 공동출제에서는 복수 정답 문제까지 불거졌다. 이른바 무즙 파동. 엿 재료를 물은 문제에 정답인 디아스타제 말고 무즙도 맞다고 항의가 빗발쳤다. 성난 학부모들은 무즙으로 만든 엿을 싸 들고 문교부로 몰려가 '이 엿 먹어보라'고 태풍과 방불한 치맛바람을 일으켰다.

그 시절 작고 여윈 6학년 어린이가 '든' 가방がばん은 지금 고등학생 대학생이 '멘' 것보다 두텁고 무거웠다. 육체적 짐뿐이었을까. 아니다. 지금 SKY처럼 '5대 공립 5대 사립'이라는 정신적 짐에도 짓눌렸다. 공부가 곧 삶이었다.

예전에는 학문이라는 말이 쓰였다. 언제부터 '공부'가 학문을 밀어냈을까. 양반이 학문을 독점했던 시대가 가고 '국민 교육' 시대가 열리고부터였으리라. 중등·고등 교육기관이 생기고 이른바 명문 학교가 속속 등장하면서 공부 열기가 온 나라로 번졌다. 공부는 온 집안이 염원하는 출세를 구현할 유일한 방법이었다.

우리는 〈논어〉 시대 이래로 배우고[學] 익힌다[習]는 말을 써 왔다. 학문을 '닦는다'고 했고 '깨친다'는 말도 썼다. 학업에 정진한다거나 배움에 힘쓴다, 면학勉學을 게을리하지 않는다고도 했다. 그러나 공부라는 말 뒤에는 '잘한다'와 '못한다'만 따랐다. 어린이와 청소년은 오직 '공부 잘'과 '공부 못' 두 부류만 존재했다. 어른은 '공부해서 남 주니?'라는 말을 입에 달고 살았다.

공부工夫는 우리나라에서만 쓰이는 말이다. 글자가 비슷한 쿵푸功夫는 중국에서 '숙달된 기술' '솜씨'라는 뜻으로 쓰인다(권법이나 무술은 우슈이다). 공부는 본디 불교 용어로서 불도佛道를 닦는 행위이다. 〈한듕록〉(1805년)에도 동궁(사도세자)이 어려서 학문을 닦을 때와 나중에 경전을 탐독할 때가 '학업'과 '공부'로 다르게 묘사되어 있다.

○ **학업**을힘쁘셔모든일홈난션비와글졉을미양나오시고

  (학업을 힘쓰셔서 모든 이름 난 선비와 글 접을 매양 나누시고)

○ 경을뻐오라ᄒᆞ셔**공부**ᄒᆞ야외오시니 … 옥츄경을넑고**공부**ᄒᆞ면

  (經을 써오라고 해서 공부하여 외우시니 … 玉樞經을 읽고 공부하면)

공부가 학습을 가리키는 말로 쓰인 책은 〈한듕록〉 이후 50년쯤 지나 이 땅에서 엄청나게 인기를 끈 〈홍길동던〉이다. 여기에

는 '공부'가 세 번 나온다. 이 말을 작가가 처음 썼거나, 그 무렵
이미 불가佛家에서 속세로 옮겨 왔거나.

○ 쓸의나려검술을**工夫**ᄒ더니 ··· 이졀의글**공부**ᄒ라왔거니와

(뜰에 내려가 검술을 공부하더니 ··· 이 절에 글공부하러 왔거니와)

그로부터 또 50년쯤 지난 1906년 발표된 〈혈의 누〉에서는 발에
차이는 돌처럼 흔해진 '공부'를 볼 수 있다. 1917년 〈매일신보〉에
연재된 〈무정〉에서는 일상 용어로 자연스럽게 쓰였고, 1920년 〈조
선어사전〉은 '학문과 기술을 배우고 익히는 일'이라고 풀이했다.

○ 어린아히가**工夫**ᄒ려여긔까지왓스니챰갸록흔노릇이다 (〈혈의 누〉)

(어린아이가 공부하러 여기까지 왔으니 참 갸륵한 노릇이다)

○ **공부**에ᄌ조ᄂ업스면셔도무슨일을ᄭ미ᄂ슈단이 (〈무정〉)

(공부에 재주는 없으면서도 무슨 일을 꾸미는 수단이)

○ **工夫**(공부) 學問·技術を 勉強すること (〈조선어사전〉)

왕대포

국민학교 때부터 궁금하던 '왕대포'를 30대에서야 알았다. 한 낱
말을 이토록 오랜 세월 그 뜻을 몰라 답답해하기로는 최장 기록
이리라. 조용한 주택가가 아니라면 어느 골목에나 있던 왕대폿
집. 눈높이쯤에 네 식구 밥상 크기 쇼윈도(?)가 뚫려 있고 그 안
에 안줏거리가 놓여 있다. 물오징어를 삶아서 동그랗게 썬 것과
삶은 두부 한 모. 어디라 할 것 없이 똑같았다.

'버드나무집' '쌍과부집' 따위 옥호屋號를 내건 색싯집과 달리 이런 선술집 간판은 짜고 한 듯이 그냥 '왕대포'다. 서서 마신다는 선술집이지만 대개 길다란 널빤지로 만든 좁은 상에 날품팔이꾼들이 둘러앉아 시끌벅적 막걸리를 마셨다. 목로木櫨 주점이다. 그런데 목로 위에 왕대포는커녕 대포 비슷한 것도 없다. 또래에게 물어도 '몰라', 형들에게 물어도 '몰라', 어른에게 물어도 '당최 몰라'였다. 민중서림이 1961년 초판을 낸 〈국어대사전〉 1981년판. 거기에도 왕대포는 없었다. 어느 날 문득 한 생각이 떠올랐다. '왕'자는 과장하느라고 붙인 말일 테니 '대포'를 찾아보자. 그랬더니 … 있었다! ①선술집 등에서 술을 별다른 안주 없이 큰 그릇에 따라 마시는 일 또는 대폿술 ②대폿술

아, 그때의 희열! '그런데 왜 큰 그릇에 따라 마시는 행위를 대포라고 할까?' 한자어가 아닐까 해서 옥편을 뒤지니 바가지 포匏자가 있었다. 옳거니! 술을 푸거나 술을 따라 마시는 데 바가지를 썼을 수도 있지. 대포는 바가지처럼 큰 술그릇을 가리킨 것이 틀림없다. 나는 비로소 답을 얻었다고 확신했다.

10년이 또 흘러 1991년. 금성출판사가 〈국어대사전〉을 냈다. 왕대포는 없었지만, 대포에는 비로소 제대로 된 설명이 달렸다.

○ **대포** 〔≤ 大匏〕① 큰 술잔 ② 대폿술의 준말

그 무렵 논현동을 지나다가 '다모토리'라는 간판을 보았다. 일본식 술집인 줄 알았는데, 사전을 찾아보니 우리말이었다. 왕대포는 막걸리, 다모토리는 소주 버전.

○ **다모토리** 소주를 큰 잔으로 마시는 일, 또는 그렇게 파는 집

중국에는 자장몐이 있고
한국에는 짜장면이 있다

참 오랜 세월 우리나라 어린이들이 외식 메뉴 1위로 꼽았던 짜장면. 거기에 얽힌 추억 하나쯤은 누구나 간직하고 있는 짜장면. 나도 예외가 아니다. 내 기억에서 제일 황홀했던 것은 60년 전 청계천 2가와 종로 2가 사이 관수동 차이나타운에서 먹은 짜장면이다.

지금 우리나라에는 중국인이 모여 사는 곳이 없지만 그때 서울에는 차이나타운이 두 군데 있었다. 북창동 차이나타운에는 공갈빵과 월병 파는 과자점이 많았던 것 같다. 골목은 좁은데 양쪽에 낡은 4, 5층 빌딩이 다닥다닥 붙어 있어 으스스하고 퀴퀴했다. 반면에 관수동 차이나타운은 거리가 넓고 거의가 1, 2층 건물이어서 훤했다. 볕이 잘 들어 집앞 길바닥에 해삼을 깔아놓고 말리는 풍경이 이채로웠다. 그 사이로 전족纏足을 한 중국 여성이 아기 발처럼 작은 발로 아장아장 뒤뚱뒤뚱 걷는 모습은 아주 흔했다. 나이 들고 살진 그들은 몸매를 드러내는 치파오旗袍 원피스를 입지 못하고 남녀가 같이 입는 마고자 모양 시커먼 마 꽈馬褂 웃옷에 바지 차림이었다.

1963년 2월4일. 중학교 입학식을 마치고 돌아오는 길에 대학 졸업반 막내삼촌이 나를 화식집으로 이끌었다. 생전 처음 보는 이국적 인테리어가 나를 주눅 들게 했다. 어리벙벙 사방을 흘금 대다가 겨우 내가 아는 것 하나를 발견했다. 도원결의하는 유비 관우 장비. 그때 삼촌이 물었다.

"뭐 먹을래?"

"짜장면!"

아는 게 짜장면밖에 없었으니 그 선택은 당연했다. 그런데 어 럽쇼! 종업원이 와서 무얼 시키겠냐고 묻자 막내삼촌은 '짬뽕!' 하는 것이 아닌가. '짬뽕? 뭐지? 별 이상한 이름 다 보겠네.'

그 시절 중국집은 음식이 늦게 나오기로 악명 높았다. 요즘은 주문하면 제일 빨리 나오는 음식이 중국 음식이지만 그때는 정 반대였다. 주문을 받으면 그때부터 밀가루를 치대고 국숫발을 공중에 휙휙 띄우다가 내던졌다. 있는 재주 없는 재주 다 부리느 라 한나절은 걸리는 것 같았다. 짜증을 참으며 기다리다가 '여기 언제 나와요?' 하면 '네- 다 됐습니다'. 그러다가 또 '아직 멀었어 요?' 하면 '곧 갑니다'. 애꿎은 다마네기たまねぎ(양파)와 다꽝たく あん(단무지)만 집어먹다가 속이 쓰릴 무렵, 마지막으로 '지금 가 요' 소리를 듣고도 조금 지나서야 겨우 먹을 수 있는 것이 중국 음식이었다. 그렇게 오래 기다린 것을 먹는 데 걸리는 시간은 빠 르면 1분 안팎, 길어야 2분 남짓이다. 아쉽고 허무하고, 그래서 더 맛있다고 느껴질 수밖에 없었다.

그 긴 시간을 기다리면서 내 머릿속은 온통 짬뽕에 대한 생각 뿐이었다. '대관절 어떤 음식일까, 어떤 맛일까, 꽤 비싸겠지.' 그러나 김이 모락모락 나는 짜장면이 내 앞에 놓인 순간 그런 생각은 다 사라지고 말았다.

정말 맛있었다. 달짝지근한 짜장도 짜장이려니와 고소한 고기가 계속 씹혔다. 찝찔한 짜장에 양배추 호박과 굵게 썬 감자만 든 동네 짜장면과는 차원이 달랐다. 중국집을 나와서도 입안에 감도는 여운은 중학생 모자를 쓴 감격조차 잊어버리게 했다.

짜장면에 관해 기념할 만한 기록은 고등학교 3학년 때 세웠다. 문예반 2학년 후배가 학생회장에 출마한 친구를 데리고 찾아왔다. 전교생 3천명 앞에서 연설할 원고를 써달라고 했다. "연애편지라면 몇 번 써준 적 있지만…" 잠깐 망설이자 솔깃한 별첨別添이 딸려 왔다. "당선되면 한턱 낸대요. 형하고 우리 다한테요."

그래서 썼고, 당선되었고, 갔다. 학교앞 중국집으로. 당선자는 불고기를 사겠다고 했지만 나는 짜장면을 고집했다. 그 날 여섯 그릇을 비웠다. 그 시절 흔히 쓰인 표현을 빌리자면, 중인환시리衆人環視裡(여러 사람이 지켜보는 가운데)에 6인분을 거뜬히 해치우고 나는 평생 소원이나 이룬 듯이 만면에 미소를 띠었다.

그렇게도 좋아한 짜장면을 돈 걱정 안 하고 사 먹을 수 있게 되었을 무렵 짜증 나는 일이 생겼다. 잡지 편집 일을 하게 되었는데, 짜장면을 '자장면'으로 표기해야 한다고 했다. 한자 '작炸' 초성(zh)을 중국인들이 하는 발음대로 'ㅈ'으로 적으라는 것. 그때부터 세상에 없는 병 '자장면 스트레스'를 안고 살았다.

맞춤법을 말하기에 앞서서 '자장면'은 어감에서부터 영 마뜩찮았다. 짜장면에서 우리 혀가 제일 먼저 감지하는 맛은 '약간 짠 듯'이다. 이어서 달짝지근함이 혀에 감긴다 싶다가 어느 틈에 구수한 뒷맛이 사정 없이 비위를 당긴다. 나는 처음에 짠맛이 나서 짜장면이라는 이름이 붙은 줄 알았다. 나뿐만 아니라 누구라도— 짜다고 말하는 서울 사람이나, 짭다고 말하는 경상도 사람이나 짜겁다고 말하는 강원도 사람이나 쫍지롱허다고 말하는 제주도 사람이나 —짜장 비빈 국수 가락을 입에 넣음과 동시에 짜장이라는 이름과 짭짤함(감칠맛이 있게 조금 짠)이 딱 들어맞음을 저절로 느낀다. 물론 주방장 솜씨에 따라 짭조름하게(조금 짠맛이 있게) 느끼기도 하고, 간간짭짤하다(조금 짠 듯하면서도 입에 적당하다)고 받아들이기도 한다. 혹은 찝찌름하다(감칠맛 없이 조금 짜다)고 생각할 수도 있다.

어쨌든 혀가 처음 받아들이는 맛은 'ㅉ'으로 시작한다. 그런데도 굳이 '자장'이라고 하란다. '외국어'는 널리 쓰이면서 우리가 편하게 하는 발음으로 바뀌면 '외래어'라는 지위를 얻어 현지 발음과 다름이 용인된다. 그런데도 왜 '검gum'은 '껌'이라고 하면서 '자'는 '짜'가 될 수 없는가. 소주를 쏘주(쐬주)로, 혀 빠지게를 쎄빠지게로 발음해야 직성이 풀린다는 세태인데도.

이 정도는 약과이다. 더 심각한 오류가 있었다. 1991년 표제어를 '자장몐'이라고 제대로 표기한 금성판 〈국어대사전〉이 나오기 전까지 정부가 권하고 이희승 〈국어대사전〉에 등재된 모범 답안은 한자어 '酢醬麵작장면'을 중국 발음 그대로 옮겼다는 '자장면'이었다. 이는 앞뒤가 안 맞는 말이다. 앞('자장')은 중국 발음이고, 뒤('면')는 우리 발음. 현지 발음 원칙대로 하자면 당연히 뒤도 '멘'이라고 해야 맞다.* 더구나 사전에 표기된 酢은 '술잔 돌릴 작' 자인데, 炸(기름에 튀길 작)이어야 맞다. 그래야 뒤에 오는 '된장 장醬'과 '국수 면麵·麪'을 더해 '기름에 볶은 된장으로 비빈 국수'가 된다.

자장면 소동은 이를 애당초 중국 음식이라고 본 데서 말미암았다. 이 대목에서 가장 근본적인 질문을 하지 않을 수 없다. 짜장면은 중국 음식일까, 한국 음식일까. 내 견해로는 중국에는 자장몐이라는 음식이 있고, 우리나라에는 짜장면이라는 음식이 있다. 그 이야기를 해보자.

2019년 12월4일 왕이(王毅) 중국 외교부장이 우리나라에 왔다. 그날 저녁 만찬에서 한식이 줄줄이 나오다가 짜장면이 식탁에 올랐다. 외교부가 왕부장이 짜장면을 좋아한다는 것을 알고 준비한 '깜놀' 퍼포먼스였다. 과연 왕부장은 '팅하오!'(挺好: 정말좋다)를 외치고는 그릇을 싹 비웠다.

왕이가 우리나라 짜장면을 그렇게 먹고 싶어 한 것은 맛이 다르기 때문이겠다. 그렇다. 한국 짜장면과 중국 자장몐은 한 뿌리에서 나왔을 뿐 맛과 재료가 다른 별개 음식이다. 자장몐은 본디 중국 10대 면 요리 중 하나이다. 중국식 된장인 몐장(麵醬·춘장)을 기름에 볶아서 국수에 비벼 먹는 것과, 거기에 채 썰거나 살짝 데친 채소를 얹어서 비벼 먹는 것 두 가지가 있다. 둘 다 볶은 된장을 그대로 국수에 비비니 짠맛이 강하고 뻑뻑하다.

---

* 국립국어연구원 〈표준국어대사전〉 1999년판도 '자장면'으로 되어 있다.

〈중화미각〉집필에 참여한 이윤희씨에 따르면, 중국인이 외식을 자주 하기 전인 1990년대까지는 자장몐이 집에서 자주 해 먹는 음식[가상채家常菜]이었다. 요즘도 가끔 집에서 만들어 먹는다고 한다. 오늘날 자장몐 대표선수는 라오베이징(老北京)이라고 불리는 베이징 자장몐이다. 청나라 말기 서태후가 피란길에 먹고 반한 뒤로 산둥 자장몐이 베이징에서 빛을 보았다.

산둥 자장몐은 콩에 밀가루를 섞어 맛이 달고 검은색인데 라오베이징은 노란 콩을 발효시킨 장을 쓰므로 노란색이고 돼지고기를 넣는다. 또한 국수를 삶아 바로 먹는 과리도鍋裏挑와 삶은 국수를 물에 헹궈 먹는 과수면過水麵 두 가지이다. 그렇다면 한국 짜장면은? 당연히 임오군란 때 청나라 군대를 따라온 산둥 상인들이 제물포에 정착해 만든 산둥 자장몐이 원조이다.

한국식 짜장면이 탄생한 때는 1948년이다. 인천 영화식품이 춘장에 캐러멜을 섞어서 만든 '사자표 춘장'을 내어놓자 맛이 확 달라졌다. 짜장 소스가 단맛이 돌고 부드러워진 데다 녹말가루를 물에 풀어 섞음으로써 짜장 소스가 걸쭉해져 먹기가 편해졌다(우리나라에서 철가방으로 배달된 음식 중 가장 많은 것이 짜장면일 텐데, 랩이 나오기 전 식지 않고 배달된 비결이 걸쭉한 소스가 국수를 덮은 보온 효과 덕이라고 한다). 채소도 산둥식 파 오이 당근 부추에서 양파 호박 양배추 감자로 바뀌고 돼지고기가 보태졌다.

내가 자장면 스트레스를 안고 산 지 33년이 지난 2011년 8월에야 국립국어원이 '짜장면' 표기를 허용했다. 그렇게 늑장을 부린 것도 화가 나는데 자장몐과 짜장면을 둘 다 표준어로 인정했다. 참으로 답답하기 그지없다.

친구들과 짜장면을 먹으려면 그에 앞서 쓰는 말이 있었다. '짱깨집 갈래?' 무심히 중국 사람을 낮추어 부른다. 자기 좋아하는 음식 먹으러 가면서 셰프를 비하하는 나라가 또 있을까. '짱깨'는 상점 주인을 뜻하는 짱꾸이(掌櫃 장궤)가 변한 말이다. 〈표준국어대사전〉은 '짜장면을 속되게 이르는 말'이라고 풀이했지만, 실제 쓰임새는 '중국인을 속되게 이르는 말'이다. 대법원 판례에 중국인을 짱깨라고 불렀다고 해서 모욕죄를 적용할 수 없다고 했지만 듣기 좋은 말이 아님은 모두가 느끼는 사실이다. 어감은 물론이려니와 짱깨라는 말이 쓰일 때 '놈' 혹은 '새끼'라는 말이 따라붙는 경우가 좀 많은가.

중국인 비칭卑稱은 이것 하나만이 아니다. 뙤놈, 짱꼴라, 오랑캐도 있다. 중국을 섬기던 우리가 대놓고 중국인이나 한족漢族을 심하게 낮춰 부른 적은 없었는데, 병자호란 청일전쟁 한국전쟁을 겪고부터 널리 쓰였다.

뙤놈 '뙤'는 '되'가 경음화해 바뀐 말이다. 흔히 '대大국 사람→대국놈→되국놈(되놈)→뙤국놈(뙤놈)'으로 변해온 것이 뙤놈이라고 말하지만, 근거가 없다. 우리말 '되'에는 '뒤'와 '북쪽'이라는 뜻이 있다. 병자호란 때 삼전도에서 치욕을 당한 뒤 예전에 '북쪽 놈' 여진족을 부르던 '되놈'을 중국인에게 쓰게 되었다. 박지원 〈열하일기〉에도 '우리가 흔히 쓰는 말로 오랑캐를 되놈이라고 한다'고 적혀 있다.

짱꼴라 일본인들이 중국어 중궈런(中國人)을 '쨩꼬루레'라고 발음했는데, 우리가 그것을 받아 '짱꼴래' '짱꼴라'로 발음했다. 쬬센진ちょうせんじん(조선인)이 우리를 깔보는 말로 쓰이듯이 일본말

쨩꼬루레도 청일전쟁 때부터 일본인이 중국인을 멸시하는 말이 되어버렸다. 그들은 '쨩꼬루레 쨩꼬루레 시나 시나* 고로세ジャン コルレ, ジャンコルレ シナ シナ ころせ'(중국놈 중국놈, 중국 중국 죽여 라)라는 노래까지 만들어 퍼뜨렸다. 일본인이 한족을 쨩코로로チャ ンコロ라고 부른 데서 비롯했다는 설도 있다.

오랑캐 어원은 '우랑하이'. 〈용비어천가〉제4장에 나오는 '야인 野人 사이에 가시니 야인이 침범하거늘'에서 '야인'은 야만족이라 는 뜻으로 쓰였다. 거기에 딸린 주석은 '올량합과 올적합 그리고 여진 여러 종족을 야인이라고 부른다(俄國之俗通稱幹東等處兀良哈兀 狄哈及女眞諸種爲野人)'.

이 주석에 나온 한자어 올량합兀良哈은 여진 말로 '우랑하이' 다. 〈조선왕조실록〉에는 올량합과 오량합吾良哈이 뒤섞여 나오는 데 같은 말이다. 여진 부족 가운데 하나를 일컫던 우랑하이가 우리나라에서 오랑캐로 변해 야만족이나 우리를 침략하는 이민 족이라는 뜻으로 쓰였다.**

병자호란 때는 중국을 오랑캐라고 불렀고, 구한말에는 서양을 '서양 오랑캐(洋夷)'라고 했다. 6·25 이후로 불린 〈승리의 노래〉에 는 압록강까지 진격한 국군을 기습해 남북통일을 방해한 중공군 (중국 공산당 군대)에 대한 원한과 분노가 고스란히 담겨 있다. '무 찌르자 오랑캐 몇백만이냐 … 무찌르고 말 테야 중공 오랑캐'.

---

* 시나; China→ 支那(지나)→シナ(시나) ** 명나라 때 몽골 부족 하나를 오랑카이(兀良哈)라 고 불렀는데, 올량합과는 다른 종족이다. 김성동은 〈국수〉에서 오랑캐 본딧말이 '우랑하이'이며 순록馴鹿치기라는 뜻이라고 설명했다.

"채소가 뭐예요?"

〈멋진 신세계〉가 아니라 '정신없는 신세계'였다. 머리를 빡빡 깎고, 책상 위에 연필과 책받침 대신 펜과 잉크를 놓고 맞은 중학교 수업 첫날 무려 여섯 선생님을 만났다.

"국민학교 때하고 달라진 게 뭐냐? 과목마다 선생님이 다르다는 거지?"

여섯 분이 어쩌면 그렇게 다 똑같은 말씀을 하셨는데, 그 뒤로도 열 번을 더 들었다. 국어 문법 대수 영어 영작 국사 지리 물상 생물 원예 상업 공업 음악 미술 체육 도덕.

고작 한 살 더 먹었을 뿐인데 교과 수준은 6학년 때에 비해 하늘과 땅 차이였다. 첫 음악 시간. 계단식 교실에 놓인 것은 초등학교 때 음악 시간이면 아이들 여럿이 음악 수업이 끝난 교실로 가서 밀고 끌며 옮겨오던 작은 풍금이 아니었다. 사진에서만 본 그랜드 피아노였다. 거기서 내가 처음 배운 곡은 헨델이 작곡한

오페라 〈세르세〉에 나오는 〈라르고〉.

겨우 두 주일 전 풍금 반주에 맞춰 '잘 있거라 아우들아 정든 교실아/ 선생님 저희들은 물러갑니다/ 부지런히 더 배우고 얼른 자라서/ 새 나라의 새 일꾼이 되겠습니다'라고 노래했던 내가 당대 명 바리톤인 신경욱 선생님이 반주하는 피아노에 맞춰 아리아를 부르게 되다니! 그다음에 배운 곡은 우리 가곡 〈금강에 살으리랏다〉.

월요일 전교생 조회에서는 브라스 밴드 취주악에 맞추어 〈애국가〉를 부르고 행진도 했다. 일찍이 못 겪어본 '사건'이 연속되던 어느 날 국어 시간에 또 사건이 일어났다.

"너희들 벤또라는 말 쓰면 안 된다. 그건 일본말이다."

'일본말? 벤또가 일본말이었어?!' 속으로 놀랐다.

"앞으로는 도시락이라고 해야 한다. 도시락! 알았지?"

여기저기서 수근거리고, 영 이상하다며 웃는 아이도 있었다. 도시락? 나 역시 어색하고 낯설었다.

"자- 다같이 큰소리로 말해 보자. 도시락-!"

"도시락-!"

놀랍게도 이 낯선 말은 얼마 가지 않아 벤또べんとう를 대체했다.

도시락이라는 말은 1728년 김천택이 지은 〈청구영언〉에 실린 사설시조에 처음 등장한다.

○ 새암을 찾아가서 점심**도슭** 부시고

이 대목에서 '도슭'이 '도슭'을 거쳐 '도시락'이 되었다. '개수대' '개숫물'은 '싱크대'에 밀려 사라졌지만 '부시고'(씻고)는 용케 살아남아 요즘도 간간이 쓰인다. 도슭 말고 동고리라는 말도 쓰였다. 고리짝보다 작고, 네 귀를 둥그스럼하게 엮은 납작한 고리(껍질 벗긴 버들가지로 엮은 상자)를 동고리라고 했다. 1920년 조선총독부가 만든 〈조선어사전〉에 둘 다 등재되어 있다.

○ **도시락** (명) 동고리に 同じ
○ **동고리** (명) 小形の 圓き 柳行李. (도시락)

동고리는 작고 둥근 버들고리라고 풀이했고, 도시락은 동고리와 같은 뜻이라고 해놓았다. 일제가 일본어 쓰기를 강제하기 전까지 쓰였음을 알 수 있다. 그러나 그 뒤 우리나라 사람이 만든 국어사전에는 나오지 않는다. 그러다가 일본말 벤또에 밀려 사라졌다.

'도시락'을 살려낸 사람은 외솔 최현배 선생이다. 선생은 1945년 9월 조선교육심의회 의장을 맡아 초·중등 교과서와 공문서에 한글 전용과 가로쓰기를 규정한 법령을 통과시켰다. 그 무렵 우리나라 국민은 대다수가 문맹이었고, 배운 사람은 한글보다 일본어에 익숙했다. 그래서 선생은 자라나는 미래 세대에 우리말 명운을 걸기로 하고 한글 교과서를 바르게 만드는 데 온힘을 기울였다.

젠자이ぜんざい 혼다데ほんたて 간즈메かんづめ 따위 일본말들을 우리말 단팥죽 책꽂이 통조림으로 바꾸었고, 직경直徑 반경半徑 능형菱形 대각선對角線 사사오입四捨五入 암산暗算 필산筆算 따위 한자어를 지름 반지름 마름모꼴 맞모금 반올림 속셈 붓셈 같은

우리말로 바꾸었다. 짝수 홀수 세모꼴 더하기 빼기 곱하기 덧셈 뺄셈 곱셈 도돌이표 같은 말도 모두 선생이 만들었다.

　그 가운데 유달리 선생이 집착한 말이 도시락이라고 전해진다. 선생이 교과서에서 일본말을 솎아내면서 특히 학교에서 '벤또'를 몰아내도록 독려한 때가 바로 내가 국어 시간에 '도시락'을 쓰라고 들은 1963년이었다.

　왜 교과서에서 일본어와 한자어를 우리말로 바꾸기 시작한 지 15년도 넘어서야 '도시락'이 등장했을까. 그 때까지는 초등학교 교과서에 도시락이라는 말이 나오지 않는다. 1954년 유네스코가 지원해 만든 초등학교 4학년 2학기 셈본 교과서 13쪽에는 이런 대목이 나온다.

　영이는 점심밥을 먹고 나서 이 **그릇**이 직륙면체의 모양을 하고 있다고 생각하며 그 들이를 따져 보기로 했다. … 우리들도 **점심밥 그릇**의 들이를 알아보자.

　'도시락'이라고 써야 할 곳에 '이 그릇' '점심밥 그릇'이 쓰였다. 〈조선어사전〉에 '도시락은 동고리와 같다'고 했는데도 1954년이 되도록 도시락이라는 말을 모른 것은 무슨 까닭일까. 사전에 동고리를 작은 버들고리라고 풀이했기 때문인 듯하다. 고리, 고리짝, 버들고리가 다 옷을 넣는 상자를 가리키는 말이므로 동고리와 도시락을 휴대용 밥그릇이라고 생각할 수 없었으리라는 것이 내 추측이다.

　학창 시절 우리 마음을 제일 사로잡은 것은 점심 시간이었다.

그때 얘기에서 가장 많이 등장하는 것은 단연 조개탄 난로와 도시락이다. 시대와 함께 변해온 그릇과 반찬에 따른 이야깃거리를 지니고 있는 것이 모든 세대에게 도시락이 추억되는 요인이다. 우리 세대는 아주 작은 반찬통이 한쪽에 따로 있는, 납작하고 네모난 양은 그릇을 썼다. 젓가락은 그냥 밥 위에 대각선으로 가로질러 놓아 나중에 그것을 집어내면 거기 붙은 밥알부터 입으로 떼어내야 했다.

추억은 거기서 그치지 않는다. 추억 밟기 속성은 자꾸만 시간을 거슬러 올라간다는 점이다. 그러다 보면 1950년대 중반 원족遠足(소풍) 때 니꾸사꾸리룩색(rucksack·배낭)에 넣어 가던 오리벤또おりべんとう와 오리바꼬折りばこ에까지 다다른다. 아주 얇게 켠 나뭇조각 여러 개를 종이로 이어 붙인 그것은, 눕힌(折り·おり) 가장자리 나뭇조각을 일으켜 세우면 상자(はこ)가 되게끔 만든 1회용 벤또였다.

'도시락'은 아이에게서 어른에게로, 학교에서 가정으로 거꾸로 전파된 별난 사례이다. 학생들이 이 말을 쓰자 어머니들도 썼다. 그렇게 해서 우리 사회에 빠르게 정착했다. 최현배 선생이 '도시락'에 집착한 까닭 아닐까. 이제는 나이 많은 사람이나 "아 그때는 벤또라고 했었지"라고 한다.

'도시락 시대'가 열린 지 얼마 안 되어 평생 써먹을 얘깃거리가 생겼다. 그때 나는 퇴계로에서 원서동까지 걸어서 통학했다. 잰걸음으로 30분 거리였다. 종로 2가 전찻길을 건너 낙원시장 앞을 지나면 이제 다시는 볼 수 없는 장관壯觀이 펼쳐지곤 했다. 검정

색 교복을 입은 남학생과 곤こん색(어두운 감색) 교복을 입은 여학생 수천 명이 (2차선보다 훨씬 넓어 보이는) 도로를 꽉 메운 모습이었다. 그도 그럴 것이 그 길은 안국동에서 비원 사이 작은 동네들(원서동 계동 재동 가회동 안국동 화동)에 몰려 있는 일곱 학교(중앙 대동 휘문 창덕 풍문 덕성 경기)로 통하는 세 갈래 길 가운데 하나였다.

학생으로 미어터지기는 버스 안도 마찬가지였다. 승객은 숫제 짐짝이었다. 입구에 몰린 그 짐짝을 안쪽으로 들이려고 운전수가 조리질을 하거나 버스가 커브길을 돌 때마다 여학생들 비명이 낭자했다. 어쩌다 늦잠 잔 날, 버스를 탔다가 그 생지옥에서 운이 좋아 앉게 되면 선 사람 가방을 들어주게 되는데, 아무래도 여학생 것을 먼저 받아 주게 된다. 어느 날 자주색 가방을 여러 개 받아 주느라 가방을 눕혀서 무릎 위에 놓았는데, 버스에서 내릴 때 왠지 이상했다. 아뿔싸! 교복 바지 무릎 위쪽이 김칫국으로 푹 젖어 있었다. 중학 1학년들 교복이 잉크 자국 범벅일 때여서 아주 창피하지는 않았지만, 냄새 때문에 종일 애를 먹은 것 또한 사실이다.

나만 겪은 일은 아니었다. 그런 일이 우리 사회에서 다시 일어나지 않게 된 것은 그로부터 2~3년이 지나서였다. 그 날 나는 명동 입구 남산국민학교 앞 육교를 건너고 있었다. 서소문 입구 KAL 빌딩 앞에 이어 두 번째로 생긴 육교였다. 육교 한켠에 어떤 사람이 조그만 병들을 벌여놓고 있었다. 육교라는 것이 생긴 지 얼마 안 된 때여서 그 위에서 장사하는 사람이 없을 때였다. 궁금해서 보았더니 맥스웰하우스라는 상표가 붙어 있었다. 미군

부대에서 흘러나온 것 같았다. 그때까지 내가 본 유리병이라고
는 한 되들이 정종(まさむね) 됫병과 2홉들이 소줏병이 전부였다.
우리나라가 아직 만들지 못하는 그 예쁜 병에는 뚜껑도 있었다.
'저걸 뭐에 쓰지?' 내가 잠시 지켜보는 동안 선뜻 사는 사람은 없
었다.

그 일이 있고 얼마 후 그 병이 하나둘 점심시간에 모습을 드러
냈다. 병마다 김치가 담겨 있었다. 아, 그것은 국물 흘릴 일 없고
냄새 피울 일 없는 60년대판 락앤락이었다! 그것은 우리나라 도
시락 역사에서 양은 도시락이 보온 마호병魔法瓶·まほうびん 도시
락으로 옮겨 가는 중간 단계에서 일어난 혁명이었다.

'최현배 시절'에 찾아내고 만들어 퍼뜨린 우리말 중에는 '도시
락'처럼 단기간에 성공한 사례도 있지만 '흰자질'(단백질)이나 '굳
기름'(지방)처럼 교과서에서 쓰이다가 사라진 말들이 있다. 그 중
에 대표 격이 '금'이다.

금은 한자로 선線이다. 내 어린 시절에는 요즘 쓰이는 '줄'보
다 '금'을 썼다. 줄긋기가 아니라 금긋기였다. 생각해 보라. 연모
를 써서 어떤 것에 길게 표시할 때 우리는 긋는다고 한다. '금'은
바로 '긋다'라는 움직씨(동사)에서 나온 이름씨(명사)이다. '글'과
'그림'도 '긋다'에서 나왔다. 줄을 '친다'는 말은 새끼줄 같은 끈으
로 싸릿대를 엮고 말뚝과 말뚝 사이를 이어 묶어 울타리를 칠 때
썼던 말이다. 말하자면 '짓는다'(만든다)는 뜻이 강하다. 그러니
'밑줄 친 낱말'이 아니라 1960년대까지 쓰인 '밑금 그은 낱말'이
어야 맞는다.

그때 우리는 요즘 망줍기 놀이와 비슷한 말차기 놀이를 할 때 석필로 땅에 금을 그었지 줄을 치지는 않았다. 교과서에 나온 말들도 '줄'이나 '선'이 아니라 모두 '금'이었다. 그런데 '꺾은금 그 라프(그림표)' 빼놓고 다 사라졌다. 곧은금[直線] 꺾은금[曲線] 나란히금[平行線] 맞모금[對角線]….

맞모금과 대각선이 같은 말이라고 얼른 와 닿지 않는다? '맞'은 '맞은편' '마주하다' '마주 대하다'라는 뜻이니 대對이다. '모'는 모서리라는 뜻이니 각角이다. **맞은편 모서리끼리 이은 금.** 이래서 맞모금이다. 포물선抛物線을 북한에서는 팔매선이라고 한다. 돌팔매질, 즉 돌을 던지면 곧은금(직선)이 아니라 꺾은금(곡선)으로 날아가는 데서 연상해 만든 말인데 참 아깝다! 팔매가 우리말이니 팔맷금으로 했으면 훨씬 좋았을 것을.

옛날부터 모든 사람이 써온 말인데도 뒤늦게, 광복 30년이 넘어 일본어에 밀려난 어처구니없는 운명을 지닌 말도 있다. 1980년대 들어 일본어 '야채'에 밀려난 '채소'다. 무슨 사연일까. 채소와 야채는 뭐가 다를까?

○ **나물**: 사람이 먹을 수 있는 풀이나 나뭇잎

○ **채소**菜蔬: 사람이 심어서 가꾸는 나물

○ **야채**野菜: 들에 저절로 나는 나물

○ **푸새**: 저절로 나서 자라는 풀

○ **남새**: 무 배추 아욱 따위 심어서 가꾸는 나물

○ **푸성귀**: 사람이 가꾼 채소와, 산과 들에 저절로 난 나물 모두

야생(野生: 산이나 들에서 절로 자라다), 야성(野性: 자연 본능 그 대로인 성질)에서 야野가 뜻하는 바가 맞다면 야채는 산과 들에서 절로 자란 나물이다. 일본에서는 야채와 청물青物(あおもの = 청정 야채)이라는 말을 쓴다. 소채蔬菜·そさい는 거의 쓰지 않는다. 일본 사람들도 오래 전 사전에는 야사이やさい(야채)를 '原野に 自生したる 菜類'(들에 저절로 나는 나물류)라고 풀이했다. 그들이 언제부터, 왜 부식용副食用 작물作物(밭에서 키운 나물)을 야채라고 하는지는 나도 모르겠다.

하여튼 내 기억으로는 '맞는 말' 채소가 '틀린 말' 야채에 밀려나는 데 5년이 안 걸렸다. 기업들이 건강식 상품에 '야채'라는 말을 너도나도 붙여 팔고 있으니 머지않아 '채소가 뭐예요?'라고 묻는 아이들이 생길 것이 틀림없다. 내 견해로는 다음과 같은 연유로 이 지경에 이른 것 같다.

광복 이후 한동안 일본을 멀리했던 우리나라는 1965년 한일 협정을 맺고 일본으로부터 받은 청구권 자금으로 경제를 발전시켰다. 살림살이가 조금씩 나아지자 세계 어느 나라나 소득 증가 과정에서 겪은 라이프 스타일 변화가 우리나라에서도 생겨났다. 즉 국민소득이 1만 달러, 2만 달러, 3만 달러에 다다를 때마다 소비 행태가 달라졌다. 생활필수품에 국한하던 소비가 가전제품과 자동차 같은 내구소비재를 거쳐 건강·문화·레저 같은 서비스 소비로 옮겨 갔다. 건강 쪽을 예로 들자면 비타민제→ 피로 회복 자양강장제→ 발효 음료(요쿠르트)로, 또 육류 소비가 늘어나다가 다시 채소와 과일 소비로 바뀌었다.

경제가 뜀박질하던 1970, 1980년대는 일본 상품과 기술이 우리나라에 쏟아져 들어온 때였다. 일본이 먼저 단계 별로 겪은 라면→ 구론산 바몬드→ 요쿠르트를 순서대로 들여와 삼양라면, 영진구론산바몬드와 박카스, 야구르트를 국내 기업이 만들어 팔았다. 텔레비전 방송 예능 담당 PD들이 부산에 가서 일본 방송을 시청하면서 프로그램을 베껴서 만들 정도로 일본을 따라 하던 시절이니 말해 무엇하랴. '야채'도 건강식 붐이 일었을 때 묻어 들어왔다.

'흰자질' '굳기름'이 '단백질'과 '지방'으로 바뀌어 쓰이게 된 것도 같은 맥락이다. 문맹 시절을 지나 학력이 높아지고 경제 발전에 따라 살림이 넉넉해지면 전문 용어가 많이 소비된다. 소설이나 드라마에서 제일 흔했던 '돈이 없어 병원에 못 가보고 죽었다'는 시절이 있었던가 싶게 이제는 의료 쇼핑이라는 말까지 생겼다. 그런 사람들은 불포화지방이 어떻고 프로테인protein(단백질)이 어떻고 한다. 거기에는 굳기름과 흰자질이 끼어들 여지가 없다. 배가 아프면 설탕을 물에 타서 먹고, 생위단이나 활명수, 아까징끼あかチンキ(빨간 소독약)와 이명래 고약이 고작이던 시절은 호랑이 담배 피우던 때 얘기이다.

1998년 우리가 일본에 문화 시장을 개방할 때 국민 대부분이 곧 일본 문화에 침식당할 것이 뻔하다고 걱정했다. 그러나 이미 수준에 올라선 우리 문화는 용케 버텨내는가 싶더니 오히려 일본에 한류 붐을 일으켰다. 지금 우리는 일본 문화 따위는 안중에 없다. 우리 문화는 일본 젊은이들을 사로잡고, 빌보드 차트와 아카데미상을 휩쓸고 있다.

야구가 저지른 실책

중학 시절 제일 좋아했던 행사를 꼽으라면 단연코 야구장 단
체 응원이다. 영화 단체 관람보다 더 좋았다. 입학한 지 한 달이
지나자 야구 시즌이 열렸다. '4구락부 연맹전' 때와 서울시 춘계
리그 결승전 날 전교생이 오전 수업을 마치고 각개약진해 서울
운동장 야구장 앞에 모였다.

4구락부俱樂部·クラブ(←club)란 경신·배재·중앙·휘문 YB(재학
생)와 OB(졸업생) 야구팀을 가리킨다. 1960년대에도 황금사자기
와 청룡기 대회가 있었지만, 네 학교 학생들에게 4구락부 리그는
연고전/고연전처럼 역사와 전통에 대한 자부심을 드러내는 축
전이었다.

1906년 개교한 휘문의숙徽文義塾이 1907년 처음 야구부를 만
들자 1911년부터 경신·계성·중앙·배재·보성 등 조선 학교에 잇달
아 야구부가 생겼다. 점차 야구 붐이 일자 1926년 4구락부 연맹

전이 시작되었다. 1958년 '이영민 타격상'을 제정하게 한 배재학당 이영민 선수가 한국 야구 최초로 한 경기에서 홈런 3개를 때린 것도 4구락부 연맹전에서였다. 이영민은 연희전문에 진학해한국인 최초로 경성운동장(옛 서울운동장 야구장)에서 홈런을 때렸다. 그 시절 그에 관한 기사에 나온 야구용어가 이채롭다.

> 이영민이 6회초에 미야다케의 제1구를 쳐 중월대비구(中越大飛球)*로 통쾌한 책월대본루타(柵越大本壘打)*를 치고 유유히 본루*에 돌입하는 모습에 만장*군중은 박수갈채를 아끼지 않아 그 환호성은구장을 진동시켰다. 《조선일보》 1930년 7월17일

야구장에 가니 연습 때부터 볼거리가 있었다. 어느 팀이나 경기 전 수비 훈련에서 마지막에는 감독이 쳐주는 펑고fungo 볼을 수비수들이 차례로 받아 홈으로 송구하고 뛰어들어와 홈플레이트 옆에 늘어선다. 최종 퍼포먼스는 포수 파울플라이 펑고. 야구장이 침묵과 긴장에 휩싸인다. 이윽고 감독이 공을 살짝 띄운 뒤 펑고 배트를 쳐올리면 공이 일직선으로 치솟는다. 까마득하다! 함성과 박수가 터지고, 캐처가 이리저리 가늠하다가 척잡아낸다. 이 장면을 끝으로 도열한 선수단이 응원단을 향해 경례하면 브라스 밴드가 쾅쾅 울리고 응원 함성이 최고조에 달한다. 반면 감독이 헛방망이질을 하거나 빗맞은 공이 엉뚱한 데로튀면 야구장은 한순간에 한숨과 야유로 뒤덮인다.

---

*가운데로 넘어가는 큰 타구 *담장을 넘긴 큰 홈런 *홈 *장내를 가득 메운

그 다음 볼거리는 응원. 특히 배재학교 응원은 정평이 있었다. 수천 명이 우산을 펼쳐 빙빙 돌리며 '우리 배재학당 배재학당 노래합시다 … 롸롸롸롸 씨스뿜바 배재학당 씨스뿜바'라는 교가를 부르는 광경은 내가 본 응원 가운데 가장 흥겹고 화려했다. 응원 구호도 'W H I M O O N 휘문 휘문 빅토리 야-!'라고 외친 우리 학교보다 더 재미있어서 우리까지 신바람이 절로 났다.

'만약에 배재가 휘문한테 진다면/ 밥상 위에 꼴뚜기가 팔짝팔짝 뛰겠네/ 아카라카치 아카라카쵸 아카라카치치 쵸쵸쵸/ 랄랄라 씨스뿜바 배재 배재 빅토리 야-!'

시멘트로 된 계단식 좌석이었지만, 몇 시간 동안 엉덩이 배기는 줄 모르고 야구 보랴, 상대 응원 구경하랴, 우리 응원하랴 정신없이 신나고 또 신나는 하루였다.

1963년은 한국이 국제 대회에서 처음 우승한 해이다. 서울운동장에서 일본을 두 번 꺾고 우승한 제5회 아시아야구선수권대회와 연이은 고교 야구는 나를 평생 야구 팬으로 만들었다. 하지만 그 무렵 서울운동장 관람석에는 어린이나 여성이 아예 없었다. 야구란 '그들만의 리그'였다. 관객 수준도 내가 스코어보드에 적힌 'FC'가 fielder's choice(야수 선택)임을 안다고 꽤나 자랑했을 정도였다. 야구부 있는 학교를 졸업한 사람만 열광하던 스포츠. 그러나 1982년 프로 리그가 출범하자 달라졌다. 잠실 야구장 스탠드를 어린이 데리고 온 부부가 채우기 시작했다. 그와 함께 야구 용어도 바뀌었다.

한때 스포츠 쪽에도 불어닥친 국어순화운동. 축구에서는 골키퍼가 '문지기'로 코너 킥이 '모서리 차기'로, 권투에서는 어퍼컷이 '올려치기'로 스트레이트가 '뻗어치기'로 바뀌었다. 그러다가 슬그머니 사라졌지만 야구는 달랐다. 일본식으로 발음되던 영어가 우리말로 바뀌자 사람들이 자연스럽게 받아들였다.

투수(←핏챠) 포수(←캣챠) 1루수(←훠스트베이스맨) 2루수(←쎄칸베이스맨) 3루수(←써드베이스맨) 유격수(←쑈스탑) 중견수(←쎈타필다) 좌익수(←레프트필다) 우익수(←라이트필다) 좌완(←싸우스포) 타석(←빳다복스) 타격(←뱃팅) 중심타선(←크린업트리오) 적시타(←타임리 히트) 대타(←삔찌히타) 주자(←란나) 도루(←스틸) 실책(←에라) 병살(←따블플레이←겟투get two) 야수 선택(←필더스 초이스) 등번호(←빽남바).

'완전 경기'(퍼펙트 게임)처럼 바꾸려다 실패한 말이 있었고, 바꾸지 못한 말도 있었다(스트라이크 볼 아웃 번트 슬라이딩 이닝 글러브 미트 노히트노런). 한자어로 쓰던 것은 그대로 두었다(직구 변화구 송구 포구 안타 2루타 3루타 진루타 내야수 외야수…).

호무랑, 빠루볼, 빳다, 밧떼리 같은 일본식 발음은 홈런, 파울볼, 배트, 배터리로 제대로 발음했다. 더불어 허구연 해설자가 메이저 리그 용어들을 소개했다. 훠볼은 '베이스 온 볼스', 데드볼은 '힛 바이 피치드 볼'이라고. 허씨는 팔로 스루follow through나 스윙 메커니즘 같은 생소한 말을 참 많이 썼다.

내가 야구 용어가 바뀌었음을 알아차린 것은, 중계방송에서 '파울볼이 뒷그물에 맞았다'는 말을 듣고서였다. 중학 1년 때 '뺑넨 맞는 빠루볼'이라는 중계를 들으면서 뺑넨이 무슨 말인가 궁금했다가 몇 년 지나 백넷back net임을 알고 실소했던 기억이 있기에 '어— 백넷이 뒷그물로 바뀌었네!' 하고 알아차렸다. 그러고 보니 피처가 던진 공을 두고 '인 코너' '아웃 코너' 하던 말도 '바깥쪽' '안쪽'으로 바뀌어 있었다. '야! 언제 이렇게 다 바꿨지?' 나는 감탄했다.

그러나 그게 아니었다. '뒷그물' '안쪽' '바깥쪽' '등번호' 말고는 모두가 일본말이었다. 세상에! 잘 써오던 영어를 우리말로 순화했다는 것이 전부 일본말이라니. 야구野球·やきゅう부터가 일본어이다. 일본이 처음 테니스를 받아들여 붙인 말이 마당에서 공을 가지고 하는 운동이라는 뜻인 '정구'였다. '마당 정庭' '공 구球'. 그 뒤 베이스볼을 들여오자 마당보다 넓은 들판에서 한다고 야구라고 했다. '들 야野' '공 구'. 야구라는 말을 처음 쓴 일본인이 하이쿠はいく 작가 마사오카 시키正岡子規라고 잘못 알려진 것은, 그가 필명을 '야구'라고 했기 때문이다. 실은 1894년 일고一高(동경제대 전신) 생도 조마 가나에中馬庚가 야구라는 말을 만들어 일고 야구부 명칭으로 쓴 것이 시초이다.

피처·캐처·쇼스탑을 헌신짝처럼 버리고 투수投手 포수捕手 유격수遊擊手 같은 일본말들을 왜 거부감 없이 받아들였을까. 도우슈とうしゅ 호슈ほしゅ 유게키슈ゆうげきしゅ라고 하지 않고 투수·포수·유격수로 발음하니까 우리가 만든 한자어인 줄 안 것 같다. 그러나 한자 뜻에 초점을 맞추면 우리 생각과 다르게 만들어진 용어임이 금방 드러난다.

먼저 외야 수비수를 보자. 레프트·라이트 필더는 좌익수·우익수인데 센터필더는 왜 중앙수가 아니고 중견수인가. 중견中堅이란 조직에서 중심이 되는 사람이라는 뜻이니 외야 수비에서 중심임을 나타낸 듯하다. 그러나 왼쪽과 오른쪽을 좌익수·우익수라는 '지역'으로 표현했으니 가운데도 '사람'을 나타내는 중견이 아니라 중앙수라고 해야 맞다.

다음은 유격수. 일본은 스페인어 게릴라guerilla를 유격遊擊이라고 번역했다. 그래서 누구나 이 말에서 게릴라전을 생각하고, 군대 다녀왔다면 피티체조까지 떠올린다. 그런데 어째서 '놀 유遊'와 '칠 격擊'이라는 납득 못할 조합일까.

- **게릴라** <u>일정한 진지 없이</u> 불규칙적으로 하는 유격전
- **유격** <u>처음부터 공격할 적을 정하지 않고 형편에 따라</u> 우군을 도와 적을 공격하는 일

이 사전 뜻풀이에서 밑금 그은 대목이 유격수와 관련이 있다. 1루수 2루수 3루수는 한 루씩 차지하지만 유격수는 정해진 자리가 없다. 그러니까 '일정한 진지 없이'라는 말과 통한다. '처음부터 <u>공격할 적</u>을 정하지 않고 형편에 따라'라는 말도 '공격할 적'을 '수비할 장소'로 바꾸면 그럭저럭 통한다. 자리를 고정하지 않고 형편에 따라 수비한다는 것은, 미국 야구 데드볼 시대*에 쇼스탑short stop이 외야수와 내야수 사이에 적당히 자리 잡고 외

---

* 데드볼 시대(dead-ball era)란 야구 규칙이 제대로 정해지지 않았던 1919년까지를 말한다. 특히 공 반발계수를 정하지 않아 구단이나 투수가 마음대로 공을 골라 썼다. 홈팀이 투수에게 유리하게 하려고 쓴 반발력 적은 공을 데드볼이라고 했다. 처음으로 더블 플레이를 성공시킨 타이 콥이 홈런 9개로 홈런 순위 1위에 올랐을 만큼 투고타저가 심했다.

야에서 오는 송구를 짧게(short) 끊어(stop) 재빨리 중계함으로써 주자가 멀리 가지 못하게(short) 막았으니(stop) 틀린 말은 아니다. 일본도 1894년 야구 용어를 정비하기 전에는 쇼스탑을 글자 뜻 그대로 단차短遮(짧게 막는다)라고 번역해 썼다.

왜 '유격'을 썼는지는 그냥저냥 꿰어맞추었지만, 아직 '수'에 대한 의문이 남는다. 왜 사람을 '손 수手' 자로 표기할까. 메이저 리그는 내야수를 베이스 맨base man, 외야수를 필더fielder라고 하지 않는가. 공을 받아내고 던지는 손기술이 뛰어나므로 유격자者나 유격인人이 아니고 유격수라고 강변한다면 이는 또 다른 문제로 이어진다. '에러error'를 대신해 나온 '실책失策'이 그 말을 부정하기 때문이다.

1990년대 초까지 나온 국어사전에는 '실책'이라는 표제어가 '잘못된 계책'이라고만 풀이되어 있었다. 책策 또는 계책計策이란 머리로 짜내는 꾀를 말한다. 그래서 예로부터 작전참모를 책사策士라고 했다. 역사상 최고수 책사는 제갈공명이다. 그런데 요즘 사전에는 '실책'에 대한 풀이가 하나 더 늘었다. '야구에서 잡을 수 있는 타구나 송구를 잡지 못해 주자를 살게 하는 일'이 그것이다. 이는 명백한 잘못이다. 사전은 많이 쓰이는 말을 새로 등재해야 하지만 틀린 말을 올려서는 안 된다. 야수가 공을 못 잡는 것은 손으로 저지르는 잘못이니 '실수失手'다. 머리로 잘못하는 '실책'이 아니다. 일본이 잘못 쓰는 말을 검증하지 않고 따라 쓴 한국 야구가 저지른 가장 큰 실책은 바로 '실책'이다.

이 문제는 머리(실책)와 손(실수)이 가진 또 다른 차이점으로도 설명할 수 있다. '실수'는 손으로 움직인 결과이기 때문에 '행위성 명사'이다. 따라서 접미사 '하다'를 붙여서 '실수하다'라는 파생어, 즉 동사를 만들 수 있다. '유격수가 **실수했다**'. 반면에 '실책'은 머리로 저지른 결과이므로 행위성 명사가 아니다. '하다'를 붙일 수 없으니 '실책하다'라고 할 수 없다. 그래서 실책이라는 말을 쓰려면 따로 동사를 붙여 구句를 만들어야 한다. '유격수가 **실책을 범했다**'로. 이는 우리말을 바르게 쓰는 어법이라고 할 수 없다. 이런 표현이 잦을수록 글과 말이 복잡해진다.

국어사전은 잘못 올린 풀이조차도 잘못 풀이했다. '잡을 수 있는 타구나 송구를 잡지 못해'에 '잘 던질 수 있는데도 송구를 잘못해'까지 더해야 그나마 꼴을 갖추게 된다.

한국 야구는 세계 3위권으로 발전했다. 그에 따라 구사되는 야구 용어가 프로 야구 출범 전보다 열 배도 넘을 것 같다. 피처가 공을 던지는 움직임에 단계 별로 와인드 업, 스트라이드, 암 코킹, 암 액셀러레이션, 암 디셀러레이션, 팔로 스루가 있고, 이와 관련한 말은 밸런스, 백스윙, 다운스윙, 릴리스, 릴리스 포인트, 그립 등등 수십 가지이다. 미국 야구에 근접할수록 이런 현상은 더 심해질 것이 뻔하다.

그뿐일까. 우리말과 한자어도 헷갈린다. '훠볼' '데드볼' 시절에는 상황이 분명했다. 그런데 4구四球와 사구死球로 바뀌자 귀에 들리는 말이 똑같은 '사구'다. 요즘은 '볼넷' '몸에 맞는 볼'*이라고 하고, '베이스 온 볼스' '힛 바이 피치드 볼'이 덧붙기도 한

---

* '몸에 맞는 볼'도 틀린 말이다. '몸에 맞은 볼' 또는 '몸에 맞힌 볼'이 맞다.

다. 그런데도 공식 기록에는 '4구'와 '사구'가 쓰이고, 해설자도 '사사구四死球를 남발한다'고 말한다. 그다음 말은 대개 이렇다. "타자가 **왼손** 투수에게 약하니 **좌완**左腕(ひだりうで)으로 바꿔야 한다." 그리고 얼마 뒤 아무개가 **투수판**을 밟았다고 말하고, 조금 지나면 난조亂調·らんちょう를 보여 **마운드**가 불안하다고 한다.

참 갈 길이 멀다. 우리말로 바꾸는 것이 능사가 아니다. 와일드 피칭을 '사나운 던지기'라고 하겠는가, 아니면 '거칠게 던지기'라고 하겠는가. 그냥 폭투가 무난하다. 그렇다면 이런 경우에는? LG트윈스가 3대2로 앞서자 9회 말 고우석이 마운드에 올랐다. 그는 마무리인가, 클로저closer인가? 황재균이 홈런을 치고 배트를 던졌다. 방망이 던지기인가, 배트 플립bat flip인가? 아니면 미국인들을 열광케 한 '빠던'? 언어 생활에서 다국적 풍요를 누리자는 심산이 아니라면 여러 사람이 지혜를 모을 때가 되었다.

경양식 시대

1967년. 고등학교 2학년 때였다. 교회에 친한 직장인 누나가 있었다. '밥 잘 사주는 누나'. 그가 어느 날 나를 명보극장 뒷골목 초동극장 옆에 있는 음식점으로 데리고 갔다. 여느 밥집과 다를 바 없는 곳에 신발 벗고 들어가 식탁 앞에 책상다리 하고 앉았다. 벽 차림표에는 된장찌개 김치찌개 비지찌개 따위가 적혀 있었다. 그런데 누나가 이상한 음식을 주문했다.

"여기 돈까쓰 이인분 주세요."

잠시 후 숟가락과 과도(인 줄 알았다)와 삼지창이 놓이자 걱정이 앞섰다. 사실 역사를 보면, 서양인도 포크와 나이프를 어려워했다. 손으로 음식을 먹던 유럽에 포크가 소개되자 그것을 사용하기가 쉽지 않다며 비난과 반발이 쏟아졌다. 그러나 얼마 안 가 똑같은 이유로 포크 사용은 교양 있는 행동을 가늠하는 지표가 되었다. 그것이 우아하게 포크로 먹는 사람과 음식에 함부로 손대는 농부 사이에 뚜렷한 신분 차이를 만들었다.*

촌놈 주눅 든 마음은 아랑곳없이 이번에는 하얀 접시가 날라져 왔다.

'애개-!'

희뿌연 죽 같은 것이 납작한 접시 바닥에 담다 만 듯이 담겨 있었다. 누나가 하는 양을 지켜보니 후추를 살짝 치고, 숟가락을 내 쪽으로 밀 듯이 하면서 그 죽을 떠먹었다. 나도 조심조심 따라 했다. 그런데 그 멀건 죽이 오! 이렇게 맛있을 줄이야!

빈 접시가 물러갔다. 감질 내는 마음을 달래고 있자니 다시금 흰 접시가 한 사람 앞에 두 개씩 놓였다. 하나에는 하얀 쌀밥이, 또 하나에는 초콜릿 빛깔 죽을 뒤집어쓴 넓적한 튀김이 있었다. 그 옆에는 초고추장(?)을 뿌린 양배추와 삶은 감자, 단무지. 역시 누나를 곁눈질하며 눈치껏 칼질을 하고 포크로 찍어 먹었다. 그러자 마음속에 또다시 울려 퍼진 후렴. '오! 이렇게 맛있을 줄이야! (돈까쓰를 먹어본 사람이 별로 없고, 〈국어대사전〉에도 '돈가스'가 나오지 않았을 때이다. 지금 기준으로 나를 촌스럽다고 하지 마시기 바람)

그 집을 나서면서 나는 결심했다. 'I shall return!' 그다음은 모국어로 다짐했다. '어디 한번 실컷 먹어보리라.' 1인분 30원 곱하기 4. 두 달 걸려 120원을 모았다. 마침내 D데이. 나는 고1 후배 한 명을 데리고 그 집으로 갔다. 내가 4인분을 시키자 종업원이

---

* 포크는 11세기에 비잔틴 공주가 처음 사용했다. 베네치아 총독과 결혼한 그녀는 포크로만 음식을 먹었다. 그것이 차츰 이탈리아와 프랑스를 거쳐 17세기에 독일에까지 퍼졌다.

물었다.

"학생, 두 사람 더 와요?"

"아니요. 우리가 먹을 건데, 수프랑 돈까쓰랑 한번에 갖다 주세요."

하얀 접시 12개가 식탁에 쫙-. 우리는 남들 눈 아랑곳없이 안복眼福과 식전 포만감을 즐긴 뒤 깨끗이 해치웠다.

1950, 1960년대 아이들은 '수렵 채취' 시대에 살았다. 시골 아이들은 산토끼 뱀 개구리 메뚜기 따위를 잡거나 버찌 아카시아 꽃 까마중 산딸기 오디를 따서 먹었다. 나는 서울 출신이지만 목멱산(남산) 기슭에 살았기에 채취는 꽤 해보았다. 뱀과 산딸기가 등장하는 동요에 그 시절 아이들 원시 생활이 잘 드러나 있다.

'산딸기 있는 곳에 뱀이 있다고/오빠는 그러지만 나는 안 속아/
내가 따라갈까 봐 그러는 게지'

개구리와 산딸기는 30년도 안 되어 돈까쓰로 바뀌었다. 1989년 둘째 딸이 또래들과 노는 모습을 보았다. 땅바닥에 둥그렇게 금을 그어놓고 그 안팎을 폴짝폴짝 넘나드는데, 동그라미 안에서는 '돈'을 외치고 금 밖으로 뛰쳐나가면서는 '까쓰' 혹은 '까쓰까쓰'를 외치면서 금 밖 아이들 발등을 밟았다. 나중에 물어보니 '돈까쓰 놀이'라고 했다.

그로부터 30년이 또 흘러, 얼마 전부터 '옛날 돈까쓰' 혹은 '추억의 돈까쓰'가 유행이란다. '옛날 짜장면'에 이은 추억 시리즈 2

탄인가 보다. 1980년대 들어 '일본식 돈까쓰'에 밀려 사라졌던 '옛날 돈까쓰'가 특정 시대 사람들을 불러모으는 것은, 돈까쓰에 관해 그 세대가 지닌 정서가 집단 현상을 만들 정도로 엇비슷한 경험을 공유함을 시사한다. 그것은 바로 경양식집에 대한 추억이다.

처음 '경양식' 간판을 보고 저 말이 무슨 말인가 궁금했다. 왜 '경' 자가 붙었을까. 얼마 뒤 외국 영화에서 풀코스 요리 먹는 장면을 보다가 문득 깨달았다. '아하! 여러 가지가 나오지 않고 한 가지뿐이니까 가벼울 경輕 자를 썼나 보다.' 짐작이 맞았다. 단품單品(一品) 요리였다.

1960, 1970년대에 청춘 데이트 코스는 다방에서 만나 극장 갔다가 경양식집에서 식사하는 것이 유일한 선택지였다. 직장인이 점심 때 백반집 설렁탕집 중국집 말고는 갈 데가 없던 시절, 처녀 총각이 특히 첫 만남에서 품위를 지키며 탐색전을 벌일 마땅한 장소는 경양식집뿐이었다.

경양식집 메뉴는 어디라 할 것 없이 비프까스, 함박스텍, 돈까쓰, 오므라이스, 카레라이스였다. 내 주머니 사정으로는 비프까쓰 먹기가 빠듯했는데, 다행히 질기고 맛이 없어서 여성들도 돈까쓰를 선호했다. 함박스텍은 내가 맛을 검증하지 못한 데다 돈까쓰보다 비쌌고, 오므라이스나 카레라이스는 좀 격이 떨어지는 것 같아서 언제나 돈까쓰를 주문했다. 한 가지 고민이라면, 밥을 포크로 뜰 때 포크를 뒤집어서 밥에 가져다 대고 나이프를 써서 조금만 옮긴 뒤 삼지창 사이로 흘리지 않도록 꾹꾹 다져서 먹기가 여간 조심스럽지 않다는 것. 설사 무사히 해내도 한 번에

뜨는 밥알이 너무 적어서 내가 아귀餓鬼가 된 것 같았다. 목구멍은 바늘 크기이고 배는 남산만해서 늘 굶주림에 허덕인다는 불경 속 아귀. 그래도 어쩌랴. 갈 데가 거기뿐인 걸.

경양식집은 갈수록 늘어났다. 그와 더불어 인테리어와 분위기가 점점 고급스러워지더니 어느덧 명칭도 '집'에서 '레스토랑'으로 격상되었다. 하얀 식탁보, 하얀 접시, 하얀 종이 받침 위에 은빛으로 반짝이는 숟가락, 포크, 나이프. 그 옆에 가장자리 꽃무늬 돋을새김이 살짝 돋보이도록 세모꼴로 예쁘게 접어서 세워놓은 하얀 냅킨. 〈청포도〉 한 구가 저절로 떠오를 만했다. '아이야 우리 식탁엔 은쟁반에 하이얀 모시 수건이나 마련해 두렴'.

은은한 음악. 크리스털 잔에 꽂힌 장미 한 송이. 거기에 하얀 블라우스나 와이셔츠에 검은 조끼 차림 종업원이 서빙하는 와인을 곁들이면 그것이야말로 금상첨화錦上添花. 서양인들이 식탁에 술병과 술잔을 놓은 때는 1800년대 들어서였다(그 전에는 한쪽 구석에 대기한 하인이 원하는 사람에게 가서 따라주면 단숨에 비워야 했다). 그렇게 오래 걸려 오늘에 이른 식탁 역사를 이 땅에서는 가볍게 건너뛰었다.

음식도 덩달아 수준이 높아졌다. 갓 구운 빵과 버터를 내고, 크림 수프에 채소 수프가 추가되었다. 토마토 케첩이 샐러드 드레싱으로, 찐 감자가 가운데를 열십자로 가르고 버터를 넣어 구운 감자로 바뀌었다. 거기에 마카로니, 아스파라거스, 완두콩 따위가 장식용 파슬리와 함께 곁들여졌다. 달걀 프라이를 주는 곳도 있었다. 그릴이라는 이름이 붙은 더 고급스런 레스토랑은 그랜드 피아노로 생음악을 연주했으며, 식탁에 촛불을 켜 은은함을 더했다.

　경양식집이 늘어나 '고급'과 '대중'으로 나뉠 무렵 내가 좀 대중적인 경양식집 식탁에서 작은 변화를 감지한 때는 1977년이다. 돈까쓰를 주문했더니 밥솥 뚜껑만한　접시가 내 앞에 놓였다. 밥 따로 돈까쓰 따로를 하나로 합친 접시였다. 그리고 얼마 지나자 이번에는 수프가 사라졌다. 이제 돈까쓰는 약간이나마 격식을 갖춘 양식洋食이 아니라 아이들도 즐기는 한 접시짜리 음식이 되었다. 경양식이라는 말도 시나브로 사라져 갔다.

　'정통 일본식 돈까쓰'라는 새 상품이 경양식집 돈까쓰와 임무 교대를 한 때가 그 무렵이다. 나는 1980년 명동에 있는 일식집 서호에서 그것을 처음 먹었다. 젓가락으로 집어 먹기 좋도록 썰어서 나온 두툼한 돈까쓰를 겨자 찍어 먹고 일본 된장국을 곁들이니 아주 색다르고 푸짐했다. 갓 튀겨낸 돈까쓰를 예쁜 석쇠에 받쳐 보는 즐거움까지 주었다. 두꺼운 고기와 젓가락은 얇은 고기와 '나이프 & 포크'를 어느 틈에 시장에서 밀어냈다.

　또 세월이 흘렀다. 서양 사람들이 한국 음식에 '엄지 척' 하고, 젓가락 쓰는 법을 배우려고 애쓰는 모습을 보면서, 그 옛날 나(우리)는 왜 그렇게 돈까쓰에 빠졌을까 생각해 본다. 그 해답은 조리법이다. 인류가 옛날부터 해온 조리법이 '끓이기' '굽기' '볶기' '튀기기' 네 가지이고, 그 중 우리가 튀기기에 약점이 있었음을 감안한 결론이다.

　동서양을 막론하고 가난한 사람은 끓인 음식을 주로 먹었다. 웬만한 것은 삶으면 다 먹을 수 있다. 우리 조상도 하고한 날 산나물 들나물 뜯어다가 데쳐서 먹었다. 식재료 폭이 넓다는 것은 굶어 죽지 않기 위한 첫 번째 조건이었다. 끓인다는 것은 또 조리기구가 간단하다는 뜻이다. 6·25 때 피란민 사진을 보라. 잠뱅이 입은 아버지가 지게에 이불 얹어 그 위에 아기 앉히고 솥단지 하나 매달면 의식주를 해결할 준비가 다 끝났다. 삶지 않고 굽는다면 손이 많이 가고 조리기구도 더 필요하다. 식재료도 비싼 육류나 생선이다. 더 나아가 튀기기에 이르면 그 재료와 조리기구와 전문성이 최상급이어야 한다.

돈까쓰는 서양 커틀렛cutlet에서 시작된 요리이다. 1393년 파리에서 나온 요리책에 등장할 정도로 오래된 요리인데, 쇠고기나 닭고기나 돼지고기에 라드lard라는 돼지기름을 두르고 지졌다. 그것을 일본 사람이 들여다 돼지고기 한 가지만 기름에 튀기는 것으로 바꾸었다. 서양 커틀렛이 번철에 기름 두르고 부치는 부침개라면 일본 돈까쓰는 기름에 풍덩 빠트린 튀김이다. 튀김요리를 잘하는 일본이 부드러운 돼지 안심을 기름에 튀겼으니, 기껏 명절에나 기름 둘러 지져낸 부침개를 먹어온 우리나라 사람들 혀가 얼마나 반갑게 반응했을까.

돈까쓰 역사가 이러하니 내가 서호에서 먹을 때 본 '정통 일본식 돈까쓰'라는 선전판은 잘못되었다. 우리가 예전부터 먹어온 고기 얇은 돈까쓰가 원조 일본식 돈까쓰이다. 중국 음식 자장멘을 우리가 한국 음식 짜장면으로 만들었듯이, 일본 역시 서양음식 커틀렛을 일본 음식 돈까쓰로 만들었다.

나는 돈까쓰가 일본에서 건너온 서양 음식이라고 알았을 때에도 '돈' 자는 우리가 붙였다고 짐작했다. 돼지를 우리나라가 한자 발음 '돈豚'으로 표기하니까. 그랬는데 알고 보니 '돈' 자도

일본이 붙였다. 일본은 돼지(豚)를 훈독訓讀으로는 부타ぶた, 음독音讀으로는 돈とん이라고 한다. 그래서 돼지고기로 만든 커틀렛이라는 뜻으로 돈카쓰레쓰豚カツレツ(일본 사람은 커틀렛이라고 발음하지 못한다)라고 하고, 그것을 줄여서 돈카쓰とんカツ라고 했다. 여기서 '돈'은 일본말이므로 히라카나 'とん'으로 표기하고, 카쓰는 외국말에서 왔으므로 가타카나 'カツ'로 표기했다.

여기서 한 가지 유념할 것은, 요즘 우리나라에서 일본어 가(か·カ) 행과 다(た·タ) 행을 잘못 표기하는 경우가 많다는 점이다. 우리나라 외래어표기법은, 일본어 가·다 행이 맨 앞에 올 때는 ㄱ·ㄷ으로 표기하고, 말 중간이나 맨 끝에 올 때는 ㅋ·ㅌ으로 표기하도록 했다. 그러므로 사람 이름 田中たなか는 영어로 Tanaka라고 표기되었어도 한글로는 '타나카'가 아니라 '다나카'라고 표기해야 한다. 東京とうきょう·Tokyo도 토쿄가 아니라 도쿄이다. 이를 잘 모르는 사람이 어초語初·어중語中·어말語末 가리지 않고 '카' '토'로 표기한다. Toyota도 '토요타'가 아니라 '도요타'이다.

돈카쓰とんカツ에서 가운뎃말 역시 '가'가 아니라 '카'라고 표기하는 것이 맞다. 만약 외래어표기법을 따르지 않고 제멋대로 표기한다면, 예전에 삿포로さっぽろ에서 겨울 올림픽이 열렸을 때 신문마다 표기가 달랐던 사태가 또 일어날 수 있다. 사포로 사뽀로 삿보로 삿뽀로 삿포로 삽포로 삽보로 삽뽀로.

또 하나, 우리나라 사람들은 일본 발음 'ㄱ' 'ㅋ'이나 'ㄷ' 'ㅌ'을 된소리 'ㄲ·ㄸ'으로 발음하는 경향이 있다. 도쿄를 도꾜로, 다나카를 다나까로 발음한다. 그러나 외래어표기법에 따르면 그것은 틀렸다. 무사 이름은 '도끼로 이마까'가 아니고 '도키로 이마

카'이며, 이름난 낚시꾼은 '나꾸시로 다나까'가 아니고 '나쿠시로 다나카'이다. 그러나 된소리 내기 좋아하는 한국 사람들은 앞서 말한 대로 돈카쓰とんカツ에서 가운데 カ를 '카'가 아니라 '까'로 발음한다.

그렇다면 왜 국어사전에 나온 표제어는 '돈카스'나 '돈까스'가 아니고 '돈가스'인가? 국립국어원은 '파열음 표기에는 된소리를 쓰지 않는 것을 원칙으로 하기 때문'이라고 해명한다. 그러나 정부가 정한 외래어표기법에 맞는 '카'와 사람들이 많이 쓰는 '까'를 버리고 '가'라고 쓰기를 주장하는 것은, 짜장면을 허용한 사례에 비추어 받아들이기 어려운 논리이다. 국립국어원이 국민 정서를 외면하고 짜장면에서 '짜'라는 된소리를 기피했듯이 국민들이 '까'라고 하는 것을 굳이 '가'라고 하라는 이유를 한낱 된소리 기피증이라고 하면 지나친 언사일까. 우리는 가스gas를 까스라고 발음하면서도 알파벳 g이니 어쩔 수 없이 '가스' 표기를 받아들이지만, '돈가스'는 자기네가 정해놓은 외래어표기법도 지키지 않는 표기이니 무슨 말을 더 하겠는가.

이 문제는 또 다른 문제로 이어진다. '가' 뒤에 오는 발음은 앞말을 따라 자연히 된소리를 발음하기 어렵게 되므로 '스'로 발음하기 십상이다. 외래어표기법에 따르면 일본어 ツ는 엄연히 '쓰'로 표기하게 되어 있다. 그런데도 가운뎃말을 '가'로 함으로써 뒤에 오는 '쓰' 소리까지 '스'로 발음하게 강제했다.

한글 맞춤법과 외래어표기법에는 아직 해결하지 못한 문제가 수두룩하다. 학문 영역이어서 여러 학파와 학설이 있을 수밖에 없다. 사실 우리나라에는 주시경에서 최현배와 한글학회로 이어져 오는 학파와 경성제국대학에서 서울대학교로 이어져 오는 이희승 학파가 큰 줄기를 이루고 있다. 이는 긍정적으로 보면 학문 발전에 좋은 일이다. 그러나 현실은 다르다. 대립하던 학설들이 1980년대에 군사정권이 학문 영역까지 통제하면서 이희승계 국어연구소(국립국어원 전신)쪽 이론으로 결정되어버렸다. 한글학회가 반대했음에도 '~읍니다'를 '~습니다'로 바꾸고, '체쯩'으로 발음되는 체증滯症 등 예외적인 한자 된소리 발음을 인정하지 않고, '짜장면'도 국민 정서를 무시하고 '자장면'으로 바꾸었다. 학문 영역에 있던 '국어**연구**소'도 두어 차례 이름을 바꾸다가 끝내 '연구'를 빼고 정부 기관인 '국립국어원'으로 만들어 학문을 정부 정책 영역에 가두었다.

한글을 연구하는 단체나 개인이 주장하는 학설이 많고 사전 또한 여러 가지인데도 국민들은 국립국어원과 〈표준국어대사전〉에 쏠려 있다. 여러 연구기관과 개인들이 내놓은 학설과 의견은 '국립' 기관이 내리는 '결정'에 묻히고 일반 국민은 국립국어원이 마치 한글과 우리말에 관해 모든 것을 결정하는 곳으로 착각하고 있다. 이것은 절대로 바람직한 일이 아니다(205 페이지 참조). 국립국어원과 〈표준국어대사전〉에서 드러난 여러 가지 오류는 여러 연구기관과 학자들이 머리를 맞대고 해결해야 한다.

포크 커틀렛은 모든 국민이 발음하는 그대로 돈까쓰, 혹은 외래어표기법대로 돈카쓰로 할 일이다. 돈가스로 써놓고 돈까쓰로 발음하는 일, 짜장면 때 지겹게 겪지 않았나.

얄리 얄리 얄라셩

내 언어생활에서, 아니 인생을 통틀어 가장 중요한 전환점이된 시기는 고등학교 2학년 때였다. 일본어 찌꺼기와 영어 틈바구니에서 기껏 교과서에 나오는 말밖에 몰랐던 내가 우리말을 제대로 알게 된 일들이 다 이때 일어났다. 그 발화점 중 하나는 시詩, 또 하나는 한국 단편 소설이다.

국어사전을 보러 학교 도서관을 이따금 찾던 어느 날 거기 있던 한 선배가 클럽 활동을 해보지 않겠느냐고 물었다. 그 선배를 따라간 곳은 인사동 네거리와 화신백화점 뒷길 중간에 기와 지붕을 이고 선 양식 이층 건물 태화관泰和館이었다. 그 옛날 명월관 부속 건물로, 민족 대표가 모여 독립선언문을 낭독한 곳이다. 화재 후 다시 지은 것을 기독교 교단이 관리하고 있었다. 거기에서 일 주일에 한 번씩 남녀 일곱 학교 학생 스무 명이 모였다.

이화여대 사회사업과 학생이 우리를 지도했는데, 넓은 마루

교실에서 일체형 책걸상을 빙 둘러놓고 이런저런 주제로 토론하거나 합창, 연극, 포크댄스 따위를 즐겼다. 실내 탁구장과 농구 코트도 있었고, 화장실은 내가 처음 본 좌식 양변기를 갖춘 수세식이었는데 두루마리 화장지까지 걸려 있었다.

어느 때인가 클럽 1년 선배가 교통사고를 당해 병문안을 갔다. 거기 환자 머리맡에서 백수사白水社가 펴낸 〈한국단편문학전집〉 다섯 권을 보았다. 다 읽었다고 하기에 빌려 왔다. 첫 권 첫 편을 읽다가 그대로 빠져들었다. 책에 걸신들린 듯이 두 주일 동안 책을 껴안고 살았다.

비로소 내가 모르는 우리말이 그렇게 많다는 사실, 우리말이 그렇게 정겹다는 사실, 우리에게 그렇게 아름다운 토속적 정서가 있고 그것을 담아내는 맛깔스런 언어가 존재한다는 사실을 알았다. 〈배따라기〉〈운수 좋은 날〉〈메밀꽃 필 무렵〉… 읽는 것마다 재미있고 신기하고 아름다웠다(얼마나 빠져들었는지 그것을 읽고 여섯 달 지나 나도 단편 소설을 썼다. 그것이 전국 대회에서 우수작에 뽑혔고, 다음해에도 써서 금메달을 받았다).

그 무렵 시에도 눈을 떴다. 평생 애송하고 나로 하여금 지금까지 30년째 숲속에서 살게 만든 〈南으로 窓을 내겠오〉(김상용)를 국어 시간에 배운 것이 계기가 되었다. 누가 내게 왜 사냐고 물으면 그냥 말없이 웃는 삶을 살고 싶다고 하는 바람을 그때부터 마음 속에 간직했다. 야학에서 국어를 가르친 20대 후반, 첫 시간에 학생들에게 한 사람이 하나씩 애송시를 갖자고 말하며 이 시를 소개했다. 〈남으로 창을 내겠오〉를 배우던 날 나는 처음으로 '시'라는 것에 푹 빠졌다.

南으로 窓을 내겠오.

밭이 한참갈이

괭이로 파고

호미론 풀을 매지요.

구름이 꼬인다 갈 리 있오.

새 노래는 공으로 드르랴오

강냉이가 익걸랑

함께 와 자셔도 좋소.

왜 사냐건

웃지요.

'왜 사냐건 웃지요'나 김광균 시에 나오는 '처마끝에 호롱불 여위어 가며' '분수처럼 흩어지는 푸른 종소리'를 설명하시던 황명黃命 선생님 모습이 눈에 선하다. 시인이자 카리스마가 엄청나고 멋쟁이셨던 선생님. 나로서는 수업 시간에 그분이 들려주신 석주명 일화를 가슴에 품었다가 17년 지나 〈석주명 평전〉을 쓴 것도 큰 은덕이다.

1996년이라고 기억된다. 같은 신문사에서 옆자리에 붙어 앉아 오랫동안 한솥밥을 먹은 소설가 김훈과 나, 두 제자가 문인협회 이사장이던 선생님을 술자리에 모셨다. 선생님 단골인 연신내 술집에 가서 화기애애하게 마시면서 〈서울 야곡〉 부르시는 솜씨에 감탄한 때가 벌써 25년 전이다.

40대 들어서였던가, '왜 사냐건 웃지요'가 이백李白을 차용했다며 약간 부정적으로 쓴 글을 읽었다.

問余何意棲碧山 笑而不答心自閑   문여하의서벽산 소이부답심자한

桃花流水杳然去 別有天地非人間   도화유수요연거 별유천지비인간

(산속에 왜 사느냐 묻는 이에겐/ 한가한 마음으로 그냥 웃는다

복사꽃 아득히 떠가는 이곳/ 사람 발길 못미치니 별천지라네) (필자 졸역)

글쎄… 천하가 다 아는 〈산중문답山中問答〉이니 김상용이 몰랐을 리 없고, 그렇다면 '영향을 받았다' '차용했다'는 말을 부인하기 어렵다. 그런데 그게 뭐 어쨌단 말인가. 모든 예술은 모방이 만들어낸 것이고, 예술이 그 외연을 넓히는 데 패러디가 기여하는 면이 크다는 오늘날 관점에서 패러디한 결과가 좋다면 더 말할 나위가 없는 것 아닌가.

걸핏하면 어느 시인은 누구 영향을 받았고, 어느 시는 누구 아류亞流라고 깎아내린다. 허난설헌은 자기 시에 〈효최국보체效崔國輔體〉라고 제목을 붙여 당唐 시인을 본받았다고 밝혔다. 하지만 중국 시에는 밝히지 않고 다른 작품을 인용하거나 패러디한 것이 헤아릴 수 없이 많다. 시풍이나 사조思潮인 적도 있었다.

김상용이 깎고 쪼아서 다듬어낸 저 멋진 시야말로 〈산중문답〉에게는 '뒷사람을 두려워해야 할'(後生可畏) 작품이다. 이백은 시 전체에서 무려 절반을 '왜 산에 사느냐고 물으면 웃는다'고 하는 데 썼다. 저 사는 모습은 어디에도 없다. 김상용은 '이게 우리가 꿈꾸는 거지'라고 하는 듯이 자기 사는(살고 싶은) 모습을 묘사하고 나서 '왜 사냐건 웃지요'라고 마지막 한 점을 찍었다.

둘째, 이백 시는 현실 도피 성향을 드러내며 도가道家가 추구하는 이상향을 그린 비현실적인 시이지만, 김상용은 밭 갈고 씨

뿌리고 구름 쳐다보고 새소리 들으며 이웃과 옥수수 나누어 먹는 현실 생활을 그렸다. 우리가 마음먹기 따라서는 실현할 수 있는 꿈이다. 이백 시가 추상화라면 김상용 시는 구상화이다. 전혀 다른 시를 가지고 우열이나 영향 여부를 따지는 것은 온당치 못하다.

아류로 폄하되는 사례로 송강 정철이 지은 〈장진주사將進酒辭〉도 있다. 이것을 1678년 홍만종은 〈순오지旬五志〉에 이백李白 〈장진주〉, 이하李賀 〈장진주〉, 두보 〈견흥遣興〉을 모방했다고 썼다.

〈**장진주사**〉 송강 정철

한잔 먹세그려 또 한잔 먹세그려	一盃復一盃
꽃꺾어 산算 놓고 무진무진 먹세그려	折花作籌無盡盃
이 몸 죽은 후면	此身已死後
지게 위에 거적 덮어 졸라매여 가나	束縛藁裏屍
유소보장에	流蘇兮寶帳
만인이 울며 가나	百夫緦麻哭且隨
억새 속새 떡갈나무 백양 숲에	荒茅樸樕白楊裏
가기만 하면	有去無來期
누런 해 흰 달	白月兮黃日
가는 비 굵은 눈 회호리바람 불 때	大雪細雨悲風吹
누가 한잔 하자 할꼬	可憐誰復勸一盃
하물며 무덤 위에 원숭이 휘파람 불 제	況復古墳猿嘯時
뉘우친들 어쩌리	雖悔何爲哉

(현대어역 김사엽, 한역 김춘택金春澤)

〈장진주〉 이하

유리잔 속 무르익은 호박빛 술은	琉璃鍾 琥珀濃
고리에서 방울 듣던 붉은 진주르세	小槽酒滴眞珠紅
잉어찜 오리구이 말간 기름 배어날 제	烹龍炮鳳玉脂泣
비단 휘장 감도는 향기론 바람	羅緯繡幕圍香風
용피리 멋가락에 악어북 장단	吹龍笛 擊鼉鼓
하얀 이 고운 노래 가는 허리 하느적	皓齒歌 細腰舞
청춘인가 했더니 어느덧 저무누나	況是靑春日將暮
붉은 비 흩뿌리듯 지는 복사꽃	桃花亂落如紅雨
권커니 종일 취해 깨지 마세나	勸君終日酩酊醉
유령劉伶도 무덤에선 못 마셨다네	酒不到劉伶墳上土

(필자 졸역)

　내 보기에는 이백 〈장진주〉와는 제목만 같을 뿐 하나도 같은
내용이 없다. '장진주'라는 제목도 널리 쓰이는 말이니 더더욱 문
제 삼을 일이 없다. 이하 〈장진주〉와 송강 〈장진주사〉 간에 유사
점은 고작 '유령도 무덤에선 못 마셨다네'와 '무덤 위에 잔나비
휘파람 불 제 뉘우친들 어쩌리' 정도이다.
　내 생각으로는 다음에 소개하는 두보 〈견흥〉이 〈장진주사〉에
영향을 많이 미쳤다고 보는 것이 온당하다. 그렇다고 해도 〈장진
주사〉는 서투른 모작이 아니라 〈견흥〉에 없는 적막寂寞과 우수
憂愁가 주조를 이루어 다만 교훈에 치우친 〈견흥〉과 다른 시적인
면모를 보인다.

〈견흥〉 두보

아침에 마주친 부잣집 상여	朝逢富家葬
하나같이 호사롭기 그지없구나	前後皆輝光
사람들 위세 있다 수군거리네	共指親戚大
베옷 입고 따르는 이 저렇게 많아	緦麻百夫行
보내는 사람도 언젠간 갈 길	送者各有死
황천길 호사일랑 부러워 말라	不須羨其强
꽁꽁 묶여 가는 것 보지 않았나	君看束縛去
어차피 흙으로 돌아가는 걸	亦得歸山岡 (필자 졸역)

어쨌든 '삼류 시인은 흉내 내고 일류 시인은 훔친다'(T. S. 엘리
엇)는 말도 있듯이 앞서 나온 작품 주제나 내용이 뒤에 나온 작
품에 영향을 미치는 것은 당연하다. 차라리 전혀 형식이 다른 이
작품이 장르가 다른 저 작품에 어떻게 수용되고 재창조되는지
알아보는 것이 훨씬 유용하다. 당나라 가도賈島가 지은 〈심은자
불우尋隱者不遇〉. 퇴고推敲 에피소드로 유명한 이 시와 우리말로
풀어낸 시조를 보자.

松下問童子 言師採藥去 송하문동자 언사채약거
只在此山中 雲深不知處 지재차산중 운심부지처
(소나무 아래서 동자한테 물으니/ 스승은 약초 캐러 가셨다는데
이 산속 어디엔가 계시겠지만/ 구름이 깊어서 모른다 하네) (필자 졸역)

솔 아래 아이더러 어른 어디 그뇨

藥키려 가시니 흐마 도라 오렷마는

山中에 구롬이 깁흐니 간 곳 몰라 흐노라 (박인로朴仁老, 1561~1642)

(솔 아래서 아이더러 어른 어디 가셨느냐/ 약 캐러 가셨으니 이미 돌아오

시련만/ 산속에 구름 깊으니 계신 곳을 모른다네) (필자 졸역)

기·승·전·결을 초·중·종 장으로 바꾼 정도인 듯하지만 '송하문
동자'라는 딱딱한 한자 음을 우리말로 시조 운율에 실어 '솔 아
래 아해더러 네 어른 어디 갔뇨'라고 발음하니 리드미컬해진 글
맛이 한결 새롭다. 그렇다면 한시는 딱딱한 시인가. 아니다. 한
시를 원어로 발음하면 프랑스어처럼 유려하다. 사思 자를 네 번
써서 리듬감을 살린 중국 시를 놓고 중국 발음(앞)과 한국 발음
(뒤)을 비교해 보자.

〈小詩〉호적胡適

예샹푸샹세 – 也想不相思 – 야상불상사

고몐샹세쿠 – 可免相思苦 – 가면상사고

치체시세량 – 幾次細思量 – 기차세사량

칭위안샹세쿠– 情願相思苦 – 정원상사고

(생각만 하고 相思 않으면/ 相思의 괴로움을 면하련마는

몇번이나 곰곰 생각해 봐도/ 相思의 괴롬이 정말 달가워) (양주동 역)

위 중국 발음에 압운押韻과 사성四聲을 따라 고저 장단까지
구사한다면? 우리말보다 발음이 매끄럽고, 운율도 훨씬 리드미

컬할 것이 틀림없다. 그러나 그것은 한자를 우리말로 읽었을 때보다 낫다는 것이지 순수한 우리말은 중국 발음 못지않게 매끄럽고 리드미컬하다. 〈청산별곡青山別曲〉을 보라. ㅇ과 ㄹ만으로도 이미 노랫가락 아닌가!

　살어리 살어리랏다 青山에 살어리랏다

　멀위랑 ᄃ래랑 먹고 青山에 살어리랏다

　얄리 얄리 얄라셩 얄라리 얄라

　우러라 우러라 새여 자고 니러 우러라 새여

　널라와 시름한 나도 자고 니러 우니노라

　얄리 얄리 얄라셩 얄라리 얄라

　결국 주제가 같다면 자기 나라 성조聲調를 살린 것이 좋은 작품이다. 〈산중문답〉은 중국식 발음으로 읊는 중국인에게 최상이고 〈남으로 창을 내겠오〉는 우리에게 최상이다. 같은 주제라도 표현 방식이 다르고 형식과 운율이 다른 작품을 놓고 왈가왈부하는 것은 연극이 중심인 경극京劇과 소리가 중심인 판소리와 춤이 중심인 가부키歌舞伎·かぶき를 놓고 우열을 가리려는 것과 다를 바 없다.

　〈청산별곡〉을 소리 내어 읊으면서 문득 ㄹ받침이 들어간 우리말을 생각해 보게 되었다. 말이라는 것이 처음부터 여러 음절로 이루어지지는 않았을 터이니 한 음절짜리를 꼽아 보았다. 놀랍게도 '까마득한 날에 어데 닭 우는 소리 들렸'던 때, 자연에 순응

하던 우리 선조들이 만든 말들은 (물론 처음부터 그 꼴을 갖춘 것이 아니라 다른 말에서 변한 것이 꽤 있지만) 거의가 ㄹ받침 달린 한 음절 말이었다.

○ 달, 별, 물, 불, 밝, 흙, 울, 풀, 들, 돌, 길, 알, 날[日], 철[季] …

문명이 발달해 오는 과정에서도 우리 선조들이 만들어 쓴 말은 역시 ㄹ받침 달린 한 음절 말이 주축이었다.

○ 얼, 말, 글, 일, 절, 꼴, 팔, 발, 살, 탈, 쌀, 술, 꿀, 실, 올, 활, 칼, …

우리말은 이 한 음절들을 합해 여러 음절을 만드는 식으로 발전해 왔다고 추측한다. 가령 '불'[火]을 '섭'(옆)과 합해 '불 옆'이라는 뜻인 두 음절 '부엌'(←브섭)을, '살' '물'을 '결'과 합해 '살결' '물결'을 만들어 썼을 터이다. '하늘'도 '한'(크다)에 '울'(울타리)을 합쳐 만들었다고 본다. 이런 방식으로 '움'(패인 곳)에 '울'을 더해 만든 '우물'에 다시 '물'을 더해 세 음절 '우물물'을 만들었으리라. 마찬가지로 '닭'과 '알'을 합해 만든 '달걀'(닭+알)에 '날'[生]을 더해 '날달걀'을 만들었다.

ㄹ받침 달린 한 음절 말 찾기는 너무 재미있어서 ㄹ받침투성이인 우리말 의성어·의태어 찾기와 함께 권하고 싶다.

청춘 자화상

청춘이 뭔지도 모르고 청춘을 즐기려 했다. 대학에 가면 젊음이니 낭만이니 하는 것들 마음껏 누린다고 알았다.

그 청춘은 들머리부터 어수선했다. 1968년 10월15일 문교부가 대학입학예비고사를 실시하겠다고 발표했다. 대학별 입시를 치르려고 필수(국·영·수)와 선택 하나만 공부하던 학생들에게 겨우 두 달 뒤 국가 고시 열 과목을 치르라는 날벼락이었다. 국어 영어 수학 일반사회 지리 역사 물리 화학 생물 상업(또는 공업). 학교마다 발칵 뒤집혔다. 오전 공부 마치고 학원이나 도서관으로 가던 우리는 다음날부터 도시락을 두 개씩 가지고 다니며 밤이 이슥하도록 학교가 부랴부랴 마련한 여섯 과목 수업을 더 들었다(우리는 그래도 나았다. 재수하던 1년 선배들은 배울 곳이 없었다).

예비고사에는 11만2천명이 응시했다. 커트라인은 대학 입학 정원 1.5배인 6만1천명. 그 중 다시 대학별 입시를 치러 합격한 4

만 명에 든 나는 우리나라 전체 대학생 15만 몇천 중 하나가 되었다. 2017년 대학생 수 343만명(전문대 67만명 포함)까지 기록했던 요즘은 그런 말이 사라졌지만, 그렇게 희소한 신분이던 우리에게는 언제 어디서나 '최고학부에 다닌다' '최고학부를 나왔다'는 말이 따라다녔다.

내가 들어간 곳은 국문학과가 아니라 물리학과였다. 그 생뚱같은 선택은 미래 직업으로 작가를 염두에 둘 즈음 에로티시즘이 소설 주제나 줄거리와 불가분임을 눈치챈 데서 말미암았다. 내가 읽은 한국 단편 소설은 거의가 애정과 성性을 다양하게 그려냈다. 청소년기를 막 벗어난 나는 이성 간에 감도는 미묘한 감정과 해보지 않고는 모를 행위를 묘사할 자신이 없었다. 그 얼마 전 읽은 〈채털리 부인의 사랑〉도 혼란을 부채질했다. 혼자 고민하고 미적대다가 입시가 임박해 덜컥 물리학과에 지원해버렸다.

그 충동적인 선택과 연관 짓기는 무리겠지만, 그 얼마 전 내 또래들이 열광했던 영화 〈아듀 라미〉를 보고 물리학에 흥미를 느낀 것도 사실이다. 사람들은 알랭 들롱이 무표정하게 담뱃불을 붙여주며 찰스 브론슨과 이별하는 모습을 기억하겠지만, 나는 달랐다. 브론슨이 넘칠락말락 술을 가득 채운 술잔에 백동전을 한 닢, 또 한 닢…, 다섯 닢을 넣었는데도 잔 위로 살짝 솟은 술이 넘치지 않았다. 물리학에서 말하는 표면장력, 그것이 더 신기했다.

그러나 물리학은 내 적성과는 동떨어진 학문이었다. 표면장력 실험 때 딱 한 번만 즐거웠다. 나는 공부를 멀리했고 동기생들과 어울리지도 못했다. 셀프 왕따였다. 포크송과 청통맥(청바지·통기타·생맥주) 붐이 일고, 미니스커트가 등장하고, 1970년대를 앞둔 우리 사회가 경제와 문화 쪽에 대변혁을 기대하며 꿈틀대던 1969년이었지만, 내 방황은 나로 하여금 청춘을 제대로 소비하지 못하게 했다. 나 같은 젊은이에게 그냥 주기에는 아까운 청춘일 뻔했다.

한국문인협회가 엮은 〈한국단편문학 대계〉 광고를 본 것이 그때였다. 〈한국단편문학전집〉 읽던 때가 떠올랐다. 곧바로 청계천 6가에 가서 열두 권 전집을 반값에 사왔다. 그것을 다 읽어치우자 이번에는 신구문화사가 낸 〈현대한국문학전집〉 열여덟 권을 빌려다 읽고, 다시 누나를 졸라 정음사 〈세계문학전집〉 가운데 서른 권을 샀다.

내 처지와 같아 보여서 제일 먼저 〈이방인〉을 읽었는데 따분했다. 〈일리아드 오디세이〉〈돈키호테〉〈데카메론〉〈따브린(더블린) 사람들〉〈개선문〉〈분노의 포도〉…. 〈설국〉도 읽고, 당시 노벨상을 받은 〈이반 데니소비치의 하루〉도 읽었지만, 한국 단편소설만 읽어온 내게는 하나같이 버거웠다. 생경하면서도 정겨운 우리 토속어가 없고 스토리 전개도 느려터진 데다 심리 묘사가 몇 장씩 이어지는 지루함에 질렸다. 그 철학책 같은 것들을 인내심 하나로 읽던 어느 날 〈백경(Moby Dick)〉을 만났다.

엄청난 끈기를 요함은 다를 바 없었지만, 읽다 보니 어딘지 달랐다. 소설이라기보다 무슨 바다에 관한 백과사전 같았다. 그 작은 8포인트 활자로 적어도 25만 자쯤 되는 엄청난 글에 고래와 배에 관한 온갖 시시콜콜한 지식이 차고넘쳤다. 소설이 아니라 숫제 알렉산더 훔볼트가 썼을 법한 백과사전. 이를테면 고래와 사람이 싸우는 문학적 설정을 박학博學과 세론細論으로 중무장시킨 잡학이었다.

'아, 소설을 이렇게도 쓸 수 있구나!'

그 지식은 또 다른 재미로 이어졌다. 예컨대 〈백경〉을 읽은 사람은 손꼽히는 해전海戰 영화 〈마스터스 앤드 커맨더스〉를 볼 때 남과 차별되는 우월감을 맛볼 수 있다. 해적질을 일삼는 프랑스 군함이 멀리서 연기를 보고 포경선이라고 착각해 영국 군함이 친 덫에 걸려드는 대목에서다. 범선에서 연기가 난다는 상식 밖 장면은 무엇을 의미할까.

사람들은 막연히 고기를 얻으려고 고래를 잡는다고 생각하지만, 한 걸음 더 나아가 고래기름이 한때 세계 모든 곳에서 등불을 밝혔다는 사실과 고래수염이 여성 코르셋을 만든 재료였음을 아는 사람도 있다. 그보다 더 아는 사람은 흔치 않다. 고래를 먼 대양에서 잡아 항구까지 끌고 왔는지, 아니면 토막 내어 싣고 왔는지까지는 모른다. 〈백경〉을 읽으면 더 알게 된다. 잡은 즉시 고래를 해체해 기름솥에 넣고 끓여서 기름을 짜내어 창고에 저장하고 또 다른 고래를 잡으러 나선다는 사실을. 처음에만 장작으로 불을 때고 그다음부터는 기름을 짜낸 지방 찌꺼기로 땐다. 그래서 돛단배인데도 포경선에서는 연기가 난다. 멜빌은 이렇게 표현했다. '고래는 자기가 연료를 보급해 자기 몸을 태운다.' 누구는 잡학 지식이라고 할지 모르겠다. 하지만 〈백경〉은 전세계에서 엄청나게 읽혔고, 소설에서 전문 지식을 얻으며 즐기고자 하는 사람은 점점 늘고 있다(움베르토 에코 작품에 사람들이 열광한 것도 마찬가지이다)

2학년에 올라가면서 국문학과로 옮겼다. 방황 끝에 돌아온 탕자 같았다. 무애无涯 양주동 박사로부터 영시英詩와 고려가요를 배우면서 그 분이 쓴 수필을 찾아 읽게 되었다. 양주동 수필은 동서고금을 넘나드는 무애(끝이 없음)한 박학博學으로 나를 매료했다. 영문학·불문학·향가는 물론 온갖 한문학과 현대시를 아우르는 광대무변한 지식에 나는 다시 한번 〈백경〉에서와 같은 놀라움을 경험했다. 재미 또한 어떤 소설에도 뒤지지 않았다.

거기서 또 고래를 만났다. 이번에는 흰고래가 아니라 술고래였다. 다섯 살 때 술을 배워 글과 술로 평생을 살아온 선생이 쓰신 〈인생잡기〉와 〈지성의 광장〉. 거기 문주文酒 반평생 청년기에서 나는 경음鯨飮(고래가 바닷물을 마시듯이 술을 마심)과 질풍노도疾風怒濤에 홀딱 빠지고 말았다.

공교롭게 그 무렵 내가 사귄 복학생 두 사람도 새끼 고래였다. 한 사람은 나보다 일곱 살 많은 소설가 박朴형, 한 사람은 다섯 살 많은 시인 지망생 황黃형이었다. 우리는 날마다 붙어 다녔다. 그즈음 우리나라에서 처음 전자 피아노를 들여놓은 진양상가 음악다방에 가서 윤용하 작곡 〈고독〉을 신청해 듣거나, 명동에 새로 생긴 소극장 까페 떼아뜨르에서 성찬경·박희진 시인 시낭송을 듣기도 했다. 하지만 거의 대부분은 혜화동 석굴암으로, 돈암동 석굴암으로, 수유리 백련사 계곡으로 술 마시러 다녔다.

그 해 가을부터 〈현대문학〉에 연재된 〈토지〉를 화제로 삼고, 오유권 이봉구 최인호 작품을 어줍게 비평하고, 시험 때문에 〈고문진보古文眞寶〉 글들을 외우기도 했지만, 우리가 노상 나눈(주로 내가 귀동냥하는 처지였지만) 얘기는 거의가 장진주將進酒와 유령·

이백·송강이었다. 죽림칠현 중 한 사람인 유령劉伶은 자기가 술 마시다 쓰러지면 그 자리에 장사 지내라고 하인에게 삽을 들려 데리고 다닌 술꾼이다.

스승(石田 李丙疇 선생)은 내게 〈두시언해〉를 가르쳤지만, 나는 거기 나오지 않는 두보 시 〈음중팔선가飮中八仙歌〉에서 '飮如長鯨 吸百川음여장경흡백천'(큰 고래가 바닷물을 빨아들이듯 술을 마시다) 이라는 구절을 더 좋아했다. 그러니 공부보다는 음주 쪽에 기록 이 많아질 수밖에 없었다. 변변치 않지만 혜화동 석굴암에서 해 치운 막걸리 한 말, 영천시장 어디선가 수박 하나 놓고 마신 30 도짜리 진로 일곱 병이 그때 기록이다. 문예사조사를 가르치신 서정주 선생께는 죄송한 차용이지만, 그때 나를 키운 건 8할이 술이었다.

성性이나 '의식의 흐름'만이 글은 아니었다. 멜빌과 양주동은 경험과 지식을 버무려 전문 지식을 쉽게 옮긴 글이 얼마나 매력 있는지 가르쳐 주었다. 10여 년이 흘러 서른네 살에 내가 처음 쓴 책은 〈석주명 평전〉이었다. 세계적 나비학자를 취재해서 그 학설을 우리나라에서 처음으로 밝히고 생애를 조명했다. 나부 터 전문 분야를 이해하려고 관련 기록은 물론 생물학책을 50여 권 읽고, 여러 사람을 인터뷰했다. 나비를 채집해 전시展翅도 했 다. 디즈니 판타지처럼 흰고래와 술고래가 나를 나비에게 이끈 셈이다.

그렇다면 나는 청춘을 허투루 쓰지 않은 것일까. 그런 줄 알 았다. 그 뒤로도 책을 몇 권 쓴 것이 그때 열심히 읽고 귀동냥한 덕분일 테니까. 그런데 지금 와 생각해 보니 문제가 있었다. '청춘'이란 젊음을 연상시키는 것들이 다 모여 만들어낸 말인데, 내 사유와 행동에 틀을 이룬 그것들이 다 일본이 자기들 인식체계에 따라 만든 말이었다.

낭만浪漫·ろうまん 연애戀愛·れんあい 연인戀人·こいびと 애인愛人·あいじん 고백告白·こくはく 밀어蜜語·みつご 실연失戀·しつれん 비련悲戀·ひれん 애수哀愁·あいしゅう 추억追憶·ついおく 고뇌苦惱·くのう 고백告白·こくはく 고독孤獨·こどく 허무虛無·きょむ 축제祝祭·まつり….

내가 저들 패러다임과 프레임에 갇혀 사고하고 행동했다면 과장이겠지만, 작은 영향조차 부정할 수 있을까.

어떤 이는 고독 고백 허무 추억은 우리나라에서 쓰인 말이라고 할 것이다. 맞다. 하지만 고독은 외롭다고 궁상 떠는 말이 아니라 고단孤單·고자孤子처럼 '의탁할 곳 없는 사람' '어려서 부모를 잃은 사람'이라는 뜻으로 썼다.

허무가 이 땅에서 쓰인 예는 허무맹랑虛無孟浪(터무니없이 허황하고 실상이 없음)을 줄여서 쓸 때뿐이었다. 철학적 의미를 담은 감정이 아니었다. 추억 또한 우리에게는 그냥 '지난 일을 돌이켜 생각하는 것'이라는 뜻이었지만, 일제 강점기 이후로는 그립다는 뉘앙스가 보태져 옛일을 생각하며 그리워한다는 뜻으로만 쓰이고 있는 현실이다.

애인愛人도 그렇다. '사랑하는 사람'이라는 의미는 일본에서 건너왔다(지금 일본에서는 사랑하는 사람은 연인, 불륜 관계인 사람은 애인이라고 한다). 이 땅에서 애인이란 백성을 사랑한다는 뜻이다. 애인여기愛人如己는 제 몸처럼 백성을 사랑하라, 애인하사愛人下士는 백성을 사랑하고 선비에게 몸을 낮추라는 뜻이다.

고려시대라면 모를까. 유교가 지배했던 시대에 우리나라에서 이성에게 사랑한다고 말하는 '고백'은 없었다. 다른 사람에게 속마음을 숨김없이 털어놓는 것을 우리는 고명告明이라고 했다. 몇 가지 말을 더 살펴보자.

청춘

청춘은 고대 중국인들 종교 의식意識에서 생겨난 말이다. 네 신神이 방위와 계절을 주관하는데, 청룡靑龍 백호白虎 주작朱雀 현무玄武이다. 방위에서 청룡은 동東을 백호는 서西를 뜻한다. 이른바 좌청룡 우백호이다. 주작은 남南, 현무는 북北이다. 계절로는 청룡이 봄〔春〕, 백호가 가을〔秋〕, 주작이 여름〔夏〕, 현무가 겨울〔冬〕이다. 청룡은 봄이니 여기서 청춘이라는 말이 나왔다.

청춘이라는 말이 처음으로 로맨틱하게 쓰인 문학 작품이 언제인지 무엇인지 나는 모른다. 그저 내가 아는 문학 작품 중에 '청춘'을 사용한 가장 오래된 시는 당나라 때 이하李賀가 지은 〈장진주將進酒〉이다. 이 시에 나온 청춘이 '봄날'인지 '젊음'인지는 잘 모르겠다. 그래서 이렇게 어정쩡하게 번역했다.

○ 況是靑春日張暮 桃花亂落如紅雨 황시청춘일장모 도화난락여홍우

(청춘인가 했더니 어느덧 저무누나/ 붉은 비 흩뿌리듯 지는 복사꽃)

우리는 젊음을 뜻하는 '청춘'을 언제부터 썼을까. 가령 송기숙 소설 〈녹두장군〉에 '어화 청춘 벗님네야 산천 경개를 구경가세'라는 대목이 나온다. 시대 배경에 동학운동이 나오니 그때 청춘

이라는 말이 쓰였다고 볼 수 있다. 혹은 홍명희가 쓴 〈임꺽정〉에 '그 삼촌이 이십 안에 돌아가서 숙모가 청춘 과부로 친정에 가 있는 것을…'이라는 대목이 나오니, 1550년대까지 거슬러 올라갈 수 있다. 그러나 신상목이 쓴 글을 보면 섣불리 단정할 수 없다.

'… 이순신이 "백병전이다"를 외치자 왜장 구루시마 미치후사가 "돌격!"을 부르짖는다. … 이순신이 '백병전'을 외친 것은 허구일 가능성이 높다. 1891년 메이지 신정부가 신식 군대 편제를 프랑스식으로 통일했는데 프랑스 교범의 영향으로 백병전이라는 말이 탄생했다. 이러한 점을 생각할 때 16세기에 활약한 이순신 장군이 '백병전'이라는 말을 했을 가능성은 희박하다.'

낭만

로망roman이라는 프랑스 말을 일본 소설가 나쓰메 소세키(夏目漱石)가 로망ロマン이라는 발음을 내느라고 본뜻과는 상관없이 낭浪과 만漫을 조합해 로우망ろうまん·浪漫이라고 썼다. 중국 일본과 달리 한자를 본디대로 발음하는 우리가 그 한자를 그대로 가져다가 '낭만'이라고 썼다. 그런데 '물결 랑浪' '방종할 만漫'은 감미로운 분위기를 자아내는 '로맨틱'과는 거리가 멀다.

일본은 로망(魯漫)이란 말도 쓴다. 우리가 한자 발음대로 읽어도 '로망'이니 차라리 그 말을 택했더라면 좋았을 것. 아마도 일본어 로망을 처음 번역한 누군가가 '나라 이름 노魯'보다는 '물결 랑浪'이 더 로맨틱한 분위기를 풍긴다고 여겼으리라. 그때 그가 '음역 원칙'에만 충실했다면 지금 우리가 죽도 밥도 아닌 말을 쓰고 있지는 않을 텐데.

축제

흔히 '축祝'을 경사스런 일을 치하할 때 쓰는 말로 알지만, 고대에는 '신에게 빈다'는 뜻이 더 강했다. 제사 때 신께 고하는 축문祝文, 신에게 복을 비는 축복祝福이 좋은 예다. 일본말 축제祝祭, 즉 마쓰리祭り・まつり는 주고(中古) 시대에 교토 가모진쟈(賀茂神社)에서 성대하게 치러진 제사를 가리키는 말이었다. 이것이 점차 전국 진쟈(神社)로 퍼졌고, 오늘날에는 마을마다 특색 있는 마쓰리가 성행하고 있다. 마쓰리는 이제 종교 의식이 아니라 '들떠서 법석대는(おまつり騒ぎ)' 한마당 잔치가 되었다.

일본은 그러한 배경이 있으니 놀이판에 축제라는 말을 거부감 없이 쓴다지만, 우리나라는 어떤가. 우리가 축제라고 하는 것은 종교적 배경이 없는 먹자판이다. 축제를 잔치로 바꾸어 쓰자. 잔치는 규모가 작고(유치원 재롱잔치), 촌스럽고(시골 환갑잔치), 초라한(노인정 경로잔치) 느낌이 든다고? 물론 잔치란 음식을 차려놓고 즐기는 것이니 규모가 큰 놀이판에는 어울리지 않는다. 그러나 어린이날에 종합운동장에서 하는 대규모 행사를 '어린이날 큰잔치'라고 하지 않는가. 말은 쓰기 나름이다. 그래도 내키지 않는다면 축전(祝典 : 축하하는 의식)이 어떨까.

브람스 곡 〈대학축전서곡(Academic Festival Overture)〉. 장중하면서도 밝고 즐거운 곡과 제목이 어쩌면 그렇게 잘 맞아떨어지는지! 이 곡을 우리말로 옮길 때 '축제'라고 했다면 우리는 지금 페스티벌을 제사 놀음이라고 번역한 이상한 말을 쓰고 있을 것이다. '페스티벌'을 '축제'라는 단 한 마디로 풀이한 국어사전이여, 반성하라! 반성하라!

우리는 사람이 아니었어

질풍노도疾風怒濤 같았던 2학년이 지나자 군대 문제가 현실로 다가왔다. 나는 오래 전부터 학훈단(ROTC)*에 입단할 생각이었는데, 막상 3학년에 올라가자 그 계획이 물거품이 되었다. 1971년 정부가 이 제도를 없애고 대신 전체 대학생에게 군사훈련을 강제했다. 그런데 전국 대학생이 모두 들고일어나 '학원 병영화'를 반대하며 시위하자 몇 달 만에 김종필 국무총리가 원상 복귀를 약속했다(우리 정치사에서 정부가 대학생 시위에 승복한 특별한 사례이다).

이런 곡절로 우리 11기는 1971년 2학기가 시작되고 나서야 입

---

* 학도군사훈련단(Reserve Officer's Training Corps). 줄여서 학훈단이라고 하다가 내가 입단한 후 얼마 안 되어 학군단(학생군사교육단)으로 바뀌었다. 장교후보생이라는 말도 나중에 학군사관후보생으로 바뀌었다.

단식을 치렀다. 장교후보생이 1년간 이수해야 할 교육·훈련 시간이 정해져 있었으므로 학교 수업이 끝난 후와 겨울방학에도 군사훈련을 받았다. 게다가 우리를 몇 달밖에 괴롭히지 못하게 된 2년차 선배들이 몰아치기로 하는 군기 잡기에도 시달렸다.

그렇게 고생고생해서 2년차가 되었다. 4학년 1학기는 그런대로 순조로웠지만 여름방학이 끝나자마자 대혼란이 닥쳐왔다. 학군단 행군대회 때 성적이 좋았던 다섯 학교에서 키 175cm 안팎 후보생들이 차출되어 학군단 창설 이래 처음으로 국군의날 행사에 참가하게 되었다. 그렇지 않아도 여름방학 때 예비사단에서 한 달 넘게 군사훈련을 받고 와서 임관시험과 교육사열 준비하느라 날마다 별을 보며 교문을 나섰는데, 또 9월 한 달을 제식 훈련으로 보내야 하다니! 수강 신청마저 남에게 부탁해야 했다.

9월1일. 쇠구슬 넣은 스프링을 바지 밑단 안쪽에 넣고 군화끈을 질끈 동여맸다. 허리에 대검 차고 어두컴컴 새벽에 집을 나섰다. 여의도는 순복음교회가 골조 공사를 하고 있을 뿐 한가운데 5·16광장 외에는 허허벌판이나 다름없었다. 8시 여의도에 도착하니 광장 가장자리 모래밭에 빽빽이 늘어선 군용 막사에서 짠 빱 냄새가 코를 찔렀다.

아침부터 M1 소총을 '우로 어깨총' 하고 왼팔을 눈 위까지 힘차게 올리며 16명 횡대 대형을 이루어 행진했다. 광장이 얼마나 넓은지 몇 바퀴 돌면 하루가 갔다. 가을 햇살이 따갑고 아스팔트는 지글거렸지만 신경은 오로지 오伍와 열列을 맞추는 데만 쏠려 있었다. 점심 때면 짠빱 외에 특별히 날달걀이 하나씩 나오고, 사병용 화랑 담배가 아니라 대통령 봉황 문장을 새긴 필터 담배(신탄진)가 하루 한 갑씩 지급되었다. 그렇게 한 달이 흘러 10월1일 여의도에서 열병과 분열을 마치고, 거기서 종로 5가까지 시가행진을 했다.

10월2일 학교에 나가 모처럼 강의를 들었다. 두 주일이 후딱 지나갔다. 그 날, 10월17일 아침에도 여느 때와 다름없이 학교에 갔다. 뜻밖에 바리케이드와 공수부대원들이 정문을 가로막고, 수위실 지붕에는 기관총이 거치되어 있었다. 이른바 10월유신. 그때부터 다음해(1973년) 2월말까지 겨울방학을 포함해 무려 넉 달 반을 놀았다. 2월28일 졸업식을 치르고 그날 저녁 소위 계급장 단 군복을 입고 더플백 메고 용산역으로 가서 광주행 열차에 몸을 실었다. 내 인생에서 대학 생활 마지막 학기는 그렇게 끝났다. 두 주일 수업에 등록금 6만원은 다 냈다.

3월1일부터 6월30일까지 보병학교에서 '3보 이상 구보' 생활을 넉 달 했다. 보병 장교에게 필요한 지식을 모두 배웠다. 공수 기초훈련, 특공훈련, 유격훈련도 '무사히' 마쳤다. 7월부터 '신삥' 냄새 풀풀 풍기며 전방에서 중화기중대 기관총소대장으로 근무했다. 중위로 진급하고 나서는 가평에 새로 생긴 3군 하사관 학교 구대장 겸 교관으로 차출되어 그곳에서 군생활을 마쳤다.

학군단에 들어간 스물한 살부터 전역한 스물다섯 살까지는 인생에서 가장 젊음이 빛나는 시기이다. 때로는 고뇌하고 때로는 열정을 발산하며 미래 50년을 위한 디딤돌을 튼튼히 놓아야 할 시기를 우리는 나라에 헌신했다. 숱한 부조리와 불합리를 겪었지만 인생 공부로 받아들였다. 이제 세 편으로 나누어 군 생활을 되돌아본다. 등장하는 말들은 우리가 마주했던 현실이다. 이 말들을 죽이으면 내 젊은 시절 자화상이고 우리 시대 자화상이다.

군바리

군바리는 군인이 스스로를 낮추어 부르는 말이다. 군인들이 자기 처지를 자조하는 것은 말과 행동에서 자주 드러난다. 내가 전방에 가니 사병들이 자기 인식표를 개목걸이라고 하고, 인식표와 함께 목에 건 숟가락을 야삽(야전삽)이라고 했다. 그들이 제일 많이 부른 노래 또한 1950년대 대중가요 〈삼팔선의 봄〉과 제목 없는 이 노래였다.

'소령 중령 대령은 찝차를 타고/ 소위 중위 대위는 권총을 차고/
하사 중사 상사는 단독군장에/ 불쌍하다 육군 쫄병 완전군장에/
야– 야– 야– 야–'
'소령 중령 대령은 호텔방으로/ 소위 중위 대위는 여관방으로/
하사 중사 상사는 하숙방으로/ 불쌍하다 육군 쫄병 침상삼선에/
야– 야– 야– 야– '

이 노래는 몇 절 더 있다. 6·25가 끝나고 1960년대까지만 해도 군인은 어디를 가도 아들이나 동생 대접을 받았다. 그랬던 군인인데 어쩌다 '우린 사람이 아니야. 우리가 지나가면 사람 간다고 안 하고 군인 간다고 하잖아'라고 스스로를 비하하게 되었을까. 앞 노래 다음 절에는 이런 가사가 나온다. '당신은 책임 없는 군바리고요 나는야 말 못하는 여대생이라'. 군바리는 사람도 아니니 책임질 일조차 없다는 자조이다. 빽 있는 금수저들이 다 군대를 기피하거나 편한 부대로 가던 시절에 자기는 흙수저여서 군대에 오거나 전방에 와서 개고생한다고 생각했기에 그렇게 자기 비하를 하게 된 것이 아닌가 싶다.

'군바리'는 어디서 유래했을까. 가장 신빙성 있어 보이는 것은 '바리'가 제주도 말이라는 설이다. 제주도 말로 비바리는 처녀, 동바리는 총각, 왕바리는 결혼한 남자, 냉바리는 결혼한 여자이다. 학생은 학바리라고 하니, 1951년 제주도 모슬포 육군제1훈련소에 모여든 군인들을 제주도 사람들이 군바리라고 부르지 않았을까.

또 하나는, 일본어 바라ばら에서 유래했다는 가설이다. ばら는 배輩이니, 곧 우리말 무리·패거리·동아리처럼 사람에 관한 명사에 붙어 수효가 많음을 나타내는 말이다. 또 '폭력배'처럼 그 사람이 처한 환경 범위를 나타내기도 한다. 아마도 이 '바라'가 군軍에 붙어서 '군바라'가 되고 다시 '군바리'로 변했으리라는 설이다. 시타바타라키下働き·したばたらき(다른 사람 밑에서 일하는 사람)가 '시다바리'로 변해서 쓰이는 것을 생각하면 수긍할 점이 있다.

병기 수입

학군단에 들어가서 제일 생소했던 말이 '병기 수입'이다. 지나고 생각해 보니 이 말은 군대 다녀온 사람들에게 두 가지로 기억된다. 하나는 '누구도 말뜻을 모른다'이고, 또 하나는 '병기 수입 불량으로 기합 받지 않은 사람은 대한민국 군인 중에 없다'이다.

1936년 발명된 M1 소총은 1942년 태평양전쟁 과달카날 전투에서 처음 일본군을 상대한 뒤로 또 한국전쟁을 치렀다. 그리고

20여 년간 육군 사격 훈련에 쓰였다. 그렇게 수십 년 동안 수만 번 총알을 통과시키며 화약 연기를 쐰 총열 안쪽이 가느다란 쇠 꼬챙이 끝 구멍에 헝겊 조각을 끼운 꼬질대(꽂을대)를 넣고 빼고 하면서 닦는다고 거울처럼 반짝반짝 광이 날 리 없다. 그런데도 무슨 뜻인지 모르고 수십 년 동안 수백만 명이 매일같이 '병기 수입 불량'을 복창하며 기합을 받았다.

'수입'이라는 말은 일본어 데이레手入れ·ていれ에서 왔다. 뜻은 '손질함'이다. 차라리 일본 발음으로 '데이레'라고 했다면 벌써 고쳤을 것을, 한자 발음으로 '수입'이라고 했으니 우리말이려니 하고 그냥 쓴 것 같다. 나도 남들처럼 '닦을 수修', '(총구멍에) 들 입入'이라고 짐작했다. 어쨌든 요즘은 '총기 손질'로 바뀌었다니 다행이다.

총검술

full metal jacket이라는 말뜻은?

① 방탄복이다. 납덩어리를 가득 집어넣은 자켓이니까.

② 철갑탄鐵甲彈이다. 탄두에 쇠붙이를 씌운 탄환이니까.

③ 철갑탄徹甲彈이다. 장갑裝甲을 뚫을[徹] 수 있으니까.

해답은 ③이다. 그렇다고 ②번이 틀린 답은 아니다. ②번 철갑은 총알 형태, ③번 철갑은 총알 효능을 말한 것인데, 누구 마음대로인지 해답은 ③이란다. 군대 용어에는 이렇게 귀에 걸면 귀고리이고 코에 걸면 코고리인 말도 많고, '병기 수입'처럼 아무리 생각해도 그 유래를 짐작하기 어려운 말도 많다. 백병전白兵戰도 한자만 보아서는 알 수가 없다. 왜 '흰 백白' 자가 들어갔을까.

백병전에서 이기려면 총검술을 익혀야 한다. 총검술을 처음 배울 때 진짜로 군인이 된 느낌이었다. 엄폐물 뒤에서 총으로 원거리에 있는 적을 쏘는 것보다 일대일로 맞붙어 착검한 총으로 싸우는 것이 진짜 전투 같았다. 게다가 '찔러, 찔러, 길게 찔러'로 이어지는 총검술 16개 동작은 태권도 품세 시범처럼 절도가 있고 멋있었다.

총검술은 1차대전까지만 유효했던 전투 방식이다. 총검술이 지금도 필요한지는 진지하게 검토할 때가 되었다. 세계에서 총검술을 가르치는 군대는 미국 해병대와 6·25때 고지 전투에서 백병전을 많이 벌인 한국군뿐이라고 한다.

착검한 총으로 싸우는 전투에 왜 흰 백白 자를 썼을까. 백병전은 프랑스어에서 유래했다. 1871년 일본 메이지 정부가 신식 군대 편제를 프랑스처럼 하기로 결정했을 때, 프랑스 교범에 있었던 '창칼을 사용한 육박전(combat à l'arme blanche)'이라는 말에서 아흠 블랑쉬(흰색 무기)는 '날이 하얗게 빛나는'(白刃·はくにん) 총칼이다. 일본이 이를 그대로 옮겨 하쿠헤이센(はくへいせん·白兵戰)이라고 했다.

×통수를 불어도 세월은 간다

군대에서 제일 많이 들었던 '까라면 까!'는 '×으로 밤송이를 까라고 해도 까!'라는 억지이다. 마찬가지로 '×으로 퉁소를 불라면 불어!'가 그렇게 억지를 쓰고 괴롭혀도 참고 견디다 보면 전역하게 된다는 심정을 담아 '×퉁수를 불어도 세월은 간다'로 변했으리라고 추측한다. 고된 생활을 달래는 이 말에는, 달력에 금을 그으며 하루하루를 지워가듯 절절한 심정이 담겼다. 해병대 신병들이 〈×통수가〉를 부르거나 〈맨발의 청춘〉 멜로디에 〈빳다가〉를 실어 부르는 심정을 겪어보지 않은 사람 그 누가 알랴.

  '빳다도 아구창도 나홀로 씹어삼키며
  시궁창과 화장터를 누비고 다녀도
  사랑에는 마음 약한 의리의 사나이
  난폭한 해병대라 욕하지 마라
  오늘도 고무보트에 목숨을 바친
  이름 모를 영혼들도 알아줄 날 있으리라. 쓰리라'

고문관 / FM

우리는 로봇이었나? 리모컨 '실시' 버튼을 누르면 뛰고, '동작 그만' 버튼을 누르면 멈췄다. 피티체조 때 빨간 모자 조교가 외친다. '20회 반복, 마지막 동작은 구호를 붙이지 않는다. 실시!' 곧이어 악에 받친 소리. '열일곱… 열여덟… 열아홉…'. 모두가 긴장한 채 스무 번째 동작을 하는 순간 어김없이 '스물!' 하는 소리가 들린다. 모두들 돌아보며 한마디씩 하고, 빨간 모자는 무표정한 얼굴로 '50회 반복, 마지막 구호는 붙이지 않는다. 실시!' 하고 외친다. 마흔일곱 번째쯤 되면 여기저기서 '소리 내지 마' 하는 소리가 들린다. 그러나 또 '쉿!' 하는 소리. '아! 저 고문관.'

  고문관顧問官이란, 한국전쟁 때 미국 군사고문단 소속 전술 컨설턴트를 말한다. 한국어에 서투르다 보니 실수를 자주 했다. 그래서 어느 한 사람으로 말미암아 여러 사람이 피해를 보게 되면 동료들이 '적응 능력 없음' '개념 없음'으로 판정하고 고문관이라고 불렀다. 배구나 족구에서 수비를 제대로 못하는 '구멍'이 있듯이 아무리 뛰어난 집단에도 꼭 고문관이 있다는 것은 참 묘한 세상 이치이다.

고문관과 반대인 사람은 에프엠이라고 한다. 군대에서 흔히 사관학교를 나온 장교를 가리켜 '저 친구는 정말 에프엠이야'라고 말했다면 그 FM은 라디오 음악 방송이 아니라 '원칙에 충실하다'는 뜻이다. 사회에서도 이 말은 원칙이나 규정에 충실하고 모범적인 사람을 말할 때 자주 쓰인다. 원칙, 표준, 기준 따위를 말할 때도 쓴다.

FM은 미군 〈Field Manual〉(야전 교범)에서 딴 머리글자이다. 한국군은 편제·무기·전술이 미군과 같아서 미군 교범으로 교리를 배웠는데, 특히 보병 장교 교육 과정에서 제일 많이 쓰인 'FM 7-10'이 에프엠이라는 말을 만들어냈다.

따까리

예전에 군대에서는 야전용野戰用 밥 담는 그릇을 반합飯盒이라고 하지 않고 항고はんごう라고 했다. 왜 미군 장비를 일본어로 말했을까. 일본어 잔재이거나, 반합과 달리 손잡이가 달려 있고 배낭에 매다는 휴대용이어서 일반 반합과 구별하려고 한 것이 아닐까 하는 생각이 든다. 내 고등학교 시절 등산 장비가 미군 군수품 일색일 때도 그것은 항고라고 불렸다. 그때는 알파인 용어인 줄 알았다.

항고에서 그릇 부분은 야전용 밥솥이자 밥그릇으로, 뚜껑은 반찬그릇으로 쓰였다. 그런데 경상도 말로 뚜껑을 뜻하는 '따까리'가 언제부터인지 뚜껑을 대체하더니 다시 소대장 전령병傳令兵을 뜻하는 말로 변했다.

그 사연은 이렇다. 전방 소대마다 눈치 빠르고 손재주 있는 병사를 전령으로 뽑아 소대장 일상사를 도맡아 돕게 했다. 돌이켜 보면 부끄러운 일이었지만, 우리 때는 소대장이 아침에 눈 뜨면 전령이 대야에 물 떠놓고, 칫솔과 타월을 손에 받쳐 들고 대기하고 있었다. 소대장 군화가 지저분하면 고참들이 전령을 불러 따끔하게 혼내기도 했다.

산악 훈련이나 작전을 나가면 소대장 식사 준비는 전령 몫이었다. 식사에서 신경이 쓰이는 것은 언제나 밥보다 반찬이다. 미리 준비하든 산에서 더덕을 캐든 특별한 반찬을 마련해 반합 뚜껑(따까리)에 담아 내놓으면 소대장은 그것을 선임하사와 나누어 먹기도 했다. 그러다 보니 전령을 '소대장 따까리'라고 부르게 되었고, 어느덧 상관 뒤치다꺼리를 도맡은 사람을 낮추어 부르는 말로 변했다.

옛날 소대장이나 분대장들에게 따까리는 전술 면에서 또 다른 기억을 불러일으킨다. 그때 소총 분대 자동화기는 기관총이 아니라 흔히 AR라고 불린 자동소총(Auto Rifle)이었다. M1 소총보다 크고 앞에 양각대가 달린 M1918 A2 브라우닝 자동소총이다. 지금은 2차대전 영화에서나 볼 수 있지만, 그때는 분대전술에서 '자동소총 우(좌)로 한 전투 대형'이 대단히 중요했다. 그 대형이 신라 금관에 달린 곡옥曲玉 모양인 따까리 대형이었다.

1974년 봄 철책선으로 들어가기 전 FEBA에서 찍은 60연대 중화기중대 제2
기관총소대원. 지금은 군대에 대학 재학생이나 졸업생이 많지만, 그 때 우리 소대에는
대학 재학생이 딱 한 명이었다. 그런 사정은 전방 부대가 다 비슷했다. 절반 정도는
농사를 짓다 왔고, 나머지는 목수·이발사 등 다양한 직업을 가진 병사들이어서 무슨
일이든 척척 해냈다. 그립다. 47년 전 내 전우들.

위 사진은 케리바 50 중기관총과 M16 소총 탄피로 만든 지휘봉. 목수 출신 강재용
상병(위 사진 앞줄 맨 오른쪽)이 만들어준 이 지휘봉과 무궁화 받침 없는 계급장,
반지는 참 많은 사연이 간직된 내 애장품이다(무궁화 받침은 1980년부터 달렸다).

짠빱 사연

어려서 친구들과 '복골복'이라는 말을 썼다. 어떤 경우에 쓰는 지는 눈치로 알았지만 말뜻은 몰랐다. 커서야 그것이 복불복福 不福(복이거나 복이 아니거나), 즉 운수임을 알았다. 흔히 쓰는 말 은 아니었는데 군에 가보니 많이 쓰이고 있었다. '군대 생활은 복불복'이라는 말이 병사들 의식을 지배하고 있는 것 같았다. 무 엇 하나 자기 뜻대로 하지 못하고 명령과 복종만 존재하는 사회 였다. 사리를 분별하려고 하기보다는 운수 소관으로 돌리는 것 이 군대 생활을 마음 편히 보내는 방편이라고 생각할 수밖에 없 었다. 병사들은 좋은 소대장이나 또라이 소대장을 만나는 것도 복불복이요, 영점 잘 잡히는 총이나 '똥총'을 만나는 것도 복불 복이라고 생각했다. 그중에 이런 복불복도 있다.

전방을 지키는 전투 사단은 일부 연대를 철책선 경계부대로 지오피GOP*에 투입하고, 나머지 연대는 철책선에서 조금 뒤쪽으로 물려 민간 지역인 페바FEBA**에 배치했다. GOP 부대는 철책선을 경계하고, FEBA 부대는 유사시 적을 제압할 부대로서 훈련 위주로 운용했다. 당연히 GOP 부대가 훨씬 편하다. 그러나 6개월 주기로 임무를 교대할 때 꼭 그런 통념이 적용되지는 않는다. 그것은 50% 확률인 복불복에 맡겨야 한다.

GOP 부대는 다른 계절은 그런대로 편하지만 여름에는 비무장지대(DMZ)에 무성한 풀을 제거해야 한다. 적이 숨을 곳을 없애고 사계射界를 확보하려면 너비 50m(?) 이상을 몇 km나 불모지로 만들어야 하니 엄청난 노동이다. 겨우겨우 다 했다 싶으면 어느 틈에 처음 작업한 곳에 또 풀이 무성하다. 그러므로 FEBA에 있다가 불모지 작업이 다 끝난 늦가을에 GOP로 교대해 들어가면 복福이다. FEBA에서 겨울 훈련을 하고 봄에 GOP로 들어가 불모지 작업을 하면 불복不福이다. 내 경우가 그랬다.

내 불복은 그것이 처음이 아니었다. FEBA에 주둔한 중대에 배치되어 대대에 신고하러 간 날 선배들이 회식 자리에서 키득키득 웃으면서 하는 말이 '너 참 운 없다'였다.

"왜요?"

"우린 곧 제대할 거지만 너는 이년간 골치 꽤나 아플 거야. 얼마 전부터 일일결산이 생겼거든."

"그게 뭡니까?"

"전엔 일과가 끝나면 바로 퇴근했어. 그런데 삼군사령부가 생

---

* General Outpost 일반 전초前哨 ** Forward Edge of Battle Area 전투지역 전단前端

기더니 장교들은 매일 대대본부에 모여 대대장님하고 하루를 결산하는 회의를 하라는 거야."

"매일이요!?"

세상에 이런 불복이 있을까.

나라가 가난할 때 우리는 군인들을 잘 먹이고 잘 입히지 못했다. 그 시절 군생활을 한 것도 불복이라면 불복이다. 덕분에 짠빵에 서린 애환은 확실히 체득했다.

처음 중화기중대 기관총소대에 배치되어 가니 첫눈에 소대원들 복장이 너무 추레했다. 군복은 바래다못해 하얬고, 그나마 여기저기를 기웠다. 신발은 군화가 아니라 중공군이 신었을 것 같은 국방색 운동화(통일화). 군화는 휴가 갈 때만 신는다고 했다. 매주 수요일이면 전원이 내무반 침상 3선에 정렬해 앉아서 구멍 난 통일화와 군복을 기웠다. 소대에 하나뿐인 A급 야전 점퍼는 휴가 가는 사람만 입었다. 그것을 휴가 전날 동료들이 숯불 다리미로 정성껏 다려 주었다.

부대 울타리는 싸리나무 울타리였고, 중대 막사는 시멘트 블록 벽에 초가 지붕이었다. 가을에 민가에 대민 지원(벼베기 돕기)을 가게 되자 소대원들이 그렇게 좋아할 수가 없었다. 배불리 새참 먹고 막걸리도 양껏 마실 수 있는 소풍날이었다. 그날 얻어온 볏짚은 월동준비에 매우 긴요했다. 초가 지붕 이엉을 새로 얹고, 새끼를 꼬아 울타리를 보수하고 몇 사리는 비축했다(비닐끈이 없을 때여서 도시나 농촌이나 새끼줄이 널리 쓰였다). 산에서 잘라온 싸리나무는 울타리를 보수하고 겨울에 쓸 빗자루를 만들었다.

석탄가루와 진흙을 물에 개어 소대 뻬치카에 땔 조개탄을 만드는 일도 민간에서 김장 담그는 것만큼 중요했다. 그 조개탄은 진흙을 많이 섞어서 화력이 약하고 연기가 많이 났다.

중대가 마을 근처에 있어서 나는 부대 밖에 방 하나를 월세 500원에 얻어 자취를 했다. 훈련을 나가면 전령과 소대원들이 삭정이를 한 짐 묶어 귀대하는 길에 내 방앞에 가져다 놓곤 했다. 그것으로 아궁이에 불을 지피면 구들이 뜨끈뜨끈했다. 그러나 일직 근무 때 병사들과 같이 지내면 소대 뻬치카는 그렇게 따뜻하지 않았다.

소대원들은 대대본부에서 밥을 날라다 먹었는데, 군이 규정한 양이나 질에 맞는 식사를 해본 적이 없다. 한 예로, 닭곰탕이 나온 날은 장교와 하사관(부사관) 식당에 먼저 살코기가 가고, 그다음은 취사병들이 실컷 먹고, 소대에는 '닭이 헤엄쳐 건너간 물'만 왔다. 짠빱 또한 설사 규정대로 준다고 해도 한창때인 젊은 이가 종일 사역(훈련 외에는 사역이었다)하고 먹는 양으로는 너무 적었다. 더구나 그들은 농사를 짓다 왔기에(학력 높은 도시 출신은 전방에 가도 상급 부대에서 지휘관 당번병을 하거나 상황실에서 펜대를 굴렸다) 밥을 고봉高捧으로 먹는 습관이 들어 있었다.

불복에 걸린 우리 소대는 흔히 철책선이라고 하는 GOP에 들어가자 낮에는 불모지 작업, 밤에는 경계 근무로 녹초가 되었다. 그러면서도 거의 매끼 무 조각이나 콩나물 둥둥 뜬 국에 깡보리밥만 먹었다. 나도 병사들과 똑같이 먹었다. 그렇게 한 달쯤 지나 소대원들과 내가 얼굴에 부황이 날 무렵 그 일이 일어났다.

밤새워 경계를 서고 낮에는 철모만 벗고 군화는 신은 채 자는

철책에서 40m쯤 뒤쪽에 떳장(풀을 흙이 붙은 채로 뿌리째 떠낸 조각)으로 벽 쌓고 볏짚으로 지붕 이은 식당. 껍질 벗긴 나뭇가지를 통신 삐삐선으로 엮어 만든 식탁. 거기에 수완 좋은 고참 상병이 대대본부에서 구해온 막걸리. 이태봉 상병이 노래 일발 장전해 발사하는 모습에서 밤을 꼬박 새워 경계근무를 했어도 잠보다는 술과 안주가 더 고팠던 그때가 되살아난다. 지금 젊은이들은 백 마디 말보다 내가 1974년 백마고지 언저리에서 소대원들을 찍은 이 사진을 보면 옛날 군대가 얼마나 열악했는지 알아차릴 것이다.

생활을 되풀이하던 어느 날, 벙커 밖이 시끄러웠다. 얼른 내 카빈 M2 소총을 들고 뛰어나갔다. 저만치서 소총중대 병사들이 우리 쪽으로 달려오는데, 그들 앞에 노루* 한 마리가 쫓겨 오고 있었다. 어어 하는 사이에 내 앞 10m쯤까지 오자 나는 얼결에 방아쇠를 당겼다. 노루가 풀썩 쓰러졌다. 상황 끝! 소총중대 병

---

* 고라니와 암노루는 비슷하다. 엉덩이에 흰털이 난 것이 노루인데, 그것을 몰랐던 때여서 노루인지 고라니인지 기억이 확실치 않다.

사들은 머쓱해져 돌아갔고, 우리 소대원들은 콧노래를 부르며 노루를 뒤편 움막 식당으로 옮겼다. 살코기가 양동이를 가득 채웠다. 라면* 수프와 들깻잎 따다 넣고 푹 삶아낸 노루고기. 참으로 오랜만에 맛보는 '남의 살'이었다.

그 일로 나는 중요한 사실을 깨달았다. 한밤에 총소리를 내면 사단 전체에 비상이 걸리겠지만, 대낮에 총을 쏘면 그럴 염려가 없다. 더욱이 카빈 총소리는 M1에 견주면 아주 작다. 북쪽이나 남쪽으로 쏘면 오른쪽(동쪽)으로 2km 넘게 떨어진 소총중대 상황실에는 들리지 않는다. 비가 오면 더 좋다. 총소리가 빗소리에 묻혀버린다. 설령 들린다 해도 옆 사단에서 오발 사고가 난 것 같다고 하면 문제될 리 없다. 소총중대에 배속되어 우리 사단 맨 왼쪽에 위치한 이점이었다.

나는 군법회의에 회부될 수 있는 모험을 감행하기로 마음먹었다. 노루 사냥! 보름에 한 마리만 잡으면 소대원들을 잘 먹일 수 있으리라. 노루는 가끔 벙커 앞 철책 너머 비무장지대에 서너 마리가 와서 풀을 뜯었다. 밤에 어린아기가 목이 쉬어 악쓰는 듯 흉측 괴기한 소리를 내던 것치고는 너무 태평스러웠다. 문제는 총알 확보였다. 전방은 실탄 관리가 철저했다. 나도 저녁마다 소대원들 군장검사 때 크레모어와 수류탄은 물론 소총 탄환을 일일이 세어서 내주고, 아침에도 세어서 돌려받았다.

궁즉통! 나는 연대 인사계(상사)들로부터 동의 없이 기증받기로 했다. 이제 50년 가까이 지난 일이기에 털어놓지만, 매일 밤

---

* 호에 웅크린 채 밤새워 경계를 서는 GOP 병사들에게는 하루 한 개씩 야식용 라면이 지급되었다.

연대 섹터를 순찰하는 연대본부 인사계나 장교들이 한밤에 반환점(우리 소대)에 도착해 잠깐씩 눈을 붙이는 틈을 이용하기로 했다. 카빈 M2는 40발들이 탄창을 쓰기 때문에 총알을 짝수로 빼내면 총알을 모두 빼내어 세어보기 전에는 없어진 것을 모른다. 그들은 군대 생활을 30년 가까이 한 너구리들이니 나중에 알아도 실탄 두 발쯤은 어디서든 구할 능력이 있다.

사냥한 노루를 비무장지대 안에서 꺼내오기도 어렵지 않았다. 내가 비무장지대 통문(출입문) 열쇠를 관리했기 때문이다. 소대원들은 누린내를 없앨 라면 수프와 들깻잎을 합심해 모았고, 나는 완전 범죄가 가능한 날을 골라 사냥을 했다. 내가 하사관학교로 전출되기까지 반 년간 사냥한 노루는 여덟 마리였다.

사냥감이 노루뿐이었을까. 4월이 되자 온 들판이 '꿩 꿩' 소리에 뒤덮였다. 장끼와 까투리가 짝짓기하는 계절. 시끄러워 낮잠을 잘 수 없을 정도였다. 그러다 5월이 되자 돌변해 그 너른 들판이 고요에 빠져들었다. 까투리가 알을 품을 때였다. 다시 얼마가 지나자 진기한 장면이 목격되었다. 앞장선 까투리를 따라 줄무늬 꿩새끼들이 일렬로 이리 꼬불 저리 꼬불 어미 발자국을 따라가는 모습이었다.

꿩 사냥은 소총으로 하기에는 총알이 아까웠다. 총알 지나간 자리가 너무 커서 먹을 것이 없었다.* 사실 노루와 꿩 말고도 얘

---

* 총알은 총열을 통과하는 동안 안벽(총강)에 패인 나선형 강선을 따라 회전하게 된다. 화살 같은 깃이 없거나 둥글지 않으면 총알이 탄도彈道를 벗어나 엉뚱한 데로 날아간다. 그래서 탄도를 유지하도록 회전을 시킨다. 그 때문에 총알이 목표물을 뚫을 때는 총알 지름과 같은 작은 구멍을 내지만 목표물 안에서는 강한 회전력으로 주먹만한 상처를 낸다.

깃거리가 많지만 이쯤에서 사냥 얘기를 끝내겠다. 나는 초등학교 때부터 〈시튼 동물기〉를 읽고 또 읽었기 때문에 짐승 살상이 내키지 않았지만, 어쩌랴. 등 따습고 배부른 세상이 그리웠던 그 엄혹한 환경에서. 우리 소대가 가끔 고기 몇 점이 주는 작은 기쁨을 누린 것은 불복중 복이고, 불행중 다행이었다. 하여튼.

어떤 말이 생긴 유래가 제대로 전달되지 않으면 오래 지나 '요즘' 시류와 세태에 맞게 해석되어 유통되기 십상이다. '짠빱'도 우리 때는 잔반殘飯에서 유래해 짠빱이 되었다고 알았다. 거기에 토를 다는 사람은 없었다. 그러나 요즘은 '잔반→잔밥→짠빱'에서 끝나지 않고 우리 때에는 들어보지 못한 '짬빱'이 등장해 발음하기도 힘든 '짬'을 놓고 여러 가지 추측이 나돌고 있다.

먹다가 그릇에 남긴 밥은 예전부터 우리가 대궁 혹은 대궁밥이라고 했다. 사전에 있는 말이고, 〈객주〉를 비롯한 역사소설에도 자주 나오는 말이다. 대궁은 그냥 남은 밥이 아니다. 일부러 남긴 밥이고, 다음 사람을 위한 밥이다. 양반 집에서 주인은 밥그릇을 다 비우지 않았다. 아니, 비우면 안 되었다. 웬만큼 먹고 적당히 남겨 상을 물리면 아랫사람이 그 대궁을 먹었다. 머슴이 자기 밥을 따로 지어 주인처럼 잘 먹을 수 없었던 세상에서 이렇게 함으로써 상전과 하인이 반상班常 법도를 지키면서도 밥과 반찬을 나누어 먹을 수 있었다.

사실 잔반에는 대궁밥처럼 '남긴 밥을 먹는다'는 사연이 숨어 있다. 단, 대궁 사연은 윗사람이 아랫사람을 배려해 이루어진 윈윈이고, 잔반 사연은 배려 없이 발생한 결과물이다. 예전 군대에서 상급자가 다 먹은 밥그릇이나 수저는 신참이 부시기(씻기) 마련인데, 춥고 배고픈 하급자로서는 상급자가 어쩌다 남긴 밥에 눈길이 갈 수밖에 없다.

FEBA에서 있었던 일이다. 어느 날 내가 내무반에서 점심을 먹고 나서 소대에 갓 전입한 이등병에게 잔반통에 가져다 버리라고 식판을 주었다. 조금 지나 내무반을 나서려다 무심히 잔반통 쪽으로 걸어가는 그 병사 뒷모습을 보게 되었다. 그는 내가 남긴 밥을 손으로 허겁지겁 집어 먹으며 걸어가고 있었다.

잔반이라는 말을 뭉뚱그린 이미지가 바로 이 풍경이다. 잔반이란, 단순히 '남긴 밥'이 아니라 하급자가 겪은 참담했던 현실을 이해할 키워드이다. '눈물 젖은 빵'이 잔반이고, 이것이 '잔밥'을 거쳐 뭔가를 더 강조하거나 낮추어 말할 때 흔히 거치는 된소리 현상(경음화)을 겪으며 짠빱이 되었다고 본다.

어디 짠빱뿐이랴. 춥고 배고팠던 기억에는 1종(쌀)을 아끼려고 이따금 지급된 전투식량(건빵)이나 겨울 작전 때 배식된 차가운 주먹밥도 있다. 얼마 전 요즘 군대 전투식량을 구했는데, 봉지를 뜯고 끈을 잡아당기니 16분 만에 따끈한 요리가 눈앞에 펼쳐졌다. 그 화려하고 넉넉한 메뉴를 보니 건빵을 물에 담가 부풀려 먹은 소대원들이 생각나 가슴이 먹먹해졌다.*

---

* '즉각취식형 2식단'이라고 표시된 전투식량 내용물은 1970년대 도깨비시장에서 구했던 미군 레이션 박스 못지않았다. 담배와 커피만 없었다. 열량 1,224Kcal, 주식은 햄볶음밥 230g, 반찬은 양념 소시지 70g 쇠고기 콩가미 70g 볶음김치 100g, 후식은 아몬드 케이크 100g 초코볼 10g.

기합, 추억인가 악몽인가

2019년 12월6일 그가 폰박물관으로 나를 찾아왔다. 45년 전 28주씩 훈련시킨 2개 중대 360명 중 한 사람. 그러나 나보다 더 늙어 보이는 백두 영감이 '구대장님! 솔선!' 하고 외치면서 경례하자 바로 알아보았다. 나도 활짝 웃으며 '수범!' 하고 답례했다. 그(김석관)는 고등학교 교직에서 정년 퇴임하고부터 나를 수소문했다고 한다. 그날 두 늙은이가 술 마시며 회상한 옛 추억은 거의가 기합 얘기였다.

"자네들 졸업식날 막걸리 회식 때 황당한 일이 있었네."

"무슨…?"

"두 친구가 잔뜩 취해서 내게 털어놓더라고. 입교한 지 얼마 안 되어서부터 대검을 품고 다니며 날 노렸다고."

그랬다. 우리 중대원들은 논산훈련소에서 하사관학교 28주 과정에 강제로 차출되었다. 처음에는 비무장으로 몇백 미터 뛰고는 처지거나 쓰러졌다. 그럴 때 무섭게 질책하고 기합을 준 내가 얼마나 미웠을까. 나는 내무생활과 사격·체조·태권·정훈 교관을 맡았는데 특히 구보에서 낙오하면 곡哭소리가 나도록 단체기합을 주었다.

"그래서 물었지. 왜 날 그냥 뒀느냐고. 처음엔 기회를 못 잡았고, 두 달쯤 지나니까 그럴 마음이 사라졌다더군."

"왜 사라졌답니까?"

"내 진심을 느꼈대. 자기네를 강한 분대장으로 만들려고 그런다는 걸. 그걸 어떻게 알았냐고 했더니, 십 킬로미터 구보를 사십오 분에 끊고 나서 그런 생각이 들었다더군."

미수에 그친 프래깅fragging이었다. 프래깅이란 세열細裂 수류탄(fragmentation grenade) 앞부분 네 글자에서 딴 말이다. 베트남 전쟁 때 미군이 수류탄으로 소대장을 죽인 사건이 많았던 데서 유래해 '상관 살해'라는 뜻으로 쓰인다. 최전방에서 고참 병사가 신참 하사를 괴롭히는 하극상을 듣고 본 나로서는 내가 가르친 하사들은 부하에게 휘둘리지 않게 하고 싶었다. 프래깅을 막으려고 고되게 훈련시키다가 내가 프래깅을 당할 뻔했다.

구보할 때 나는 언제나 행렬 중간쯤에서 구령을 붙여 주거나 군가를 부르게 하며 중대를 이끌었다. 행렬 맨앞에서 맨뒤까지 왔다갔다하면서 후미가 처지지 않도록 선두 그룹 속도를 조절하기도 했다. 그날 우리 중대는 철모(1.5kg) 쓰고 소총(4.2kg) 들고 배낭 멘 완전군장으로 10km를 45분에 주파했다. 중대원들은 무슨 특공작전이나 해낸 듯이 좋아했다. 그들 얼굴에서 자신감이 묻어났다. 그 뒤로 매주 10km를 45분에 주파했다. 산악구보도,

100km 행군도 거뜬했다. 군대 경력은 일곱 달이지만 초록색 지휘자 견장을 달고 자기보다 짠밥 경력이 훨씬 많은 일병·상병과 말년 병장 들을 당당히 통솔할 체력과 자신감을 갖추었다.

"그 녀석들이 마지막에 뭐라고 했는지 알아?"

"…?"

"척 경례하더니, 그동안 감사했습니다. 전방 가서 멋있게 분대장 노릇 해내겠습니다라고 하더구만. 허허."

남자들 군대 시절 회고담에서 제일 자주 입에 오르는 것이 기합이다. 기합 아니면 무엇을 먼저 말할 수 있을까. 왜 그 악몽이 친구들 사이에서는 추억이 될까. 왜 기합 얘기만 나오면 스토리를 부풀리게 되고, 너도나도 온갖 사연을 보따리 풀어놓듯 하는가. 힘들고 억울해도 기합 받는 것에 익숙해져야 목숨을 건 전장에서 명령 체계가 서는 것일까. 지금 우리 사회에서 기합은 '가혹 행위'로 매도된다. 그러면서도 특수부대나 해병대가 보통 사람이 견디기 어려운 기합을 받는 것에 믿음을 가진다. 아이러니컬하지만 엄연한 현실이다.

장교는 기합에서 '열외'일까. 그렇지 않다. 우리 때에는 장교도, 심지어 사단장도 한신 같은 장군에게 '쪼인트' 까졌다는 말이 공공연했다. 내가 보병학교를 마치고 최전방 사단에 배치된 1973년 7월. 연대본부에 가니 거의 모든 위관 장교와 하사관 머리가 '빡빡'이었다. 연대장이 M1 소총 사격을 직접 관장해 열 발 중 여덟 발을 명중시키지 못하면 그 자리에서 바리캉으로 직접 머리를 밀었다고 했다. 물론 이런 일은 아주 드물다. 장교는 주로 임관하기 전 교육 과정에서 심하게 기합을 받는다. 내가 겪어봐야 남이 얼마나 고통스러운지 안다. 그래야 목적이 뚜렷한 기합을 주고, 사람을 다치지 않게 할 수 있다.

1971년. 학훈단에 입단한 첫 주. 선배들은 참 야비했다. 경례 구호 소리가 작다며 학생들이 바글바글한 캠퍼스 한복판에서 토끼뜀을 시켰다. 교육 때는 우리를 연병장에서 캠퍼스로 데리고 와서 포복을 시켰다. 그 2년 전 우리 사회를 발칵 뒤집었던 미니스커트가 대학 사회에도 꽤 퍼진 때였는데, 우리는 벤치나 풀밭에 모여앉아 재잘대는 여학생들 눈부신 허벅지를 흘끗거리며 그 앞을 높은포복으로 기었다.

'빳다'를 맞기도 했다. 입단 첫날 선배 한 사람이 오더니 대뜸 '○○고등학교 출신 손들어!' 했다. 네 명이 손을 들자 '이따가 101 강의실로 와'라고 했다. 훈련 끝나고 가서 한 사람당 열 대씩 맞았다. 그것은 암묵적인 합의하에 침묵 속에서 진행되었다. 폭력 현장에서 오간 말은 단 두 마디였다. 맨 처음 '엎드려!' 맨 마지막 '명동 가자!'.

맞은 뒤에는 술이 따른다는 피타그라스被打glass 법칙에 따라 우리는 그날 저녁 술에 취해 선배를 목말 태우고 시공관 앞으로 갔다. 그 옛날 대취하여 알몸으로 소 등에 올라타고 혜화동 대로에 진출한 수주樹州·공초空超·횡보橫步·성재誠齋처럼 명동을 누볐다. 다음날은 국문학과 선배한테 불려갔다. 물론 맞은 데 또 맞았다.

그 뒤로 몽둥이질이나 손찌검을 당한 적은 없다. 하지만 기합은 엄청나게 받았다. 그것을 골고루 체득한 뒤에는 주로 선착순과 체조 기합을 받았다. 말이 체조였지 국군도수체조(맨손체조)

만 애초 취지에 맞았고 나머지 넷은 기합으로 용도 변경된 것들이다. 피티체조는 마지막 구호를 붙이는 '고문관' 때문에 녹초가되었고, 무거운 통나무를 네댓 사람이 들어올렸다 내렸다 하는봉체조는 키가 큰 탓에 너무 힘들었다(들어올릴 때 키 작은 사람은드는 척만 한다).

네 번째는 집총체조. 지금 해군 장교와 해병대가 이 체조 때다루는 소총은 우리가 쓴 M1보다 13cm 짧고 1kg 더 가볍다. 동작도 상체 단련 위주이다. 우리 체조는 다리를 들어 올리는 동작도 있어서 훨씬 힘들었다. 길이 110cm에 무게 4.2kg인 소총을들고 팔다리를 올렸다 내렸다 하면서 온몸을 굽히고 비트는 이체조는 몇 차례 반복하면 신음이 절로 나온다. 다섯 번째는 동물 움직임을 본떠 만든 동물체조. 당시 교관 말로는 미군 그린베레 유격훈련 과정에 있다고 했다. 아마 이렇게 말하면 '아하! 그거였어'라고 할 사람이 많으리라. 토끼뜀, 오리걸음, 올챙이포복, 곰 걸음 따위가 다 동물체조에 있는 것이라고.

기합이 무엇이기에 귀한 집 자식들이 이토록 고통을 겪어야했는가. 아무튼 일제 강점기부터 기합이라는 일본어가 득세해오늘에 이르렀으니 한번 따져 보자. 조선총독부가 1920년에 만든 〈조선어사전〉에 '기합'이라는 말은 없다. '기합'은 모두가 인정하듯 일본이 만든 말이다. 일본 〈広辞苑고우지엔〉 사전과 우리 사전은 기합을 어떻게 풀이했을까.

○ **기아이**氣合い ① 마음이 맞다 ② 정신·기분 ③ 호흡 ④ 정신을 집중하여 일을 대하는 기세, 또는 그때 지르는 소리 '氣合いのこもつた

試合'(박력 있는 시합) '氣合いを入れる'(기운을 내서 임하다)

　　○ **기합** ① 비상한 힘을 내기 위한 정신과 힘의 집중, 또는 그 집중을
　　위하여 내는 소리

　　일본 사전 ④와 우리 사전 ①은 대동소이하다. 그런데 이 말
이 엉뚱한 데 쓰였다. 본래 뜻보다 다른 뜻으로 더 많이 쓰이다
보니 우리 사전에 뜻풀이가 하나 더 늘었다.
　　'② 군대나 학교 등 단체생활을 하는 곳에서 윗사람이 잘못한
사람을 단련한다는 뜻에서 정신적·육체적 고통을 가하는 응징'.
　　적을 제압할 정신력(기합)을 강조하느라 그렇지 못한 사람을
징치懲治하다 보니 어느덧 그 벌씌우는 행위를 가리키는 말이 기
합이 되어버렸음을 유추할 수 있다. 말하자면 '기합(적과 싸울 정
신 태세를 갖춤)을 북돋우려고 기합을 준다'가 되면서 본디 좋은
뜻인데 나쁘게 쓰이고 있다.

　　기합 시대는 갔다. 얼차려 시대이다. 기합이 일본군에서 유래
한 악습이라고 여겨서 말을 바꾸었을 텐데, 얼차려는 뭐가 다른
가. '얼'은 마음(정신)에서 중심이 되는 생각을 말한다. 그다지 많
이 쓰이는 말은 아니다. '겨레 얼' 또는 '얼 빠진 놈' '얼을 빼놓
다' 정도이다. '차려' 원형은 '차리다'이다. 정신이나 기운을 가다
듬어 가진다는 뜻이다. 그렇다면 '얼 차려!'는 '정신을 바짝 가
다듬으라'는 말이다. 우리 군도 얼차려가 '얼+차려'이고, 정신
을 가다듬게 하려고 비폭력적 고통을 주는 것이라고 설명한다.
다만 한 가지, '얼 차려'와 '얼차려'는 다르다. '얼 차려'는 정신을

집중하라는 한 문장이다. 부동자세 때 '차려'와 같고, 미국 군대 '어텐션attention'과도 같다. 반면 '얼'과 '차려'를 붙인 '얼차려'는 '벌쌔우는 행위'를 가리키는 명사이다.

이제 냉정하게 우리 의식 밑바탕에 자리 잡고 있는 정正과 반反을 생각해 보자. 특수전을 수행하는 부대일수록 옛날식 기합이 존재하고, 그들 스스로 자부심이 충만하다. 그들을 바라보는 사람들 눈길에도 기합 강도와 비례한 신뢰가 담긴다. 왜 그럴까? 좋은 기합은 좋은 훈련이기 때문이다. 교범(manual)에 있는 것만 훈련해서는 전장戰場에서 맞닥뜨리는 돌발 사태에 대처할 수 없다. 얼차려 규정에 있는 벌칙을 보자. 팔굽혀펴기, 앉았다 일어서기, 개인호 파고 되메우기, 걷기, 뛰기, 청소하기, 반성문 쓰기, 참선하기. 이것들은 벌이다. 사람에게 부끄러움을 느끼게 할 뿐이다. 가령 방독면을 쓰고 완전군장을 한 채 연병장을 뛰는 기합을 받은 군인과 빈 몸으로 뛰는 벌칙을 받은 군인 중 전쟁터에서 누가 더 생존할 가능성이 높을까. 방독면 기합은 벌칙(正)이자 훈련(反)이고 그 결과는 생존(合)이니, 이것이야말로 정반합이다.

그때그때 돌발 상황을 타개하려면 몸이 즉각 반응해야 한다. 그것은 다양하고 고통스런 경험을 반복해 체득하는 것이지 반성문을 써서 얻을 수 있는 것이 아니다. 군이 존재하는 이유가 개인 인권이 아니라 승리에 있는 한 몸에 가해지는 고통을 피해 갈 수 없다. 그러므로 훈련과 벌칙을 겸한 '좋은 기합'이 단순한 얼차려보다 낫다고 생각한다.

또 하나, 내가 말하는 좋은 기합이란 단체 기합이다. 개인 기합은 자칫 모욕과 고통으로 끝나기 쉽다. 당唐 시인 두목杜牧이 읊은 대로 모름지기 수치를 참는 자가 진정한 사나이(包羞忍恥是 男兒포수인치시남아)라는 경지에 들어야 견딜 수 있다. 그래야 군대 가서 사람 됐다는 말을 듣는다. 그렇지 못하면 매맞고 장비를 죽인 범강·장달처럼 훌륭한 상관 죽이고 자기들도 죽는 신세가 된다. 단체 기합은 그런 초인적 자제력을 요구하지 않는다. 대체로 당하는 쪽이 기합 주는 목적을 인식하고, 그 결과도 긍정적이다. 겨울에 열 사람이 어깨동무를 한 채 물속에서 '앞으로 취침, 뒤로 취침'을 했어도, 그렇게 힘든 기합을 즐겁게 회고하는 것은 이런 공감대를 가지고 있기 때문이 아닌가 한다.

학훈단에 입단한 지 1주일쯤 지나서였다. 4학년 명예위원이 〈보병의 노래〉라는 군가를 가르쳤다. 우리는 연병장 땡볕 아래서, 그는 그늘 아래서. 그가 먼저 군가를 불렀다.

'원수의 적을 향해 밀어나가자/ 군세인 우리 앞엔 가랑잎이다/
겨누는 조준 속에 몰려드는 적/ 우리는 무찌른다 추한 가슴들/
우리는 보병이다 국군의 기둥/ 우리는 보병이다 국군의 자랑/
우리는 보병이다 국군의 자랑'

그러더니 바로 우리를 향해 연달아 구령을 외쳤다.

'반동 준비!' '반동은 좌에서 우로!' '반동 시작 하낫둘 하낫둘!' '반동 간에 군가한다. 군가는 보병의 노래. 군가 시작, 하낫둘 셋 넷!'

120명 중에 생전 처음 듣는 노래를 딱 한 번 듣고 부를 천재는 없었다. 그러자 바로 기합이 '실시'되었다. 기합이 끝나자 선배가 또 군가를 불렀다. 그리고 다시 '군가 시작!'과 '실시'가 반복되었다. 기합도 참 가지가지였다. 그는 과시하듯 듣도 보도 못한 레퍼토리를 마구 실시했다.

우리라고 당할 수만은 없었다. 땅바닥을 구르면서 죽는소리에 섞어서 '전달'을 전달했다. "니네 줄은 일 소절 맡아서 외우고, 니네 줄은 이 소절 맡아. 우리가 삼 소절 맡을게." 선배가 네 번째로 군가를 부르고 다시 '군가 시작 하나 둘 셋 넷!'을 외쳤을 때, 우리는 한 글자도 틀리지 않고 〈보병의 노래〉를 불렀다. 군가를 끝내자 웃음이 터져 나왔다. 웃었다고 또 기합을 받았지만 그렇게 유쾌할 수가 없었다. 선배도 얼굴을 돌리고는 피식 웃었다.

만약 한 사람을 세워놓고 이런 식으로 가르쳤다면 절대로 서너 번 듣고 부르지는 못하고, 엄청난 모욕만 느꼈으리라. 결국 '피식'은 선배가 의도한 바 ─ 기합을 받아 보아야 기합을 줄 수 있다. 문제를 함께 해결하면서 단결심이 생긴다 ─ 를 달성했음을 드러낸 웃음이 아닐까. 사실 그 날까지 서먹했던 우리는 그 뒤로 분위기를 일신했다. 그 동인動因은 함께 고생하고 함께 극복했다는 일체감이었다.

1973년 7월 초. 신임 보병 소대장 12명이 M1 소총 사격 시험을 보았다. 성적이 좋지 않자 완전군장으로 연대 방위지역 100여 km를 하루에 행군하라는 단체 기합을 받았다. 밤 10시쯤 연천 다라미 고개에 올랐을 때였다. 가쁘게 숨을 몰아쉬며 고갯마루에 다다른 우리는 이구동성으로 외마디 소리를 질렀다.

휙휙! 희푸르스레한 불덩어리들이 우리를 에워싸고 달려들었다. 말로만 들었던 도깨비불이었다. 정신을 가다듬고 보니 무섭기는커녕 너무 아름다웠다. 우리는 자연이 베푼 환상적인 퍼포먼스에 넋을 잃고 한동안 그곳에 머물렀다. 그날은 이제 기합이 아니라 도깨비불로만 추억된다. 고통은 아무리 애써도 기억나지 않는다. 그 몽환夢幻 같은 분위기에서 담배를 나누어 피운 기억만 새록새록하다.

기합이 일본군에서 유래했다고 하지만, 신입자나 하급자를 가혹하게 다룬 악습은 우리 사회에서도 뿌리가 깊다. '침신래侵新來하다'라는 동사가 있는데, 이는 신래(신입)를 침학(학대)한다는 신래침학新來侵虐에서 온 말이다. 고려와 조선 시대에 관직에 새로 등용되거나 과거에 새로 급제한 사람을 고참자가 모욕하고 학대한 관습이다.

재상에서 군졸에 이르기까지 널리 행해진 신래침학이 얼마나 고통스럽고 모욕적인지, 정몽주 증손인 정윤화가 목숨을 잃었다. 율곡 이이는 관직을 마다하고 낙향했다. 혼인 때 신랑을 달아매고 발바닥을 때린 것이 상궤를 벗어나 다치거나 죽기도 했다. 무당 풍류방風流房과 기생 기방妓房 신고식도 예외가 아니었고, 감방에서 치러진 신입 죄수 신고식은 오늘날에도 여전(?)하다.

사회에서도 이럴진대 하물며 계급 사회인 군대에서 폭력적 얼차려를 완전히 없앨 수 있을까. 기합이나 얼차려나 본디 같은 뜻인데 말만 바꾼다고 폭력이 없어질까? 가정과 학교와 사회가 합심해 왕따와 폭력을 몰아내야 군대에서도 이룰 수 있는 일이 아닐까.

내가 사랑한 네거티브 인생

직업인으로서 겪은
언어환경

내 직장생활 30년은
남이 잘못한 것을 잡아내어
바로잡는 일로 보낸 세월이었다.
직장을 떠나서까지도
잘못된 글자나 표현만 눈에 띈 삶—
굳이 표현하자면
네거티브 인생이었다.
자칫 버릇이나 성격까지도
부정적이 되기 쉬운
직업이었지만
나는 정말 내 직업을 사랑했다.
하고 싶었던 일을 나처럼 즐겁게
보람을 느끼며 해낸 사람이
세상에 얼마나 있을까.

내가 사랑한 네거티브 인생 ①

"자네가 노래를 잘 부른다고 해서 꼭 이렇게 해야겠나?"

"…?"

기관장실로 불려가 거두절미하고 따져 묻는 말을 들으니 온 몸이 굳어지고 얼굴이 화끈 달아올랐다. 어른이 내민 종이를 받아 빨간 밑금이 그어진 곳을 보았다. '가능'이라는 한글 위에 볼펜으로 '歌能'이라고 씌어 있었다. 분명한 내 필적. '可能'이라고 쓰여 있어야 할 곳이었다. 어쩔 줄 몰라 하는 내 모습을 보며 어른이 껄껄 웃었다.

"자네가 우리 회사 최고 테너인 줄은 나도 아네만 너무 표 나게 자랑하지 말게."

환갑 다 된 어른이 젊은 직원에게 장난 삼아 한 말. 그 배경은 이렇다. 내가 잡지를 편집한 때는 직장 생활 3년차인 1978년부터 였다. 그때 우리 사회는 모든 출판물과 문서가 국한문 혼용이었다. 교과서와 한글 타자기로 작성된 문서만이 한글 전용이었다. 국책 기관에서 교양 잡지를 편집할 때 나는 툭하면 비서실로 불려갔다. '어른'께서 한글에 익숙지 않으시니 외부에서 우편으로 온 타이핑 문서를 토씨 빼놓고는 다 한자로 바꾸어 써서 가져오라는 지시 때문이었다. '歌能'은 그때 벌어진 유쾌한 일화이다.

한글을 한자로 고쳐야 더 잘 읽는다? 요즘 젊은이가 이해하기 힘든 일이지만, 이보다 더 받아들이기 어려운 사건이 우리말 역사에 있다. 이른바 '한글 간소화 파동'인데, 한 개인이 한글맞춤법을 자기가 익숙한 구한말 표기법으로 바꾸려다가 벌어진 큰 소동이었다.

1954년 3월 이승만 대통령은 한글을 쉽게 쓰도록 고쳐야 한다면서 석 달 안에 현행 맞춤법을 폐지하고 구한말 쓰던 이어 적기(연철連綴)로 돌아가라고 특별 담화를 냈다. 이어 적기란 소리 나는 대로 적기와 헷갈릴 정도로 비슷하다. '도둑을'을 '도두글'로, '잡았다'를 '자밧다'로 쓰자는 말이다. 이는 구한말을 넘어서 〈석보상절〉(1447년) 시대로 돌아가자는 말이나 다름없었다.

또 받침 28개를 10개로 줄이고 ㅎ받침은 없애라고 했다. 살려 쓰라는 받침 10개는 ㄱ, ㄴ, ㄹ, ㅁ, ㅂ, ㅅ, ㅇ, ㄺ, ㄻ, ㄼ이다. ㄷ, ㅈ, ㅊ, ㅌ, ㅆ은 ㅅ으로 합치고, ㅋ, ㄲ, ㄳ은 ㄱ으로, ㅍ, ㅄ은 ㅂ으로, ㄵ, ㄶ은 ㄴ으로, ㄽ, ㅀ, ㄾ은 ㄹ로 합친다. ㅎ은 없앤다.

이대로라면 받다, 맞다, 쫓다, 같다, 갔다 등 ㅅ 받침 소리가 나는 말을 밧다, 맛다, 쫏다, 갓다, 갓다로 써야 한다. 마찬가지로 '쌓다'에서 ㅎ받침을 없애면 '(값이) 싸다'인지 '(똥을) 싸다'인지 '(높이) 쌓다'인지 모른다.

이대통령은 왜 그랬을까. 그가 스물아홉 살이던 1904년 민영환이 그를 미국에 밀사로 파견했다. 1945년 일흔 살로 귀국할 때까지 41년 간을 외국에서 산 그가 아는 한글은 배재학당 시절과 선교사들이 만든 성경을 통해서 익힌 구한말 이어 적기이다. 영어 또한 이어 적기 방식이니 이에 익숙한 이대통령에게 '자바따'고 내는 소리를 '잡았다'고 끊어 적는 한글맞춤법은 아주 어려울 수밖에 없었다. 그것을 감안하더라도 국민들은 대통령 담화를 '내가 불편하니 다른 모든 이가 내게 맞추어 바꾸어야 한다'는 독선과 횡포로 받아들였다(이대통령 주장이 타당한지는 214~216쪽 참조).

1933년 조선어학회가 만든 한글맞춤법 통일안 핵심은 '기본형과 어원을 밝혀 쓴다'이다. '잡'을 밝혀 '잡았다'로 써야 한다는 주장이었다. 이를 근간으로 삼아 〈큰사전〉을 만들어 온 최현배 선생은 저항할 수밖에 없었다. 그가 문교부 편수국장에서 사퇴하자 안효상 문교부장관도 물러나고 한글 관련 단체와 국민들이 들고일어났다. 그럼에도 강경한 자세를 굽히지 않던 이대통령은 1년 6개월이 지난 1955년 9월에서야 '국민이 원하는 대로 맞춤법을 사용하겠다'고 고집을 꺾었다.

내가 세로쓰기를 하던 잡지를 가로쓰기로 바꾸자고 건의했다가 퇴짜를 맞은 것은 1983년이었다. 일제시대에 교육 받은 당시 기관장은 일본 〈문예춘추〉도 세로쓰기인데 무슨 소리냐며 내 말을 일축했다. 우리나라 잡지에 일대 혁신을 주도한 〈뿌리깊은나무〉를 1976년 3월 창간호부터 구독해 온 나로서는 그 잡지가 가로쓰기를 한 지 7년이 지났는데도 일본 잡지 예를 드는 억지에 몹시 실망했다(다음해 4월 기관장이 바뀌자 기어코 가로쓰기를 관철했다).

1980년대는 또 인쇄 산업이 활판 인쇄에서 사진 식자 오프셋 인쇄가 일반화하는 쪽으로 바뀐 때이다. 소설가 최성각씨가 집필실을 방문한 내게 PC를 보여주며 자기가 우리나라 작가 중에 처음 컴퓨터로 글을 쓴다고 자랑한 때도 1988년이다. 그처럼 집필·편집·출판 분야가 변혁을 겪던 1980년대에 어문語文 정책마저 이리 바뀌고 저리 바뀌었다. 1980년에는 한글학회 한글맞춤법이, 1988년에는 국어연구소 개정 한글맞춤법과 표준어 규정이 시행되었다. 10년도 안 되는 사이에 한 나라 언어 체계가 두 번이나 바뀌었다.

'~읍니다'가 '~습니다'로 '마춤' '지리支離하다' '상치' '무우'가 '맞춤' '지루하다' '상추' '무'로 바뀌었다. 한자어에 사이시옷을 붙이지 않기로 했고, 두음법칙 규정이 구체화했다. 띄어쓰기에서도 변화가 있었다. 보조용언을 띄어 쓰되 붙여 씀도 허용했고, 특히 성과 이름을 붙여 쓰기로 했다. 숫자 표기는 만 단위로 띄어 쓰도록 했다. 1986년에는 또 새 외래어표기법이 시행되었다.

'글'을 직업으로 삼는 사람에게는 정말 혼란스러운 시기였다. 그나마 다행인 것은 사회 각 분야에서 대단한 전문 기술용어인 양 행세하던 일본말들이 조금씩 우리말로 바뀌기 시작한 것도 이때였다는 점이다. 편집 쪽에서도 미다시みだし·見出し 도비라とびら 시로누키しろぬき·白抜 나카구로なかぐろ·中黒 스리すり·刷 따위가 '제목·표제어' '속표지' '흰글자·음각글자' '가운뎃점' '교정쇄'로

서서히 바뀌었다.

이렇게 어문 정책 변화가 잦고 그 폭이 클수록 전문성이 요구되는데 불행하게도 출판 종사자들은 다 한글맞춤법을 잘 모르는 채 글을 다루는 일에 뛰어들었다. 우리나라에는 한글맞춤법을 가르치는 교과 과정이 없다. 나처럼 국어국문학과를 나온 사람조차도 배운 적이 없다. 모두가 중학교나 고등학교 때 잠깐 문법을 배우지만, 실생활에 꼭 필요한 맞춤법은 제대로 못 배운다. 유일하게 기댈 언덕은 귀동냥과 국어사전이다. 우리나라 교과서를 다 교열하고, 〈맞춤법과 교정校訂의 실제〉 저자로서 교열 분야 최고봉이던 고 미승우 선생도 대학을 나오지 않았고 맞춤법을 배운 적이 없었다.

예전에 일반 교양 잡지는 외부 필자 비중이 컸다. 그런데 잡지 일을 시작해 원고들을 보니 잡지를 사서 읽을 때와 너무 달랐다. 대부분 글이 매끄럽지 않고 맞춤법이 엉망이었다. 편집자가 손을 댈 수밖에 없었다. 하지만 나는 맞춤법에 정통하지 못했다. 특히 까다로운 띄어쓰기는 어려웠다. 궁여지책으로 책상 유리판 밑에 그런 말들을 적은 종이를 끼워놓고 일했다. 이를테면 '물구나무서다'와 '큰코다치다' '죽는소리하다' '바로잡다'이다. '물구나무 서다' '큰 코 다치다' '죽는 소리 하다' '바로 잡다'로 띄어서 쓰기 쉬운데 사실은 다 붙여 쓰는 한 낱말이다.

그래도 자꾸 틀렸다. 잘 안다고 생각하는 말일수록 틀렸다. '벌罰'이라는 말을 보자. 잘못을 저질러 벌을 받는 것을 누구나 '벌서다'라고 한다. 그러나 아니다. '벌쓰다'가 맞다. 벌을 주는 행위는 '벌쓰다'를 사역형으로 바꾼 '벌씌우다'이다. 하지만 실생활에서는 달랐다. 선생님이 어린이에게 주는 가벼운 벌씌우기가 주로 열외로 나가 '(두 팔 들고) 서있기'이다 보니 '벌씌우다'가 '벌세우다'로, '벌쓰다'가 '벌서다'로 잘못 쓰이게 되었다. 그래서 1990년대 이후 국어사전에는 '벌서다'도 동사로 표제어에 올랐다. 하지만 그 뜻은 '벌을 받아 일정한 곳에 서다'에 한정된다.

'처지다'와 '뒤처지다'도 많이 틀리는 말이다. '처지다'는 '한 동아리에서 뒤떨어져 남다'라는 뜻이고, '뒤처지다'는 '물건이 뒤집혀서 젖혀지다'라는 뜻이다. 화투짝을 집다가 잘못해서 뒤집혔을 때 쓸 말이다. 그런데 사람들이 그냥 '처진다'고 하지 않고 꼭 '뒤에 처진다'고 하다 보니 어느덧 거의 모든 사람이 무리에서 뒤로 떨어지는 모습을 '뒤처지다' 혹은 사전에 없는 '뒤처지다'로 쓴다.

갈수록 태산. 알수록 어려운 우리말. 어떤 말이든 꼭 국어사전에서 확인해야만 마음이 놓였다. 또 출퇴근길에서까지 눈에 띄거나 머리에 떠올랐다 하면 모두 맞춤법에 관한 것이었다. 의식했든 안 했든 잠자는 시간 빼고는 온 신경을 잘못 쓰인 말 골라내기에 집중하는 네거티브 인생이 되었다. 세상이 온통 틀린 말이니 자칫 스트레스를 받거나 잔소리꾼으로 몰리기 십상이다. 그리스 신화 번역으로 유명한 이윤기 선생 딸이 〈조르바를 춤추게 하는 글쓰기〉 서문에 쓴 글은 영락없이 그때 내 모습이다.

"아마도 우리 팀이 가뿐히 승리할 것으로 보여집니다." 아버지는 TV에서 '보여집니다' 같은 말이 나오면 손톱으로 칠판을 긁는 소리를 들은 사람처럼 질색했다. "이럴 때는 '보인다'고 하면 되지, '보여진다'

고 할 필요가 없어. 응? 다희야." 질색하는 데서 그치지 않고 아버지는 이렇게 곁에 앉은 나에 대한 당부를 잊지 않았다.

1982년 이웃 양복점 사람이 나를 찾아와 간판을 만들려고 하는데 '맞춤'이 맞는지 '마춤'이 맞는지 알려 달라고 했다. 집에 국어사전이 없어서 한참을 고민하다가 '마춤'으로 하라고 일러주었다. 다음날 회사에 가서 〈국어대사전〉(이희승)을 보니 내가 가르쳐 준 '마춤'이 맞았다.

○ **마추다**: 시킬 일, 주로 물건 만드는 일을 약속하여 부탁하다

그 일을 계기로 나는 내 돈으로 집에도 국어사전을 사놓기로 했다. 1983년 초 민중서림이 발행한 이희승 편저 〈국어대사전〉 32쇄 수정증보판 값은 7만5,000원이었다. 세전稅前 월급에서 10%가 넘었지만 큰마음 먹고 샀다. 그러나 거금을 들인 사전은 겨우 5년 쓰고는 효용이 반감되고 말았다. 1988년 새로운 맞춤법과 표준어규정이 발표되었기 때문이다. '마춤'도 틀린 말로 전락해 사전에서 사라졌다. 나는 1991년 또 큰돈을 들여서 바뀐 규정을 수용한 금성판 〈국어대사전〉(김민수 외)을 샀다.

맞춤법과 함께 내가 정열을 쏟은 또 한 가지는 윤문潤文, 즉 글 다듬기였다. 내가 맞춤법을 익히게 되기까지는 미승우 선생 같은 탁월한 교열 전문가와 친분을 쌓으며 국어사전을 끼고 산 덕이 크지만, 글 다듬기에서 나름으로 자부심을 가지게 해준 일등공신은 ㅊ 아무개 교수이다. 신문 잡지 외부 필자는 세 부류이다. 자기 원고는 콤마 하나도 건드리지 못하게 하는 사람, 아

무 얘기도 없는 사람, 적당히 고쳐서 실어 달라는 사람. ㅊ씨는
세 번째 유형이었다. 그는 우리 잡지에 3년 넘게 연재하면서 언
제나 원고를 두 배 가량 써왔다. 글솜씨까지 엉망이었지만 글에
담긴 메시지가 좋아서 연재를 끊지 못하고 글을 고쳐서 실었다.

세상에는 단 한 줄도 줄이기 어려우리만치 잘 쓴 글도 있지만,
웬만한 글은 10분의 1쯤 줄이기가 어렵지 않다. 그러나 반을 줄
이기는 정말 어렵다. 그래서인지 군더더기 말을 빼거나 긴 설명
을 짧은 어휘 하나로 바꾸는 등 문장을 자꾸 고치다 보니 생각
지 못한 결과가 생겼다. ㅊ씨 글을 반으로 줄이고 문장을 이리저
리 고치면서 3년이 지나자 맞춤법과 글 다듬기에 눈을 뜨게 되
었다는 사연. 덩달아 글맛·말맛도 알게 되었다. 그 계기는 '부둥
켜안다'였다. 어느 날 사전에서 이 말을 찾았다. 혹시 '부등켜안
다'일지도 모른다 싶어서. 그러다가 그와 비슷한 말을 찾게 되면
서 말이 지닌 맛에 눈을 떴다.

　○ 감싸 안다, 그러안다, 껴안다, 끌어안다, 당겨 안다, 부둥켜안다,

　　부여안다, 얼싸안다, 품어 안다

다른 사람을 안는 행위에 이처럼 다양한 어휘와 어감이 존재
하고, 거기에 부사를 앞세우면 또 다른 뉘앙스를 풍기게 된다는
점이 내 감성을 사로잡았다. 모국어에서만이 느낄 뉘앙스이자
눈에서 가슴으로 옮아 오는 말맛이었다.

　○ 살며시 감싸 안다, 싸잡아 그러안다, 으스러지게 껴안다, 꼬옥 끌

　　어안다, 부드럽게 당겨 안다, 와락 부둥켜안다, 힘껏 부여안다, 뜨

　　겁게 얼싸안다, 살포시 품어 안다 …

남들 원고에서 틀린 말과 잘못된 맞춤법을 고치거나 겹치는 어휘들을 다양하게 바꾸어 가면서 나는 희열을 느꼈다. 어쩌다 더 좋은 말로 바꾸려고 생각해낸 말이 사전에 '아직' 없는 경우도 있었다. 내 머릿속에서 만들어진 말이었다. 하지만 어휘 창조는 시인만이 누릴 권리라고 생각했기에 감히 써먹을 생각을 하지 못했다. 그 무렵 동시를 쓰는 김원석씨한테서 전화가 왔다.

"이선생, 그 왜 물에다 돌 던지면 생기는 거 우리말로 뭐라고 하죠?"

"아, 파문이요? 그거 …"

말하다 말고 멈칫했다. 무슨 말이 입안에서 맴도는 것 같은데 실체가 잡히지 않았다. 한참 머뭇거리다가 말했다.

"우리말이 없나 봐요. 있을 줄 알았는데… "

한참 이야기한 끝에 내린 결론은 '우리말 없음'이었다. 한자어 파문波紋·수문水紋이나 우리말 '물무늬'나 그 뜻은 '물 위에 이는 잔물결' 혹은 '잔물결이 이루는 무늬'이다. 바람이 건듯 불어 넓은 수면에 생긴 물무늬가 햇살에 비치면 '물비늘'이고, 그것은 흔히 '은비늘이 반짝인다'고 시적詩的 정취로 표현된다. 그렇기에 파문이나 물무늬는 돌멩이가 '풍덩!' 빠진 곳에서부터 넓게 퍼져 나가는 나이테 같은 물결 모양은 아니다. 그래서 우리는 말을 만들기로 했다. '물동그라미'로.

그 뒤로 나는 가끔 말을 만들어 썼다. 곱씹을수록 맛깔나는 것이 우리말인데, 그 중에서도 부사, 또 그중에서도 의성어 의태어는 얼마든지 새 말을 만들 여지가 있었다. 가령 '자욱이' '자욱하게'라는 부사가 있지만, 글에 따라서는 의태어를 썼을 때 한결 느낌이 살아난다. 나는 이 글을 쓰기 전에 낸 책 〈수집가의 철학〉에서 '자욱이' 대신 '자욱자욱'이라는 말을 만들어 썼다.

- ○ '비내리는' 화면이 이어지다가 필름이 끊기면 휘파람과 야유가 난무하고, 여기저기서 담배 연기가 **자욱자욱** 피어올랐다.

말을 사랑하고 말을 만들기까지 해보자 나는 글 다루는 일을 평생 직업으로 삼고 싶었다. 그러나 우리말만 신경 써서는 다양한 글을 다루기에 너무 벅찼다. 외국어 실력이 절실했다. 영어나 학교 때 제2 외국어로 배운 독일어보다 일본어가 급했다. 글을 다룰수록 우리말에 스며든 일본어가 많음을 알았기 때문이다.

그때는 인천에서 서울로 출퇴근할 때여서 퇴근하고 학원에 가기가 어려웠다. 또 당시 사회 분위기로는 몇 군데 없는 일본어 학원조차 떳떳이 드나들 수가 없었다. 나는 독학을 택했다. 외국어대 박성원 교수가 쓴 〈일본어 교본〉 초급편과 고급편을 사서 화장실과 버스·전철 안에서 틈만 나면 읽었다. 2년 동안 각각 50회가 넘게 읽었다. 그러고 나서 소설을 50권쯤 읽었더니 일본어가 트이기 시작했다. 이렇게 나는 네거티브 인생을 제대로 펼칠 제2 라운드를 향해 착착 준비를 갖추어 갔다. 다음에 내가 설 링은 신문이었다.

내가 사랑한 네거티브 인생 ②

1984년 4월. 9년 다니던 직장을 잃었다. 신군부가 정권을 잡자 공공기관에 그동안 없었던 이사장 자리를 만들어 억지로 전역시킨 군 선배들을 내려보냈다. 신문에 낙하산이라는 말이 처음 등장했다. 사장 위에 이사장은 옥상옥屋上屋이라고 비판한 ㅅ 교수 글을 실었다가 곧바로 불려갔다. 그 뒤로 일간 신문 두 곳과 주간 신문 한 곳을 거쳤다.

기자로 살면서 나는 남이 쓴 글을 손보는 데 들인 시간이 더 많다. 1980년대 초 〈조선일보〉에서 서강화 교열부장이 틀린 기사를 바로잡아 해설한 글을 읽고는 교열이 꼭 하고 싶었다. 내 롤 모델은 서강화. 거기에 뒷날 오케이어OK′er를 추가했다. 미국에서 손꼽히는 잡지 〈뉴요커〉에만 있는 책임 교열자를 일컫는 이 고유명사 주인공 메리 노리스는 기계적 교열자가 아니다. 40년간 문법은 물론이고 깊고 넓은 지식으로 원고를 다듬어 거기에 모국어(영어)가 지닌 감성과 지적 분별력을 더해온 교열신神이다. 그녀가 추구하는 바가 내 교열 본능과 딱 들어맞았다.

언감생심이지만 나도 교열신이 되고 싶었다. 그 꿈에 도전할 기회는 뜻밖에도 마흔한 살이나 되어 마지막 직장에서 찾아왔다. 그 직장은 예전 〈시사저널〉이다. '예전'을 앞에 붙인 까닭은 내가 그만두고 나서 이 신문이 둘로 쪼개져서 그렇다. 그리고 예전이라는 말을 붙이는 사람들이 흔히 그런 공통점을 지녔듯이 내가 다니던 때에 가장 성가聲價가 높았다. 1989년 창간된 〈시사저널〉은 일간 신문에 딸린 가판대용 주간지가 아니라 주간지 하나만 발행하는 독립 신문사로서 본격적인 시사 주간지 시대를 열었다. 그리고 얼마 지나지 않아 1년 정기 구독자를 15만 명 확보할 정도로 센세이션을 일으켰다.

나는 1991년에 입사했는데, 그 사연이 좀 별나다. 집에서 책을 쓰고 있던 어느 날 전에 다닌 신문사 교열부장이 전화를 걸어왔다. 그는 자기가 〈시사저널〉로 옮겼는데 일손이 딸리니 1주일에 이틀만 교정 일을 도와 달라고 했다. 교정校正이란 원고와 대조하며 교정쇄에 틀리게 인쇄된 글자를 바로잡는 것이므로 글자를 알고 꼼꼼하면 나 아니어도 누구나 할 수 있다. 내가 마음에 두었던 것은 교열校閱이다. 아예 원고 자체를 검열해 잘못된 내용을 바로잡는 일이니 글을 쓴 사람보다 더 많이 알아야 할 수 있는 일이다. 교정 일이 썩 내키지 않았지만 하기로 했다. 예순 넘은 분이 간곡히 부탁했고, 내 성격은 매몰차지 못했다.

이력서를 전달하고 소파에 앉아 기다리려니 편집부장이 와서 이렇게 말했다.

"교정 아르바이트를 구했는데, 신문사 차장 경력자가 오셔서 참 당황스럽습니다. 우리가 제시한 금액은 너무 실례인 것 같아서 이 정도로 조정했는데 괜찮으십니까?"

그가 제시한 금액은 꽤 높았다. 사람 대접을 할 줄 아는 곳이라고 생각해 두말 않고 받아들였다. 나는 성의를 다했다. 오·탈자 보기를 넘어서 잘못된 글을 고치거나 살짝 다듬었다. 혹 데스크 영역을 침범한다고 할까 봐 '이 과정에서 정씨의 처벌의 근거가 된' 같은 문장을 '이 과정에서 정씨를 처벌할 근거가 된'으로 고친 정도. 그런데도 기사를 건네받은 편집 기자들은 반기는 기색이 역력했다. 한 달쯤 지나 편집주간이 나를 보자고 했다. 말씀인즉 기사를 다듬느라고 유명한 소설가 세 사람을 고용했는데 별 효과가 없어서 1년 만에 해약하고 자기가 그 일을 한다고 했다. 다른 업무에 지장이 많다면서 나보고 시간제가 아니라 상근으로 일해 달라고 제의했다. 물론 기꺼이 받아들였다.

두어 달 지나 먼저 일했던 신문사에서 편집국장이던 분이 만나자고 했다. 그는 나를 아현동 최형우 의원 사무실로 데리고 갔다. 김영삼 대통령이 막 집권한 때여서 그와 수십 년 동고동락하며 '좌동룡 우형우'로 불린 최의원은 나는 새도 떨어뜨릴 실세였다. 그가 솥뚜껑 같은 손으로 내 손을 꽉 잡고 활짝 웃으면서 잘해보자고 말했다. 만약 그 인연이 이어졌다면 정치판에서 일생을 보내게 되었을 확률이 높다. 그러나 나는 교열 전문 기자 자리가 더 탐났기에 먼저 〈시사저널〉 편집국장에게 타진했다. 정규직책을 주면 남고, 아니면 떠나겠다고. 내가 편집부장 겸 교열위원을 끝으로 정년퇴직하기까지 15년간 〈시사저널〉에서 한 자리를 지킨 데에는 이런 사연이 있었다.

언론계가 다 그렇지만 시사 주간지는 정말 치열했다. 일간지에 보도된 사건을 며칠 늦게 독자에게 다시 전달하는 약점을 일간지와 확연히 다른 심층·탐사 보도로 넘어서야 살아남을 수 있었다. 10여 페이지에 이르는 커버 스토리뿐 아니라 다른 기사도 대부분 4페이지를 넘었는데, 그렇게 긴 글을 독자가 재미있게 읽도록 하려면 기사 구성과 문장력이 빼어나야 했다. 초창기 〈시사저널〉이 소설가들을 영입해 문장을 다듬은 까닭이다.

주간지가 지닌 이 같은 속성 때문에 기자들 글솜씨는 남달랐다. 그런데도 기자와 데스크(부장)는 글을 잘 써야 한다는 강박관념에 시달렸다. 글 잘 쓰는 김은남 기자가 자기 데스크를 회고한 글에조차 이런 대목이 있다.

'논리적 허점을 귀신같이 잡아내는 그 여자. 함량 미달 기사에 대한 서명숙 선배의 지적은 눈물이 쏙 빠질 정도로 혹독했다. '스스로 밥값은 한다고 생각해?' 하는 직선적인 비판에 상처 받고 다음날 사표를 던질까 심각하게 고민했다는 기자도 있었다.'

이런 사연을 간직하고 인쇄된 글에서 오·탈자나 틀린 내용이 나왔을 때 글 쓴 기자가 느끼는 허탈감은 매우 크다. 그러나 글이란 정말 신묘해서 보고 또 보아도 허점이 있다. 오·탈자와 맞춤법에 국한해도 전문가가 원고를 보면 틀린 것이 많다. 그것을 잡아내서 타이핑하듯이 빠르게 교정해 오퍼레이터에게 넘겨야 마감 시각을 맞출 수 있다.

한 걸음 더 나아가 교열 차원에서는 온갖 일이 벌어진다. 첫번째가 편집안대로 원고 양을 맞추는 일이다. 버릇인 양 필요한

**정제된 기사는 다단계 협의와 데스킹을 거쳤다. 사진 왼쪽부터 취재 기자, 사회
부장**(김동선)**, 필자, 미술 기자, 편집주간**(안병찬) (1992년 〈시사저널〉 편집주간석)

원고보다 두 배쯤 써오는 기자가 여럿 있었는데, 힘들여 취재해
쓴 글을 차마 잘라내지 못하고 내게 미루었다. ㅊ 아무개 교수
글을 3년이나 줄인 솜씨가 때를 만났다. 나는 불필요한 낱말을
빼내거나 문장 순서를 바꾸거나 하면서 정성 들여 줄였다.

  교열이 진가를 발휘하는 것은 그다음이다. 신문이 다루는 범
위가 세상 모든 것이니 정치 경제 사회 문화 예술 스포츠…. 온
갖 분야 기사가 내 책상에 수북이 쌓인다. 기자들이 아무리 공
들여 취재해도 내용이 틀릴 수 있다. 그것을 걸러낼 마지막 보루
는 교열이다. 이 직업을 가진 사람만이 가지는 자부심이다.

아직 인터넷이 쓰이기 전. 그러니까 내 책상에는 컴퓨터 없이 국어사전 하나만 놓여 있고, 취재 기자들은 컴퓨터를 타이핑용으로만 쓰던 시절. 거의 모든 지식과 정보는 도서참고실 자료와 기억에 의존하던 때였다. 파친코 대부 성姓을 기자가 '온전 전全'으로 썼는데 데스크에서 걸러지지 못하고 넘어왔다. 나는 기자에게 '밭 전田'일 테니 확인하라고 했다. 얼마 뒤 그 기자가 내 말이 맞다고 알려왔을 때 딸려온 쾌감은 온전히 내 몫이다.

일본어 잔재를 쓰거나 좋은 우리말이 있는데도 다른 말을 자꾸 쓰면 기자를 불렀다.

"자네는 왜 계란이라는 말만 쓰나? 자, 닭의 알이라는 말을 빨리 해봐."

기자는 닭의 알이라는 말을 두세 번 하다가 달걀이라고 발음되자 신기한 듯이 활짝 웃었다. 시체를 사체라고 쓰면 〈전우가〉를 나지막히 들려주었다. '전우의 시체를 넘고넘어 앞으로 앞으로…'. 메밀이 맞는지 모밀이 맞는지 물으면 '이효석 단편 소설 제목이 뭐지?' 하고 되물었다.

다음은 글 다듬기. 웬만한 신문사는 인건비 때문인지 교열을 우습게 보아서인지 컴퓨터 조판 시스템(CTS)을 핑계 삼아 교정부나 교열부를 다 없애던 때였다. 그것과 상관없이 우리나라에서는 담당 데스크가 할 그 일을 교정부나 교열부가 한 적이 없다. 그래서 전문 rewriter는 당시 우리나라 언론계에 나밖에 없었다. 대학입시에 논술이 중요해지자 서울 강남에서 〈시사저널〉이 많이 팔렸다. 우리 신문 기사에 미문美文을 쓰기보다 바르고 튼튼하게 쓰자는 내 신념이 고스란히 반영되던 때였다.

글 쓰는 일이 직업인 기자들이 쓴 글이 여러 단계를 거쳐 고쳐진다고 하니 일반 사람은 의아할 것이다. 미국에서 기자 생활을 한 남유철 기자한테 들은 얘기인데, 저들은 기자를 뽑으면 일정 기간 영작문 교육을 한다고 한다. 우리나라에서는 법학과 출신이든 정치학과 출신이든 현장 취재 위주로 견습을 시키니 바르고 튼튼하게 쓰기를 기대하기는 어렵다. 그래서 다단계 글 고치기가 벌어진다.

이때 꼭 지킬 원칙이 있다. 기명記名 기사를 함부로 고치지 않아야 한다. 기사 내용이 팩트와 맞는지, 한쪽 주장에 기울지 않았는지 감독하는 것은 데스크 권한이다. 하지만 그 선을 넘어 글을 자기 스타일로 뜯어고치는 데스크가 있다. 글 쓴 사람이 보아도 어디를 손댔는지 모를 정도로 고쳐야 고수이다. 나중에 '이건 내 글이 아니니 부장님 이름을 넣으시죠'라는 볼멘소리 들을 짓을 하면 안 된다. 나는 데스크들이 그렇게 고쳐서 보내온 원고는 다시 원상태로 돌리고 살짝만 손보았다. 정교하게 줄이고 다듬어서 글 쓴 기자도 모를 천의무봉天衣無縫! 그 쾌감도 내 몫이다.

하지만 고기를 주기보다는 고기 잡는 방법을 알려 주어야 했다. 나는 신입 기자를 교육할 때 언론인과 기자가 다른 점을 말하고 나서 글 잘 쓰는 방법을 일러 주었다.

"기자는 뉴스를 전달하는 사람이고, 언론인은 칼럼이나 논설을 써서 여론을 선도하는 오피니언 리더이다. 언론인이 되고자 한다면, 모름지기 글 잘 쓰는 훈련을 일찍부터 해야 한다. 마감 시각보다 하루 먼저 기사를 써서 고치고 또 고치면서 퇴고하는 것이 제일 좋은 방법이다. 그것을 못 하면 보도 기사만 쓰다가 기자로 퇴직한다. 그런 인생에서 기자란 그저 한때 그가 거쳤던 직업일 뿐이다."

내가 권한 방법은 정해진 원고 양보다 더 써서 그것을 줄이라는 것이다. 간결하게 쓰는 데 도움이 된다. 실제로 나는 신입 기자가 편집부에서 수습할 때 그 연습을 시켰다. 책 한 권을 10페이지로, 다음에는 3페이지로, 그다음에는 1페이지로, 다시 4분의 1 페이지로 요약하게 했다.

내가 늘 초록색 수성펜을 쓰니까 언제부터인가 그 펜이 나를 상징하게 되었다. 내가 퇴직한 2년 뒤 2007년 기자 20명이 펴낸 책이 있다. 〈기자로 산다는 것〉. 거기 기자들이 회고한 글에 비친 내 모습은 이랬다.

원고를 문정우 취재부장에게 넘겼다. 문선배 손을 떠난 원고는 김상익 편집장에게 넘어갔다. 김선배는 다시 팩트를 점검했다. 그 다음은 〈시사저널〉 '문장의 힘'이었던 이병철 교열위원(지난해 정년 퇴임했다) 손을 거쳤다. 이선배는 〈시사저널〉의 '녹색 펜 교사'였다. 그가 수정한 원고를 다시 받아서 보면서 올곧은 문장을 익히는 것이 〈시사저널〉에서는 빼놓을 수 없는 수습 과정이었다. (고제규 기자)

경력 기자로 입사한 지 한두 주쯤 지났을 때였다. 이병철 교열위원이 나를 불렀다. "안은주씨, 기사 가운데 표현이나 문장을 고쳐야 할 곳이 많아요. 내가 교열 보고 나면 원고 찾아다 읽어봐요. 몇 번만 보면 시사저널 문장 스타일을 익힐 수 있을 테니까." (안은주 기자)

수만 자 중에서 단 한 글자도 잘못되면 안 되는 현장은 살벌한 전쟁터이다. 다행히 15년 동안 나는 오·탈자나 띄어쓰기로 인한 사고를 겪은 적은 없다. 그것은 운이 좋아서이지, 사실 활자活字는 '活' 자가 의미하듯 살아 움직이면서 온갖 사고를 저지른다. 1970년 5월 한 주간지에 난 영친왕 기사를 보자.

'…영친왕은 피부가 무척 약했고… 창문을 조금 열어도 기침을 했다. 남자의 그것도 불우하게 일생을 산 사람 같지 않게 살갗이 말랑말랑하며 고왔다.' 이 문장에서 '남자의 그것도'는 누가 보아도 기사로 쓸 수 없는 개인 프라이버시 영역이다. 사실 기자는 '남자의, 그것도 불우하게 일생을 산 사람…'이라고 썼는데 '남자의' 다음에 찍은 콤마가 무슨 연유에서인지 탈락해 버린 '교정 사고'였다.

이승만 대통령을 '李犬統領'이라고, '개 견犬' 자를 쓴 〈대구매일신문〉(1950년) 〈삼남일보〉 〈국민일보〉(1953년)가 정간되었다. 1955년에는 〈동아일보〉 기사 제목이 '괴뢰 이승만'으로 잘못되어 한 달 정간에 3명이 구속되었다가 해직되었다. 대통령을 대령으로 격하한 '李大領 사건'도 있다. 내게 교정 아르바이트를 부탁한 분도 그가 교정 본 지면에서 비슷한 일이 일어나 〈시사저널〉을 그만두었다.

이런 판국이니 마감 임박해 쏟아져 들어온 원고를 읽으면서 오·탈자를 잡아낼 때는 스피드 한계선을 넘나드는 카레이서 같은 전율을 느꼈다. 정해진 시각 안에 타이핑하듯이 재빠르게 글자나 내용 틀린 것을 표시하고, 원고 양을 조절하고, 문장을 다듬으며 신속과 정확에 도전하는 일이야말로 나를 거기에서 헤어나지 못하게 한 마약이었다.

대체로 글 잘 쓰는 기자는 기사를 넘기고도 손을 떼지 못한다. 제주도에 처음 올레길을 만든 서명숙씨도 그런 기자였다. 그녀는 원고를 보내고는 기회를 엿보아 꼭 평을 해달라고 했다. 앞서 김은남 기자 회고담을 소개했듯이 그녀는 〈시사저널〉에서 악명 높기로 비교 불가 데스크였다.

서선배의 데스킹 결과를 기다리는 건 피를 말리는 일이었다. 내가 정치부로 처음 발령 받았을 때 몸무게는 48kg이었다. 그것이 반 년도 안 되어 43kg까지 떨어졌다. 시도 때도 없이 볶아대는 서선배가 1차 원인이었다. (이숙이 기자)

이런 사람이 자기 글을 평해 달라고 하니 주체스러웠다. 박순철·김훈 등 역대 '점잖은' 편집국장들은 내가 자기 글을 어떻게 고치든 군말이 없었는데, 서명숙은 편집장이 되자 더 체면 가리지 않고 글에 집착했다.

아니나 다를까. 낑낑대면서 첫 번째 '편집장의 편지'를 써서 교열 책임자이던 이병철 선배에게 보여주었더니 낯빛이 흐려졌다. 글에 관한 한 누구도 따라가지 못할 탁월한 감식안의 소유자인 이선배는 '시론의 축소판 같다'는 아주 냉정한 평가를 내렸다. 중편을 길이만 압축했다고 단편이 될 수는 없다는 논평과 함께. (서명숙 편집장)

회고담은 여기서 끝났지만, 그 날 고쳐 쓴 원고가 내게 왔다.

내가 그녀 부탁을 짐스레 여기지 않고 선선히 응한 까닭은 그런 태도를 높이 사서였다. 그녀는 콤마 하나를 소중히 여기는 진짜 글쟁이였다. 내 지적이 수긍되면 바로 고쳐 썼고, 어디가 어째서 좋았다고 말하면 그렇게 좋아할 수가 없었다. 어느 날인가, 또 전화 벨이 울렸다.

"선배! 어때요?"

"(짐짓 퉁명스럽게) 뭐가?"

"글 다 안 읽었어요?"

"읽었지."

"뭐 고칠 데 없어요?"

"다 좋은데, 딱 한 군데가 마음에 안 드네."

나는 어떤 대목에서 '상황狀況'이라고 한 것을 '국면局面'으로 고치면 어떻겠느냐고 물었다. 반응은 3초 후였다. 수화기에서 들리는 소리보다 큰 외침이 저쪽에서 들려왔다.

"와! 선배, 진짜 최고다. 이따 제가 쏠게요!"

그 날 문정우 정치부장까지 합석해 밤이 늦도록 되는대로 다 떠들며 양념 돼지갈비를 굽고 소주를 마셨다. 내가 마감 시각을 못 지키는 기자들 때문에 늘 야근과 철야를 하면서도 내 직업을 사랑한 것은, 이런 장면을 연출할 수 있는 동료들이 참으로 소중했기 때문이다.

당신이 잠든 밤에도 이렇게 어휘 하나에 뉘앙스를 따져가며 제 영혼을 저당 잡힌 듯이 최선을 다한 사람들이 있었다.

'900 어휘' 사회

우리는 일상 생활에서 무엇에 놀랐다고 표현할 때 거의가 '깜짝'을 앞에 붙여 깜짝 놀랐다고 한다. 오죽하면 '깜놀'이라는 말까지 있다. 그렇다고 우리말에 '놀라다'라는 말을 꾸며줄 부사가 '깜짝'밖에 없을까. 아니다.

○ 흠칫 놀라다, 움찔 놀라다, 퍼뜩 놀라다, 화뜰(후뜰) 놀라다, 화들짝 놀라다, 펄쩍 놀라다, 소스라치게 놀라다, 자지러지게 놀라다, 까무러치게 놀라다 ('화뜰'은 북한어)

또 있다. '너무나' '정말로' '진짜로'도 놀랐다는 말 앞에 오는 부사이고, '펄쩍 뛸 듯이' '기절초풍할 지경으로' '눈알이 튀어나올 만큼' 놀랐다고 과장하기도 한다. 또 '간 떨어지겠네' '애 떨어지겠네' '십 년 감수減壽했다' 같은 표현도 크게 놀랐다는 표현이

151 ——

며 '아이쿠!' '아이구머니나!' 같은 외마디 말, '혼비백산魂飛魄散했다' '대경실색大驚失色했다' 같은 한자어도 놀란 모습을 표현할 때 나오는 말이다. 그런데도 기자들이 가져오는 기사에는 거의가 '깜짝 놀랐다'는 표현만 있었다.

비슷한 예로 '갑자기'(←급작急作+이)가 있다. 언제인가 이 아무개 기자가 '갑자기'라는 말을 기사 한 꼭지에 여섯 번이나 썼기에 그를 불러서 조근조근 얘기했다. "어느날 갑자기 어머니 생각이 났다는 말에서 갑자기보다 더 알맞은 말이 없을까?" 이기자는 잠시 생각하더니 '문득이요'라고 대답했다.

"그럼 자네가 탄 기차에 갑자기 돌이 날아들었다고 하자. 갑자기라는 말보다 더 꼭 맞는 어휘가 뭐가 있을까?"

그는 잠깐 생각에 잠겼다가 말했다.

"'난데없이'가 더 낫겠는데요."

"자네와 얘기하던 상대가 갑자기 자네 빰을 후려쳤다면 '갑자기'를 대체할 말은?"

"…"

"'느닷없이'라는 말을 쓰면 어떨까?"

"아! 그러네요. 아주 좋습니다."

"갑자기 옛 친구 생각이 났다면?"

"'불현듯이'나 '문득'이 더 낫겠습니다."

"갑자기 소나기가 쏟아졌다면?"

"글쎄요. 그건 '갑자기'를 그대로 써도 괜찮을 것 같은데요. '별안간'도 상관없고요."

"갑자기 분한 감정이 치밀어 올랐다면?"

"… 울컥…이요."

"예상치 못했던 사람이 갑자기 자네 앞에 나타났다면?"

"'불쑥'이요."

"그래. '뜻밖에'도 괜찮겠지? 자- 다시는 한 꼭지에 '갑자기'라는 말이 여섯 번이나 나오는 글은 쓰지 말게."

어휘 선택이란 글쓰기에서 매우 중요하다. 그런데 아이러니컬하게 글쓰기를 업으로 삼는 기자들에게서 어휘를 잘못 선택하는 사례가 많다. 시인이나 소설가가 어휘 선택에 신중한 것과 달리 팩트를 중시하는 기자는 멋지게 표현하려고 애쓰기보다는 늘 쓰던 말을 써야 편하고 빠르다. 그래서 기자들은 '상황' '입장' 등 두루뭉실하고 폭넓게 쓰이는 말을 선호하는 집단이다. 그러나 사용하는 어휘가 적으면 아무래도 표현이 부정확해지기 마련이다.

'입장'을 예로 들어보자. 이 말은 일본 한자어(立場·たちば)이니 일제 침략 이전에는 없었다. 우리는 처지處地나 형편形便이라는 말을 썼다. 일제 강점기 이후 쓰인 이 말이 30여 년 전부터 신문을 통해 표현하지 못할 것이 없을 정도로 폭넓게 쓰이기 시작했다. 요즘은 개인이 해명 글을 내놓거나 기관이 성명문을 발표해도 '입장문'을 발표했다고 하기에 이르렀다. 그들이 쓰는 '입장'이나 '입장문'은 거의가 잘못 사용한 말이다. 그러나 달리 생각하는 이도 있다. 내가 정말 좋아하는 저술가 고종석은 언어민족주의자(순수주의자)들이 '한자어가 아닌데 우리말로 들어오면서 한자어가 된 일본제 한자어를 싫어한다'면서 이렇게 썼다.

이데올로기에 감염된 교열자들은 어떤 원고에서 '입장'이란 말만 나오면 대뜸 '처지'라는 말로 고쳐. 그런데 '입장'과 '처지'가 같은 말일까? "이 사안에 대한 네 입장은 뭐니?"라는 문장을 "이 사안에 대한 네 처지는 뭐니?"라는 말로 고칠 수 있을까? 당연히 고칠 수 없어. 그러니까 '언어생활의 감시자들' 중에서도 특히 순수주의자들은 이룰 수 없는 일을 이루려고 헛된 고생을 하고 있다고 할 수 있어.

나로서는 수긍하기 어려운 글이다. 제대로 된 교열자라면 '입장'을 대뜸 처지라는 말로 고칠 사람은 없다. 나라면 "이 사안에 대한 네 입장은 뭐니?"에서 '입장'을 '처지'가 아니라 '견해'라고 고칠 터이다. 나는 고종석씨 글이 '입장'이 얼마나 광범위하게 남용되고 있는지, 제대로 된 교열이 얼마나 어려운지, 제대로 된 교열자가 얼마나 부족한지를 알려준 글일 뿐이라고 생각한다.

- ○ 대안 학교 운동을 바라보는 교육감의 **입장**은 → **관점**
- ○ 내 **입장**은 이런데 네 **입장**은 어떠냐 → **생각, 견해**
- ○ 자네 **입장**이 무엇이든 간에 → **속셈**
- ○ 검찰은 이에 대한 **입장**을 정리해서 → **태도**
- ○ 민노당에 어떤 **입장**이냐고 물었다 → **노선**
- ○ 투쟁하겠다는 **입장**을 재확인했다 → **의지**

2004~2005년께 내가 고친 글들이다. '처지'로 고친 것은 없다. 이미 '처지'로만 바꿔서 해결될 때가 지났다는 말이다. 다음 글은 2005년 11월 ㅅ기자가 써온 기사 중 일부이다. 나는 ㅅ기

자 글을 고쳐서 OK 사인을 했다. 고종석씨가 '입장'에 관한 글을 쓰기 훨씬 전 일이니 고씨 글을 반박하려고 한 것이 아니다. '입장'을 무려 여덟 번이나 사용한 이 기사에서 괄호 안 글이 원문이고 괄호 밖 고딕체 글이 내가 고친 말이다.

열린우리당은 올해 안에 당론으로 확정한다는 (입장)**계획**이었으나 신중론이 제기되었다. 지도부가 (입장)**방침**을 확정하기 전까지 기획단은 활동을 중단한 상태였다. 세 법안 모두 경찰의 (입장)**주장**을 반영한 법안이다. '연내 처리' (입장)**방침**을 정한 우리당 지도부는 11월 29일 ~중략~ 보고받았다. 문재인 수석은 '청와대 안대로 가자'는 (입장을)**견해**를 밝혔다. 조의원은 받아들이기 (어렵다는 입장을)어려운 **형편**이라고 밝히면서 ~중략~ 천정배 장관에게 요청했다. 청와대를 믿고 있던 검찰도 이때부터 다급한 (입장)**처지**에 몰렸다. 법무부 쪽에서는 막판에 청와대 안대로 가자는 (입장을 밝혔으나)**의견**을 내놓았으나 당이 거부했다.

지금 어떤 신문 편집국장인 ㅅ기자에게는 좀 미안하지만, 이렇게 생생한 예문을 얻었으니 나로서는 행운이다. 어쨌든 글쓰기에서 어휘란 이처럼 문법과 함께 가장 중요한 요소이다. 어휘라는 말에는 두 가지 명제가 따른다. '바른 선택'과 '풍부함'이다. 주제나 표현하고자 하는 바에 꼭 들어맞는 어휘를 선택해 다양하게 구사해야 좋은 글이 된다. 둘은 같은 운명체다. 구사할 어휘 자산이 많아야 정확한 어휘를 골라 쓸 수 있기 때문이다. 그런데 왜 낱말, 혹은 단어單語가 아니고 어휘語彙라고 할까.

한 가지 말을 놓고 '낱말'(단어)이라고도 하고 '어휘'라고도 한
다. 그렇지만 좋은 글을 읽었을 때 우리는 낱말이 풍부하다고 하
지 않고 어휘가 풍부하다고 한다. 사전은 어휘를 '낱말의 수효'
'일정한 범위 안에서 사용되는 낱말의 수효나 그 낱말의 전체'라
고 풀이한다. 알아듣기 힘들다. 내가 아는 한 부분만 어설프게
소개하자면 이렇다.

낱말은 의미를 전달하는 최소 단위 언어일 뿐이지만, 어휘라
는 개념을 가지고 보면 문장에서 수없이 많은 의미와 관계를 맺
는다. '발그레하다'는 말은 낱말로서는 '조금 곱게 발그스름하다'
는 뜻만 전달한다. 하지만 어휘로서는 앞뒤 말들과 연결되어, 가
령 어떤 처녀가 이성 앞에서 수줍음에 어쩔 줄 몰라 뺨이 붉은
색으로 곱게 변한 것이며, 앞으로 상대와 어떤 관계를 맺을 것인
지 등 수많은 정보와 지식과 예측에 무의식적으로 연관되고 관
여하는 자료 노릇을 한다. 그러므로 우리가 쓰는 말은 '직역直譯
같은 낱말'이 아니라 '의역意譯 같은 어휘'인 셈이다.

그렇기 때문에 잘못 선택된 어휘가 문장에 쓰이면 앞뒤 말들
과 어울리지 않는 결과를 초래한다. '발그레하다'를 예로 들자면
'그는 창피해서 얼굴이 발그레해졌다'는 문장은 꼭 맞는 어휘를
사용했다고 할 수 없다. '그는 창피해서 얼굴이 벌개졌다'라고 해
야 바른 문장이다. 문맥에 따라서는 '시뻘개졌다'라거나 '벌겋게
달아올랐다'고 표현할 수도 있다.

어휘를 어떤 주제에 포함될 수 있는 낱말을 묶은 것, 또는 그
수효라고도 하는데, 우리말은 그 수효가 많아서(어휘가 풍부하고
다양해서) 뉘앙스에 꼭 맞는 말을 골라 쓸 수 있다. 예컨대 '발그레

하다'는 '붉다'에서 파생했는데, 붉다는 말과 한 주제로 묶을 어휘
는 자그마치 마흔다섯 가지이다. 붉다는 뜻을 나타내는 형용사
기본형만도 스물셋에서 다시 센말·큰말·준말로 가지를 쳤다.

　가령 '발갛다'(연하고도 곱게 붉다)는 형용사는 센말이 '빨갛다'
인데 그것을 더 세게 표현하면 '새빨갛다'이다. 또 큰말은 '벌겋
다'(연하게 붉다)이고 그것을 세게 표현하면 '뻘겋다'이며, 더 센말
은 '시뻘겋다'이다. 이것으로도 모자라서 '양귀비꽃보다도 더 붉
은 그 마음'(변영로 〈논개〉) 같은 비유까지 동원된다. 또 형용사
뿐만 아니라 부사로도 쓰이고(붉게, 빨갛게, 발긋발긋, 빨긋빨긋,
벌긋벌긋, 불긋불긋…), 명사(빨강)와 동사(빨개지다, 새빨개지다…)
도 있다.

붉다…핏빛과 같다 **붉디붉다**…아주 진하게 붉다 **불그스럼**(레,름)**하다**…
빛깔이 조금 붉다 **불그레하다**…약간 곱게 불그스럼하다 **불그데데하
다**…좀 천격스럽게 불그스럼하다 **불그뎅뎅하다**…격에 어울리지 않게
불그스름하다 **불그무레하다**…태가 잘 안 나게 옅게 불그스럼하다 **불
그숙숙하다**…수수하게 불그스럼하다 **불그죽죽하다**…빛깔이 고르지 못
하고 칙칙하게 불그스럼하다 **불긋하다**…붉은 듯하다 **발강다**…연하고
도 곱게 붉다→**빨강다**(센말)→**벌겅다**(큰말)→**뻘겅다**(벌겅다보다 센말)
발그레하다…조금 곱게 발그스름하다→**벌그레하다**(큰말:조금 곱게 벌
그스름하다) **발그스레**(름)**하다**…조금 발갛다→**발그름하다**(발그스름하다
준말)→**빨그스레**(름)**하다**(발그스름하다보다 센말)→**뻘그스레**(름)**하다**(큰
말)→**벌그스레**(름)**하다**(발그스레하다보다 큰말:조금 벌겋다)→**벌그레**(름)
하다(준말)/ **발그대대하다**…곱지 않고 조금 천하게 발그스름하다→**빨**

그대대하다(센말) **발그댕댕하다**…격에 맞지 않게 발그스름하다→**벌그뎅뎅하다**(큰말:어울리지 않게 벌그스름하다) **빨그댕댕하다**(센말) **발그무레하다**:썩 옅게 발그스름하다→**벌그무레하다**(큰말:썩 옅게 벌거스름하다) **발그속속하다**…수수하게 발그스름하다→**벌그숙숙하다**(큰말) **발그족족하다**:칙칙하게 조금 붉다→**벌그죽죽하다**(큰말)→**빨그족족하다**(센말)→**뻘그죽죽하다**(빨그족족하다보다 큰말) **벌그데데하다**…좀 천하게 벌그스름하다 **새빨갛다**…아주 진하게 빨갛고 새뜻하다→**시뻘겋다**(큰말:몹시 뻘겋다)

2008년 4월16일 프레스센터에서 열린 '저널리즘 글쓰기 연수'에 세 시간짜리 강좌를 맡은 적이 있다. 들머리에 내가 아버지라는 뜻을 가진 어휘가 몇 개냐고 질문했다. 기자들은 거의가 5~10개라고 답했다. 내가 그 강좌에 들어가기 전 즉흥으로 사전을 뒤져서 두 시간 만에 찾아낸 어휘는 사투리와 옛말을 포함해 무려 66개였다.

아버지 아비 애비 아버님 아범 아빠 집의어른 바깥부모 밭부모 바깥어른 바깥어버이 부父 부친父親 엄부嚴父 가존家尊 가대인家大人 부주父主 가군家君 가부家父 가엄家嚴 가친家親 노친老親 아부阿父 엄친嚴親 망부亡父 선고先考 선군先君 선군자先君子 선부先父 선부군先父君 선친先親 어른 어르신네 어르신 대인大人 영존令尊 춘부春府 춘부장春府丈 춘부대인春府大人 춘장春丈 춘정春庭 춘당春堂 선대인先大人 친아버지 친아비 의붓아버지 의붓아비 친부親父 생부生父 실부實父 계부繼父

사투리…아반 아방 아배 아베 아부니 아부씨 아부지 아버니 아바이 아바지, **옛말**…아바님 아븨 압 아바마마 어비

사전에 표제어標題語로 올라 있는 어휘가 다 쓰이지는 않는다. 1938년 우리나라 사람(문세영)이 처음 만든 〈조선어사전〉은 표제어가 10만 남짓이었다. 1957년 한글학회가 낸 〈큰사전〉에 실린 표제어는 16만 4,125 개.* 〈큰사전〉 이후 온갖 전문 용어·외래어와 언어 영역 외 말들이 사전에 새로이 등재된 오늘날 〈표준국어대사전〉에 실린 표제어는 51만 개이다.

그 대부분은 실생활에서는 쓰이지 않는 유령어와 전문어이고, 실제 사용되는 언어는 20만개쯤이라고 추측된다. 〈큰사전〉 때보다 4만 개 정도 늘어난 수치이다. 그 가운데 오늘날 정규 교육을 통해 사춘기 이전에 알게 되는, 우리 사회에서 일반적으로 쓰이는 공통 어휘는 대략 1만4천이다. 그 중 사용 빈도가 높은 기본 일상 어휘는 1,500~3,000개로 꼽힌다. 아버지를 나타내는 어휘도 사투리와 옛말을 뺀 51개 중에 실제로 쓰이는 것은 스무 개 가량, 사용 빈도가 높은 것은 10개 안팎이다.

우리나라 작가들이 소설 단행본 한 권에 쓰는 어휘가 어림 잡아 3천 개라고 하는데, 홍명희가 쓴 〈임꺽정〉에는 약 1만2천 어휘가 쓰였다고 한다. 셰익스피어가 평생 쓴 작품 37개에 나오는 어휘는 약 1만8,000개이다. 영시英詩 역사에서 아버지라고 불리

* **순수 우리말 7만4,612**(45.5%) **한자어 8만5,527**(52.1%) **외래어 3,986**(2.4%)

는 초서와 대문호 셰익스피어를 거치며 체계를 잡은 영어가 처음 사전을 가지게 된 때는 1775년이다. 새뮤얼 존슨이 펴낸 영어 사전 〈A Dictionary of the English Language〉에 처음 담긴 표제어는 4만2,773개였다. 존슨은 작가 500명이 쓴 2천 작품에서 인용문 11만3천개를 이 사전에 옮겨 담았는데, 주로 셰익스피어·밀턴·드라이든 것에서 뽑았다. 영어에 관해 150년간 표준 노릇을 한 존슨 영어사전을 이어받은 〈옥스퍼드 영어사전〉(1928년)에 수록된 표제어는 41만4,825개였다.

4만2,773 어휘가 담긴 존슨 영어사전이 표준으로 쓰이던 시절에 제임스 조이스는 '한낮의 기록'이라고 불리는 〈율리시스〉에 3만 어휘(정확히 2만9,899개)를 구사했다. 69.9%! 41만 어휘가 담긴 옥스퍼드 영어사전이 나오고 11년이 지난 1939년 조이스는 '한밤의 기록' 〈피네간의 경야經夜〉에 6만4천 어휘를 써서 자기 기록을 깼다. 15.4%! 같은 시기(1928~1941년) 〈임꺽정〉에 쓰인 어휘(1만2천개)는 〈우리말 큰사전〉에 실린 어휘 16만4천에서 7.3%를 차지한다. 〈피네간의 경야〉는 영문학 역사가 340년에 이르렀을 때, 〈임꺽정〉은 우리 근대문학이 갓 10년을 넘겼을 때 나왔다.

왜 세월이 흐를수록 사전에 담기는 어휘가 늘어날까. 사회가 복잡해지고 문화 수준이 높아질수록 사람이 드러내고자 하는 생각과 느낌이 다양해지기 때문이다. 이 대목에서 아이러니컬한 현상이 목도된다. 어휘가 자꾸 늘어나는데도 실제로 쓰이는 어휘는 줄고 있다는 점이다. 그것은 어떤 사물을 적확하게 나타내는 말이 하나뿐이라는 사실이 무시되거나 어휘를 많이 알지 못하기 때문이다. 술잔이나 그릇에 담기는 양量을 표현한 어휘를 보자.

제 손수 따는 술은 암만해도 안 취하고
골막히 부은 잔은 아니 듬만 못하다며
주전자 서로 뺏으며 잔이 찰찰 넘쳤지

위 현대 시조(《설야음》 제2련)에서 '골막히'는 술이 사발에 약간 차지 않은 듯하다는 뜻이다. 아주 미세한 차이지만 조금만 남겨놓고 거의 다 차면 '굴먹히'라고 하고, 모자라지 않고 거의 다 차면 '골싹히'라고 한다. 이렇게 적확하고 섬세하게 오랜 세월 쓰여온 우리말이 '어휘력 부족'에 따른 '두루뭉실 표현'과 '설명체 문장' 앞에 속수무책으로 사라져 간다. 앞에서 예를 들었듯이 악화('입장') 하나에 밀려나는 양화('형편' '처지' 등)가 30개가 넘는다. '기분 좋다'와 '기분 나쁘다'는 수백에 달하는 우리말 '감정' 형용사를 밀어내고 있다(165~168 페이지 참조).

단어 900개만 알면 미국에서 불편 없이 살 수 있다면서 한동안 너나없이 들고 다녔던 〈English 900〉이 생각난다. 이렇게 공통 어휘나 기본 어휘 능력을 잃어가면 우리도 '900 어휘 사회'가 될 수 있다. 20만 어휘를 갈고 닦아온 우리 역사도 무의미해지고.

언어가 사고思考를 지배한다

2020년 2월 코로나 바이러스 때문에 나라 경제가 어려워지자 문재인 대통령이 온양온천 전통 시장을 방문했다. 한 반찬가게에서 대통령이 묻고 주인 아주머니가 답했다.

"좀 어떠세요?"

"거지 같아요. 장사가 안 돼서 울게 생겼어요."

각본 없이 이루어진 대화였다지만 너무 솔직했다. 지지자들이 보기에는 문대통령이 '한 번도 경험해보지 못한' 거지 나라 대통령이 된 사건이었다. 그들이 상인을 비난하고 불매운동을 벌이자 야당 지지자들은 실상을 말한 것이 죄가 되느냐며 아주머니를 응원했다.

어느 편이냐를 떠나서 '거지 같다'는 말만 가지고 생각해 보자. 이 말은 어느 국어사전에도 올라있지 않다. 하지만 국립국어원이 실제로 사용되는 언어를 반영해 개방형으로 운영하는 사전인 우리말샘에는 관용구로 올라있다. '보잘것없고 시시하여 마음에 달갑지 않다'는 뜻이라고 하니 '못 살겠다'는 말보다는 수위가 낮다.

평소 '값이 싸다'고 하던 사람도 마이크나 다중 앞에 서면 '저렴하다'고 말한다. 그처럼 잘 쓰지 않던 '유식한 말'을 쓰려면 더듬거나 틀리게 된다. 그런데 반찬가게 아주머니는 TV 카메라 앞에서 대통령과 대화하면서 꾸미지 않고 주눅 들지도 않았다. 그것은 필부匹婦여서 가질 수 있는 솔직함이요 신랄함이다.

'거지 같다'처럼 사전에 표준어로 등재되지 않았으되 시중에서 널리 쓰이는 말일수록 그 시대 사람들 마음을 가식 없이 드러낸다. 관용구라는 말을 살펴보면 그러한 현상을 이해할 수 있다. 어떤 말들이 두 개 이상 결합해 관습처럼 쓰이는 것, 가령 분통憤痛(몹시 분하여 마음이 쓰리고 아픈 것)이라는 명사가 '터진다'(쌓였던 감정이 갑자기 북받쳐 나오다)라는 동사와 결합해 '분통(이) 터진다'처럼 구句로 쓰이는 것을 관용구라고 한다. 그렇게 널리 쓰이다 보면 언젠가 아예 '분한 마음이 치밀어 오른다'는 뜻을 가진 한 단어, 즉 '분통터지다'라는 동사가 될 확률이 높다. 아마 '큰코다친다'는 말도 처음부터 한 가지 뜻을 지닌 동사는 아니었을 것이다. 사람들이 '코' '크게' '다치다'라는 세 말을 모아서 쓰다 보니 '크게 봉변하다'라는 뜻을 가진 한 어휘가 되었음이 틀림없다.

우리는 실생활에서 어휘 하나를 쓰기보다는 두 가지 이상을 쓰는 관용구에 더 익숙하다. '분했다'고 어휘 하나로 표현하는 사람은 거의 없다. 분통이 터졌다거나 너무 분해서 어쩔 줄 몰랐다거나 그렇게 분할 수가 없었다거나, 하여튼 강조·설명·과장이 포함된 긴 말을 버릇처럼 쓴다. 했던 말을 또 하고, 뜻이 중복되는 말도 많이 쓰고, 겹말도 자주 쓴다. 자기 뜻을 강하게 전달하고자 할수록 더 그렇다. 반찬가게 아주머니가 '거지 같아요' 대신에 힘들다고 말하려고 했다면, 틀림없이 '힘들어요'라고 하지 않고 '힘들어 죽겠어요'라고 했을 것이다.

김대중 대통령도 '말'에 관한 일화가 있다. 언제인가 한 기자가 기사에 '김대중 대통령이 우려를 표명했다'고 썼다. 기자는 아마도 너무 흔하게 쓰이는 우리말 '걱정'보다 한자어 '우려憂慮'에 표명表明까지 더한 말이 훨씬 품위 있어 보였기에 '대통령이 걱정했다'고 쓰지 않았으리라.

그 기사가 나오고 나서 기자들이 간간이 그 말을 썼는데 그 대상은 명망 높은 사람에 국한했다. 나는 그마저도 언젠가는 그칠 일이라고 생각했다. 워낙 걱정 근심이라는 말을 입에 달다시피 하고 수백, 수천 년을 살아온 우리네 삶이어서 '걱정하지 마'가 '우려하지 마'로 어색하게 바뀌리라고는 생각지 못했다. 글에서는 '너와 나' '너에게'가 쓰이지만 일상 대화에서는 '너하고 나' '너한테'가 쓰이듯이, 우려는 글에서만 쓰이고 일상에서는 걱정·근심·염려가 쓰이는 언문 불일치가 계속되다가 결국 '우려'는 사라지리라고 보았다. 그러나 그 예단은 빗나갔다. 이제 '걱정'과 '근심'은 언어 생태계에서 퇴출되기 직전이다.

이처럼 쓰지 않던 말까지 찾아내어 대접해 드렸는데 김대통령은 다른 말로 나를 실망시켰다. 1999년 11월29~30일 필리핀을

방문한 김대중 대통령 기사가 신문 지면을 많이 차지했을 때다. 아주 작은 기사 하나에서 언뜻 한 대목이 눈에 띄었다. 국내 소식을 마닐라에서 듣고 대통령이 반응한 말에 '기분 좋다'는 표현이 들어 있었다. 김대통령은 왜 신분에 어울리지 않는 말을 썼을까. 해답은 '기분氣分·きぶん'이 잘못 쓰이고 있는 일본어라는 사실을 우리나라 사람 대부분이 모르기 때문이다.

유치원에 다니는 어린이가 찡그린 얼굴로 집에 들어서자 엄마와 아이 사이에 이런 대화가 오갔다.

"너 왜 그러니? **기분 나쁜** 일 있었니?"

"응. **기분 나빠**. 그림을 잘 그렸는데도 선생님이 칭찬을 안 하셨어."

"아이구 저런! 그래서 그렇게 **기분 나쁜** 얼굴이구나. 하긴 엄마도 **기분이 나쁘다**."

이런 대화가 세월이 흐르면 자연히 다음과 같이 바뀔까?

"너 왜 그러니? **언짢은** 일이라도 있었니?"

"네. 좀 **짜증 나는** 일이 있었어요. 교수님이 부탁하신 거라서 밤새워 자료를 만들어 갔는데 건성으로 한두 장 넘겨보고 말잖아요. 어찌나 **서겁던지***…"

"저런! **속상했겠구나**. 나도 **화가 난다**, 얘."

'기분 나쁘다' 일변도에서 '언짢다' '짜증 나다' '서겁다' '속상

---

* 마음에 섭섭한 느낌이 있다.

하다' '화가 난다'로 다양하게 바뀌는 일은 절대로 일어나지 않으리라고 생각한다. '기분 좋다'와 '기분 나쁘다'가 얼마나 간편한가. 어려서부터 그 간단하고 편함에 길든 사람이 무슨 바람이 불어서 그때그때 어감과 뉘앙스를 고려해 적절한 말을 고르려고 애쓰겠는가. 상대가 대충 알아들으면 됐지 그런 데까지 신경 쓸 것 뭐 있겠는가.

그러나, 그렇지 않다. 사람들은 흔히 두뇌가 언어를 선택해서 말하는 것이라고 착각한다. 유년기 어린이는 그 반대다. 어린이는 외부로부터 받아들인 정보(말) 하나하나를 그대로 뇌에 저장했다가 다시 꺼내 쓰는 과정에서 신중히 생각해 적절한 말을 골라 쓸 능력이 없다. 남이 하는 말을 들으면 무슨 뜻인지도 모르면서 따라 한다. 그렇게 따라 한 말이 인지認知를 그런 쪽으로 이끈다. 상소리를 들으면 상소리를 따라 하고, 상소리를 따라 하다 보면 상스런 사람이 된다. 사고思考가 언어를 지배하는 것이 아니라 언어가 사고를 지배한다. 어른도 거친 말을 쓰고 부정적인 말을 자주 하면 저도 모르게 거칠고 부정적으로 변한다. 하물며 어린이에게는 자주 쓰는 어휘가 일생을 결정하는 원인遠因이 될 수도 있다. '기분'이 거기에 해당한다.

'기분'은 마음 상태를 좋다와 나쁘다 두 가지로만 가르는 말이다. 어려서부터 좋다와 나쁘다는 말만 들은 아이가 역시 그렇게 표현해 버릇하면 어휘력이 딸리게 되어 인지와 표현 능력이 떨어지는 것은 물론이거니와 인식체계paradigm가 좋다 나쁘다는 이분법적 사고로 직진하게 된다. 뭐든지 ○와 ×로 가르는 흑백 논리가 정신세계를 지배하면 대화와 타협을 '회색'이라고 배척하게 된다. 어른이 되어서도 그에게는 오로지 선과 악, 우군과 적군이 있을 뿐이다. 우리 사회가 다른 사회에 비해 타협 없이 승패만 중시하게 된 원인 가운데 하나로 '기분 좋다와 기분 나쁘다'를 지목하는 내 논리가 지나친 비약일까. 나는 일본 제국주의가 우리나라에 끼친 가장 큰 폐해가 '기분'이라고 생각한다.

〈공자가어孔子家語〉 제6권 집비執轡에 '기분'이 나오지만(氣分不同), 이는 '기품과 직분이 같지 않다'는 뜻이다. '기분'이 우리나라에서 20세기 이전에 쓰인 기록을 나는 아직 찾지 못했다. 조선총독부가 1920년에 펴낸 〈조선어사전〉에 '氣分(긔분); 心地, こち'라고 되어 있으니, 그 무렵에는 일본 영향(?)으로 좀 쓰인 것 같은데, 심지(마음의 본바탕)라는 말 외에는 설명이 충분치 않으니 지금과 같은 뜻으로 쓰이지는 않은 듯하다.

'기분'을 일본 〈고우지엔〉 사전은 '비교적 짧게 지속되는 감정의 상태. 상쾌·우울 등'이라고 풀이했다. 우리 사전은 이를 베껴 '쾌·불쾌 등을 느끼는 감정의 상태'라고 풀이했다. 우리가 만든 말이 아니니 일본 사전을 베낄 수밖에 없었으리라. 〈日韓大辞典〉이 든 용례는 'きぶんが わるい'(기분이 나쁘다)이다. 마음 상태를 좋다 나쁘다로 표현한다는 말이다. 일본어에는 마음 상태라는 말이 기모치きもち·氣持(ち)도 있고 고코로모치こころもち·心持(ち)도 있지만 좋다 나쁘다는 말을 쓸 때는 이처럼 앞에 '기분'을 놓는다.

우리는 예로부터 마음을 심중心中이라고 했다. 마음 상태, 즉 심중으로 느끼는 바는 '심기心氣'라고 했다. '심기' 뒤에는 '편하다' '불편하다'는 말이 따랐다. 우리에게 마음 상태란 인생이 고해苦海이므로 좋다 나쁘다가 아니라 편하다 편하지 않다, 마음고생이 심하다 심하지 않다를 가리는 문제였다. 심기가 편하면 안심安心이고, 심기가 불편하면 불안不安이었다. 그래서 우리는 저들처럼 '기분이 나쁘시냐'고 묻지 않고 '심기가 불편하시냐' '마음이 불편하시냐'고 물었다. 심기가 어지러우면 심란心亂이다. 그러한 마음을 다잡아 분위기를 바꾸면, 우리는 심기일전心機一轉이라고 하고 저들은 기분전환氣分轉換이라고 한다.

마음 상태를 나타내는 말로서 우리나라 사람이 가장 좋아하는 것은 무엇일까. 기분 좋다? 아니다. 그것은 그냥 버릇처럼 쓰는 말일 뿐이다. 즐겁다? 기쁘다? 행복하다? 그것도 아니다. 정답은 '후련하다'이다. 비슷한 반응을 얻은 말로 '홀가분하다' '속시원하다'가 있다. 그것은 경쟁이 치열해 노동시간이 길고 스트레스를 많이 받아 자살률이 높은 우리 사회 실상을 반영한 말이다. 얼마나 중압감이 심하면 '행복하다'를 제치고 '후련하다'가 꼽혔을까.

'후련하다'는 답답하여 언짢던 것이 풀려 마음이 시원하다는 뜻이다. 참고 참아온 말을 털어놓았을 때, 애면글면 속을 끓이던 일이 거짓말같이 싹 풀렸을 때, 앓던 이가 빠졌을 때, 10년 묵은 체증滯症이 쑥 내렸을 때… 우리가 저도 모르게 내뱉는 '환희의 송가'가 바로 이 말이다.

마음 상태를 드러내는 우리말 형용사에는 이처럼 경우에 따라 맞춤으로 쓸 말이 지천이다. 홀가분하다 기쁘다 즐겁다 개운하다 속상하다 역겹다 언짢다 약오른다 찜찜하다 …. 미묘하고 복잡한 뉘앙스를 담은 형용사와 부사가 400여 개를 헤아린다. 우리가 '기분'에만 매여 살면 그 말들이 언젠가는 다 사라지고 말 것이다. 잘 안 쓰이는 형용사를 지면이 넉넉지 못해 70개만 가려 뽑았다. 이 말들이 '기분 좋다'나 '기분 나쁘다'를 대신해 쓰이면 참 좋겠다.

개잖다…마음이 꼬여 언짢다 **거늑하다**…모자람이 없어서 마음이 아주 느긋하다 **게궂다**…매우 나쁘고 언짢다 **괴란쩍다**…창피스러워 얼굴이 뜨거울 정도로 어색하다 **기껍다**…속마음에 기쁘다 **깨지근하다**(께적지근하다)…마음이 내키지 않게 은근히 꺼림칙하다 **껑짜치다**…열없고 어색하여 퍽 거북하다 **꼬부장하다**…속이 뒤틀려 마음이 편치 않다 **노긋하다**…마음이 순하다 **눅진하다**…마음이 느긋하고 끈끈하다 **뉘우쁘다**…뉘우치는 생각이 있다 **느껍다**…어떤 느낌이 북받쳐서 벅차다 **달근달근하다**…재미스럽고 탐탁하다 **뜨악하다**…썩 내키지 않는다 **마뜩하다**…마음에 마땅하다 **맞갖다**…마음에 바로 맞다 **미쁘다**…믿음성이 있다 **밉광스럽다**…매우 밉살스럽다 **바잡다**…두렵고 염려스러워 조마조마하다 **반갑다**…좋은 일을 당해 즐겁고 기쁘다 **배리다**…좀스럽고 구차스러워 더럽고 아니꼽다 **버겁다**…만만치 않고 힘에 겹고 거북하다 **버름하다**…마음이 서로 맞지 않아 좀 서먹하다 **빛접다**…떳떳하고 번듯하여 부끄러울 것이 없다 **사랑겹다**…몹시 사랑스럽다 **사위스럽다**…불길한 느낌에 꺼림칙하다 **새뜻하다**…새롭고 산뜻한 느낌이다 **새무룩하다**…마음에 못마땅하여 말이 없고 조금 언짢은 기색이 있다 **새퉁스럽다**…어처구니없이 새삼스럽다 **설뚱하다**…마음이 들뜨고 어수

선하다 **셈평좋다**…넉살스럽고 태평하다 **소마소마하다**…무섭거나 두려워서 초조하다 **스스럽다**…수줍고 부끄럽다, 조심스럽다 **시답잖다**…만족스럽지 못하거나 대수롭지 않다 **시룽새룽하다**…실없이 싱숭생숭하다 **시쁘다**…마음에 차지 아니하여 시들하다 **시틋하다**…시쁘거나 싫증난 기색이 있다 **실뚱하다**…어쩐지 내키지 않고 싫다 **씨만하다**…좀 불만스럽고 맞갖잖거나 괘씸하다 **알끈하다**…두고두고 아쉽다 **알짝지근하다**…마음이 쓰리고 아쉽다 **애모쁘다**…사무치게 정겹고 그립다 **애바르다**…안타깝게 마음을 쓰는 정도가 심하다 **앵하다**…손해를 보아서 짜증이 나며 분하고 아깝다 **야싸하다**…좀 후회되게 아쉽다 **약약하다**…싫증이 나서 귀찮고 괴롭다 **어벌없다**…엄청나고 터무니없다 **어정뜨다**…마땅히 할 일을 하지 않아 탐탁하지 않다 **열없다**…어색하고 겸연쩍다 **오붓하다**…마음에 들게 흣흣하다 **자긋자긋하다**…진저리가 나도록 싫고 괴롭다 **잔밉다**…몹시 얄밉다 **장그럽다**…마음이 간질간질할 정도로 깜찍하고 아니꼽다 **잦바듬하다**…탐탁해 하는 눈치가 없다 **재장바르다**…일을 꾸미려는데 좋지 못한 일이 생겨 꺼림칙하다 **조릿조릿하다**…안타깝고 초조하다 **조마롭다**…매우 조마조마한 데가 있다 **주체스럽다**…짐스럽고 귀찮다 **짐짐하다**…조금 꺼림하다 **짓적다**…부끄럽고 면목 없다 **짠하다**…안타깝게 뉘우쳐 속이 아프고 언짢다 **찌무룩하다**…시무룩하여 유쾌하지 못하다 **초름하다**…마음에 차지 않아 시쁘다 **클클하다**…그리움이 몹시 간절하다 **탐탁하다**…모양이나 태도가 마음에 들어맞다 **턱자없다**…어이없다 **해낙낙하다**…흐뭇해 기쁜 기색이 있다 **허영허영하다**…속이 텅 빈 듯 허전하다 **허우룩하다**…마음이 텅 빈 것 같고 서운하다 **흐무지다**…흐뭇하다

소 머리, 멸치 머리

"이빨 새에 고춧가루가 껴 있잖아. 그때 그 사람에 대한 이미지가 확 무너져 버렸어. 다시는 안 만날 거야."

어떤 미혼 여성이 데이트한 상대를 친구에게 이렇게 얘기했다고 하자. 잇새에 고춧가루가 낀 것도 모르고 활짝 웃어 보인 남성을 두둔할 마음은 없다. 하지만 '이빨'이라는 말을 쓴 쪽도 내가 보기에 품위 있는 숙녀는 아니다. 어쩌면 두 사람은 어울리는 배필일지도 모른다. 한마디 덧붙이자면, 치과의사가 이빨이라는 말을 쓴다면 그는 자기 직업을 수의사로 알고 있는 것과 다름없다.

좀 심한 말 아니냐고? 그렇다면 이런 예는 어떨까. 격이 안 맞는 커플이라며 영국을 떠들썩하게 했던 윌리엄 왕자와 케이트 미들턴 얘기다. 만남과 결별을 되풀이하던 그들이 2007년 또 멀어졌다. 영국 미디어들은 기다렸다는 듯이 미들턴 어머니가 toilet이라는 말을 입에 올렸기 때문이라고 몰아갔다. 토일렛게이트라는 말까지 등장했다. 그런 말을 쓰는 노동계급 출신 어머니를 둔 여성과 어떻게 결혼할 수 있겠느냐는 논조였다(하지만 우습게도 1982년 마거릿 앤 공주는 파파라치들에게 시달리다 못해 "꺼져!(naff off)"라고 말해 영국 사회를 들쑤셔놓은 적이 있다).

정반대 경우도 있다. 고상해지려고 너무 오버한 사례이다. 1985년 신문사에서 일할 때 독자로부터 걸려온 전화를 받았다. 내용인즉 내 기사에서 '소 대가리'라는 말을 보았는데 어떻게 신문에 그런 상스러운 말을 쓸 수 있느냐는 항의였다. 내가 다음과 같은 요지로 석명釋明해 끝내 '잘 알았습니다'라는 말을 듣는 데 30분쯤 걸렸다.

말을 가려야 하듯 욕도 가려서 해야 한다. '나쁜 놈' '고약한 놈' '몹쓸 놈'에 비해 '개 같은 놈' '짐승만도 못한 놈'처럼 사람을 짐승에 빗대는 말은 아주 심한 욕이다. 짐승에게 쓸 말을 사람에게 쓰는 것도 마찬가지이다. 대가리 눈깔 주둥아리 아가리 이빨 이마빼기 마빡 모가지 손모가지 배때기 등때기 발모가지 낯가죽 뱃가죽 살가죽 따위.

격이 낮고 천한 말이라고 사전이 정의한 이 말들을 짐승에게 적용하면 지극히 자연스럽다. '닭 대가리' '동태 눈깔' '악어 아가리' '여우가 주둥이를 핥고 있다' '회색 이리가 날카로운 이빨을 드러냈다' '모가지가 길어서 슬픈 짐승이여'…. 그러나 사람에게 쓰면 심한 욕이다. "대가리에 뭐가 들었니?" "어디서 눈깔을 치뜨고 그래!" "아가리 닥쳐!" "주둥이 함부로 놀리지 마!" "이빨 좀 닦아, 이 자식아!" "마빡에 피도 안 마른 놈이" "모가지 때 봐라!" "손모가지를 비틀어버릴까 보다." "낯가죽이 두꺼워도 유분수지"

여기까지는 어린아이도 알 내용이다. 그런데 짐승에게 쓰는 말을 사람에게 쓰지 말라는 것이 사람에게 쓸 말을 짐승에게 쓰면 안 된다는 뜻이기도 하다는 것은 어른도 잘 모른다. 사전이 유독 '대가리'에만 '동물의 머리를 이르는 말'이라고 강조했듯이 특히 '머리'가 그렇다. 임금과 부모 외에는 누구에게도 머리를 조아리지 않았던 옛 선비들. 세수할 때조차 머리를 안 숙이고 물을 줄줄 흘렸던 신채호 선생 같은 분들로서는 짐승 '대가리'에 '머리'라는 말을 쓰는 것은 상상도 할 수 없는 일이었다.

이 금기가 깨진 사례로 내가 기억하는 것은 '소 머리'이다. 1950년대에 서울식품공업이라는 회사가 '소머리표'를 상표로 내걸었다. '소머리표 서울 버터'는 '젖소표 대한 버터'와 경쟁하며 소 머리라는 말을 전파했다. 그 뒤로 1980년대인가, 곤지암 소머리국밥이 유명하다, 머릿고기가 맛있다는 말도 들었다. 역시 그 무렵인 듯싶다. 제상에 올리던 돼지 대가리도 '돼지 머리'로 바뀌었다.

2019년. 마침내 올 것이 왔다. 신문 독자난에 실린 글에 '멸치 머리'가 등장했다. 어느 주부가 국물에 우릴 멸치 다듬는 얘기를 쓴 글이었다. '음악 시간에 듣던 콩나물 대가리도 언젠가는 콩나물 머리가 되겠구나.' 그때 떠오른 생각이다. '멸치 똥 따기는 뭐라고 바뀔까.' 멸치 대변 따기?

왜 '대가리'를 쓸 곳에 '머리'를 쓸까. 아마도 사물에 맞는 어휘를 써야 한다는 정제된 인식보다 내 입에서 나가는 말에 비속어가 있으면 안 된다는 무의식적 본능이 더 앞서기 때문일 듯하다. 또 하나는, 우리말에 높임말 낮춤말이 많아 헷갈리겠다는 생각도 든다. 그 얘기를 해보자.

　우리는 높임말이나 낮춤말을 지나치게 많이 쓴다. 남용이자
과용이다. 가령 이규태씨는 서양에서 자기를 나타내는 말이 'I'
하나인 데 반해 우리나라 사람이 자기를 나타내는 높임말이나
낮춤말은 무려 36개라고 했다.

　나, 저, 오吾, 아我, 여余, 짐朕, 신臣, 본인, 소인小人, 불초不肖, 둔마
鈍馬, 졸자拙者…. 어머니가 돌아가시면 애자哀子요, 부모가 없으면
고애자孤哀子, 대상 치른 후에는 심제인心制人이요, 3년 상 중에는 죄
인罪人이다. '너'도 당신·그대·자기·이녁·어른·여汝·여女 등 이루 헤아
릴 수가 없다. 《한국인의 의식구조》

　윗글에서는 생략되었겠지만 'I'에서는 이 놈, 이 몸, 소생小生,
고자孤子, 'you'에서는 어르신, 자네 그리고 박정희 대통령이 즐
겨 썼던 '임자'가 빠졌다. 어쨌든 여기서 알맞은 말을 골라 알맞
은 곳에 쓰지 못하면 신분과 서열이 지배해온 사회에서 격식에
어긋난다고 지탄받게 된다.
　이런 형편인데도 호칭 논란은 끊이지 않는다. 그 중 하나는
'자者' 자가 연루된 일이다. 이명박씨가 2008년 2월25일 대통령
에 취임하기 전, 그는 당선자 신분이었다. 신문과 방송에서 '이명
박 당선자'라고 불리던 어느 날 이씨가 공식으로 요청했다. '놈
자者'는 낮춤말이니 높임말인 人으로 바꿔 달라고. 그때부터 그
는 '당선인'으로 불렸다.

者는 낮춤말일까. 아니다. 중세 국어에서는 '놈'이 사람이라는 뜻이었다. 그래서 옥편도 者를 '놈 자', 즉 '사람 자'라고 풀이했다. 그런데 '놈'이 언제부터인가 슬며시 남자를 낮잡아 부르는 말로 바뀌었다. 일제 강점기에는 법 조항마다 '이런 행위를 한 자는 ○○에 처한다'고 되어 있어 마치 범죄자를 가리키는 말인 듯한 인상을 주었다. 그런데도 者는 여전히 좋은 뜻 나쁜 뜻 상관없이 사람이라는 뜻으로 쓰여 왔다.

○ 좋은 쓰임새: 선구자 소비자 애국자 인솔자 지휘자 후보자…
○ 나쁜 쓰임새: 낙선자 배신자 암살자 위선자 패배자 피의자…

그런데 뜬금없이 이명박씨가 자기를 당선인이라고 불러 달라고 했다. 모두를 생게망게하게 한 요구였다. 반대말마다 者와 人을 따로 써야 한다는 말이나 다름없는 억지였기 때문이다. 이명박과 정동영을 당선인과 낙선자로, 선인善人과 악인惡人을 선인과 악자로, 가해자와 피해자를 가해자와 피해인으로 하자는 말과 무엇이 다른가. 이 흑백 논리에 담긴 모순을 드러낸 첫 번째 모델은 그 자신이다. 당선되기 전에는 후보자였는데 하루 뒤에는 당선인이라니, 하루 전 이명박은 하루 뒤 이명박보다 못한 사람이었다는 말 아닌가. 이런 자가당착이 또 있을까.

자꾸 따지는 것도 피곤하니 이렇게 해보면 어떨까. 위에 든 보기 중 좋은 쓰임새인 말들을 이명박씨 말대로 '자'에서 '인'으로 바꾸어보자. 선구자→선구인, 소비자→소비인, 애국자→애국인, 인솔자→인솔인, 지휘자→지휘인, 후보자→후보인. 반대로 좋은 쓰임새가 아닌데 '인'이 들어간 말도 바꾸어 보자. 야만인 →야만자, 이방인→이방자, 하수인下手人→하수자. 자, 어떤 결론을 내야 할까.

직위나 직책을 붙여 부르는 관행도 우리를 힘들게 한다. 그것이 도를 넘어 예전에 지냈던 직책마저 반드시 붙여서 부른다. 정말 지겨울 정도로 방송이나 신문은 이런 한심한 일을 되풀이하고 있다. 조국 사태 때 TV에서 '조 전前장관'이 뉴스 한 꼭지에서 스무 번 넘게 쓰이는 것을 목격하기도 했다. 맨 처음에만 '조국 전 장관'이라고 하고 그다음부터는 '조씨' 혹은 '그'라고 하면 될 것 아닌가. 쉴새없이 '조 전장관'을 읊어대니 말하는 아나운서나 듣는 나나 정말 피곤했다.

"야당이 조 전장관을 비난한 것을 두고 조 전장관이 일고의 가치도 없다고 한 데 대해 야당은 조 전장관이야말로 장관이 되기 전에 한 말을 돌아보라며 조 전장관을 공격했다. … "

이렇듯 호칭에 민감하니 서술어도 호칭에 맞는 말이 정해져 있다. '어른'께는 '묻다'나 '말하다'가 아니라 '여쭙다'를 써야 한다. 실상은 어떤가. 내가 어쩌다 젊은 사람으로부터 듣는 말은 '관장님이 제게 여쭈신 말씀을 들으니…'이다. 늙은이가 손자뻘인 사람에게 여쭈었다고 말하는 세상이다.

또 있다. '머리'와 '대가리'처럼 사람용과 사물용 어휘를 구분해야 하니 사람에게는 '태우다'를 쓰고 물건이나 짐승에게는 '싣다'를 써야 한다. 그러나 신문이나 방송이나 일상에서 늘 듣는 말이나 글은 '급한 환자를 **싣고** 달리던 앰뷸런스가…' '정원을 넘겨 낚시꾼을 **실은** 배는…'이다. 환자나 일꾼은 짐짝이 아니다. 사람이다. 그러니 '싣고' '실은'이 아니라 '태우고' '태운'이다.

우리나라에서 만담꾼이나 코미디언이 라디오 방송이나 영화에 출연하면서부터 '우습다'는 말이 '웃긴다'는 말에 밀려나더니 이제는 아예 사어死語가 되어버렸다. '우스웠어' '우스워서 혼났어'는 사라지고 '웃겼어' '너무 웃겨서 죽는 줄 알았어'만이 쓰인다. '웃긴다'는 상대가 나로 하여금 웃게끔 만든다는 말이다. 풍기는 뉘앙스는 '가소롭다' '강보에 싸인 아해 어른을 웃기난다'이니 조심히 가려 쓸 말이다. 그러나 요즘은 아이들조차 아버지든 할아버지든 우스운 소리를 하면 우습다고 하지 않고 웃긴다고 한다. 아버지나 할아버지가 어린아이를 가소롭게 한다니 우스운 세상인지 웃기는 세상인지 정말 모르겠다.

앞서 말한 영국 얘기를 좀더 하자면, 토일렛은 중류 이하 계층이 사용하는 말이다. 영국에서 상류층은 loo를 쓴다. 만약 미들턴 어머니가 loo를 썼다면 영국 미디어들은 어떻게 반응했을까? 아마도 완곡婉曲 관용구인 '편안한 장소(place of easement)'를 쓰지 않았다고 또 문제 삼았을 것이 틀림없다. 완婉이란 '은근하다'이고 곡曲이란 '휘다'라는 뜻이므로 완곡어란 듣는 이가 불쾌하지 않도록 부드럽게 돌려서 하는 말이다. 미국인이 nigger(검둥이) 대신 African American(아프리카계 미국인)이라고 표현하는 것이 그 예다.

완곡어와 비슷한 우리말은 '에두르다'이다. 상대가 난처해질 일을 바로 건드리지 않고 둘러서 말해 상대로 하여금 그 뜻을 짐작케 한다는 뜻이다. 그런데 지금은 시정 잡배나 국회의원이나 직설적으로 말하는 것을 사내다움이나 용기로 안다. 그런 시류이므로 에둘러 말했다가 상대가 알아듣지 못하고 동문서답하면 그런 낭패가 없다. 다른 것은 몰라도 말이 통하지 않으면 부부도 같이 못 산다고 한다. 옛사람은 대화가 통하는 기생을 해어화解語花(말을 알아듣는 꽃)라고 했다. 민속학자 이능화가 지은 기생 학술서 제목도 〈조선 해어화사朝鮮解語花史〉(1927년)이다.

다음 시 두 편은 에두르는 완곡 화법이 지닌 멋을 잘 보여준다. 당唐 주경여朱慶餘가 수부 벼슬 하는 장적張籍에게 보낸 은근한 수[酬]와 그에 화답한 멋진 작[酌]이다.

〈近試上張水部〉(고시가 임박해 장수부께 올림)

洞房昨夜停紅燭　待曉堂前拜舅姑　동방작야정홍촉 대효당전배구고

妝罷低聲問夫婿　畵眉深淺入時無　장파저성문부서 화미심천입시무

(새벽까지 신방에 촛불 밝히다/ 시부모께 절하려고 기다립니다

단장하고 서방님께 살짝 물었죠/ "그린 눈썹 유행에 어울리나요?")

(필자 졸역)

〈酬朱慶餘〉(주경여에게 화답함)

越女新粧出鏡心　自知明艶更沈吟　월녀신장출경심 자지명염갱침음

齊紈未是人間貴　一曲菱歌敵萬金　제환미시인간귀 일곡능가적만금

(단장하고 거울 앞 떠나는 마음/ 아름답다 알면서도 잔한숨 짓네

하얀 비단 귀한들 사람만 하랴/ 만금인들 절창에 어찌 비기랴)

(필자 졸역)

앞 시는 첫날밤을 보낸 새색시가 새벽같이 분단장을 마치고 시부모께 문안하기 앞서 새신랑과 속삭이는 정경을 그렸다. 그러나 담긴 뜻은 전혀 다르다. 제목에서 '고시가 임박해'(近試)는 시를 지은 시기가 아니라 고시를 앞두고 끌탕하는 수험생 심정을 암시했다. 그리고 시구에서 '내가 그린 눈썹이 유행에 어울리나요?'라고 질문함으로써 자기 시가 시험관 눈에 들지 어떨지를 장적에게 에둘러 물었다.

차마 직접 묻지 못한 후배에게 장적 역시 딴사람 얘기를 하듯 완곡하게 화답했다. '미인이라 할지라도 분단장 마치고 거울 앞을 떠날 때에는 뭔가 아쉽고 미진하게 느끼는 법'이라며, 그대 시는 만금에 필적한다고 격려했다. 멋진 수화酬和이다.

오래 전 **쌍**문동에 사는 **황**씨 성 가진 친구가 여러 사람이 모인 자리에서 편지 한 통을 보여주며, 우체부가 이런 편지도 제대로 전달하더라고 했다. 황씨 친구가 겉봉에 쓴 수신인 주소와 이름은 '서울시 도봉구 **황**문동 ○○번지 **쌍**도제 귀하'였다. 우체부가 편지를 보낸 사람 의중을 알아차리지 못하면 배달이 이루어질 수 없음을 각오한 일이니, 얼굴도 본 적 없는 사람끼리(송신인-우체부) 주고받은 기막힌 수작이었다.

'쌍'은 어쩌다 낮은 자리로 임하게 되었을까. 쌍은 '상'에서 왔다. 상常은 '항상' '언제나' '보통'이라는 뜻이다. 상민常民, 상常사람은 평민, 보통 사람을 뜻했다. 그들은 천대 받을 하위 계층이 아니었다. '놈'이 '사람'과 동의어로 쓰인 조선 중엽까지는 '상놈'이 '상사람'을 뜻하는 통속어通俗語였다. 백성 사이에 널리 통하고 쓰였다는 말이다. 이후 '상놈'이 '양반'과 대립 개념이 되면서 신분이 낮음을 나타내는 낮춤말이 되었고, 다시 '쌍놈'으로 발음되면서 비속어卑俗語가 되어버렸다.

'상'은 '쌍'이 된 뒤로 뒷말을 낮고 천하게 보이게 해주는 비속 접두사처럼 변했다. '상스럽다'는 '쌍스럽다', '상말'과 '상소리'는 '쌍말'과 '쌍소리'로 더 강한 소리를 내며 더 낮아지고 더 천해졌다. 누구나 쓰던 상소리가 욕설이나 외설어와 동급인 쌍소리가 되었다. 참 얄궂은 운명이라니! 쌍시옷을 두고는 '황문동 쌍도제' 같은 유쾌한 농담도 있지만, 2009년 골든글로브 시상식에서 록밴드 U2 리드 보컬이 한 수상 소감은 좀 심했다.

> 보노가 흥분해서 불쑥 내뱉은 말은 '정말이지, 씨발 기똥차게 멋진 상이네요!(This is really, really fucking brilliant)'였다. 미국 연방대법원은 이 사건을 심리하면서 '거친 성적 이미지를 예외 없이 연상시킨다'고 한 연방통신위원회 의견을 받아들였다.
>
> ⟨Holly Shit⟩ Melisson Mohr, 글항아리)

이렇게 불쑥 터뜨리는 욕은 극단적 감정을 강하게 표현하는 언어 도구이다. 강박관념을 해소하는 효과가 크다고 한다. 하지만 비속어는 다르다. '이빨'이나 '돼지 머리'는 분노 조절 장애로 터져 나오는 욕이 아니다. 비속어인 줄도 모르고 일상에서 무심히 쓰인다. 영어권 사람들이 하루에 아흔 번쯤 비속어를 사용한다는 통계가 있다. 우리나라도 그에 못지않으리라. 그 대부분은 무슨 말인지도 모르고 쓴다.

국어사전, 그 민낯

국어사전은 내 도반道伴이다. 집에도 있고 폰박물관 사무실 책상 위에도 펼쳐져 있다. 내가 사전과 친해진 것은 고등학생 때이다. 알량한 작문 실력을 가지고 어찌어찌 단편 소설을 두 번 썼는데, 세 번째부터 안 풀렸다. 잘 쓰려고 할수록 어휘 실력이 보잘것없음을 절감했다. 국어사전을 보려고 학교 도서관을 드나들었으나 사전은 도움이 못 되었다. 낱말에 대한 뜻풀이만 있을 뿐 내가 구사하고 싶거나 생각나지 않는 낱말을 찾아주지는 못했다.

직장 생활 5년째이던 1979년이던가. 고등학교 때 친구 다섯이 술을 마시던 자리에서 내가 불쑥 말을 꺼냈다.

"평생 하고 싶은 일이 있는데, 너희들 나 좀 도와 줄래?"

"그게 뭔데?"

모두가 내게 눈길을 모아 주었다.

"세상에 없는 국어사전. 아마 이삼십 년은 걸릴 거야."

"세상에 없는 국어사전이라니 어떤 거야?"

"사전을 자주 보는데 아쉬운 게 많아. 뭔가 새로운 게 필요한데, 이거다 하고 확실히 말하기가 어려워."

"……?"

"어쨌든 지금처럼 직장에 매여 밥벌이를 하면서는 해낼 수 없어. 하루 종일 들어앉아 책만 뒤져야 할 일이거든. 너희가 내 생활비를 보탠다면 도전해 보고 싶어."

글을 쓰다가 내가 고른 말이 2% 부족하다고 느낄 때가 많았다. 하지만 애면글면한다고 적확한 표현이 떠오르지는 않았다. 과녁 한가운데를 관중貫中할 낱말을 찾아줄 도우미가 간절했다. 그러나 그런 사전을 만들고자 감행한 일차 시도는 술자리에서 참을 수 없는 가벼움으로 끝났다.

연緣이란 그런 것인가 보다. 조금 방향이 달라졌지만 어쨌든 국어사전과 엮이고 말았다. 1978년 처음 원고료를 받자 나는 통문관通文館에 갔다. 이 노포老舖는 모르는 사람이 보면 그냥 인사동에 어울리는 고서적상이거나 헌책방이겠지만, 인문학 전공자에게는 옛 문헌 아카이브이자 공급처였다. 1934년 책방을 연 주인장 이겸로 선생은 뛰어난 감식안으로 진서珍書와 희귀본을 구해내고 〈훈민정음 해례본〉 〈두시언해〉 등 영인본을 많이 펴내 학계에 이바지한 바가 컸다.

서가 틈새에서 고서적을 뒤적이던 이겸로 선생이 흘러내린 돋보기 위로 나를 쳐다보았다. '이 시각에 웬 젊은이인가' 하는 표정이었다. 첫 원고료로 기념이 될 만한 책을 사러 왔다고 했더니 선생은 환히 웃으며 스승이 누구인지 물으셨다. 양주동·서정주·이병주 교수 얘기를 주고받는 사이 선생은 가죽으로 장정된 두툼한 책을 찾아서 내게 건넸다. 다이쇼(大正) 9년(1920년) 조선총독부가 만든 〈조선어사전〉이었다. 책등에 금박 소전체小篆體로 朝鮮語辭典이라고 쓰인 그 책은 단번에 나를 사로잡았다.

〈조선어사전〉은 1925년 우리나라에서 처음 나온 〈보통학교 조선어사전〉*보다 5년, 1938년 나온 본격적인 〈조선어사전〉(문세영)**보다 18년 앞섰다. 비록 표제어는 한글이고 설명은 일본어이니 일본 사람을 위한 한일韓日 대역사전對譯辭典이지만, 나중에 우리 힘으로 조선어 사전을 만들 때 기초 자료가 되었으므로 가벼이 여길 수 없다.

사전을 산 사람은 대개 낱말 한두 개를 찾아보기 마련이다. 내가 〈조선어사전〉에서 맨 먼저 찾은 말은 예전부터 좋아해온 '그냥'이었다. '일본이 만든 사전인데 있을까?' 있었다!

○ **그냥** (副) '其のまま'. (예) '그냥 내버려둔다'(まま放つて置く)

뜻풀이는 딱 한마디 '그대로其のまま'였다. '그냥'이 지닌 너른 쓰임새나 섬세한 감정과는 거리가 멀었지만, 일본 사람 보라고 만든 책이니 그냥 넘어갈 만했다. 몇 달 뒤 편집부서로 옮긴 뒤 거기 있는 〈국어대사전〉(이희승)에서 '그냥'을 찾아보았다.

---

*〈보통학교 조선어사전〉은 심의린이 만들었고, 표제어는 6,106 어휘이다. 보통학교 자습용이므로 최초 조선어 사전이라고 하기는 어렵다.

** 조선어사전편찬회 발기인 문세영이 만들었고 표제어는 약 10만 개다. 체제는 조선총독부〈조선어사전〉을 참고해 만들었으나 한글맞춤법통일안에 따라 표기된 첫 조선어 사전으로서 표준어 보급에 크게 이바지하였다.

○ **그냥** (명) (부) ① 변함없이 그 모양으로. ¶ ～ 두지는 않겠다. ②
그대로 줄곧. ¶ ～ 듣기만 하거라.

가장 기본적인 뜻풀이였다. 어려서부터 어머니한테 들으면서
느낀 어감에 들어맞는 풀이가 빠져 있었다. 10년 지나 1991년
나온 새로운 〈국어대사전〉(김민수)도 마찬가지였다.

○ **그냥** (부) 〔√ 그+-ㄴ-+√양(樣)〕① 어떠한 작용을 가하지 않고
그 모양대로. ¶ 이번만은 그냥 넘길 수 없다/ 문을 그냥 열어 두
어라/ 그냥저냥 산다. ② 그대로 줄곧 ¶ 아이는 밥도 먹지 않고 그
냥 울고만 있다.

또 8년이 지나 나온 〈표준국어대사전〉(국립국어연구원)도 대
동소이했다. '③ 아무런 대가나 조건 없이 ¶그냥 주는 거니?'만
추가되었을 뿐 딱 잘라 말하기 어려운 뉘앙스는 예시되지 않았
다. 충청도 사람이 많이 쓰는 '냅둬유'나 폴 매카트니 어머니가
아들에게 해준 'Let it be'를 단순히 '내버려 두라'로 해석할 수는
없지 않은가. 그것은 '그냥 냅둬유' '그냥 놔두렴'이다. 그리하여
훨씬 델리킷한 감정이 이심전심으로 공유된다.

'그냥'이 나타내는 감정은 다양하다. 그 중 몇 가지. "그냥 걸
었어"에는 '무심히' '하염없이' '무작정' '정처없이' '발길 닿는 대
로' 같은 감정이 담겼다. "내가 왜 좋아?" "그냥 좋아"라거나 "왜
그러고 서있어?" "그냥…"에서처럼 딱히 뭐라고 말하기 어려울
때도, 일일이 설명하기 귀찮을 때도 '그냥'이면 족하다. "차 놓쳤
다면서 어떻게 왔어?" "그냥 걸어서 왔지 뭐." 여기서 '그냥'은 어
쩔 도리가 없었다는 뜻이며 '하릴없이'로 바꿀 수 있다. "왜 울
어?" "그냥 눈물이 나오는 걸 어떡해"에서처럼 '나도 모르게' '괜

히' '까닭 없이'를 대체할 말이기도 하다.*

'그냥'에 대한 뜻풀이는 나를 실망시켰지만, 〈국어대사전〉(김민수)은 나에게 다른 선물을 주었다. 뜻풀이부터 보느라 어원語源 풀이를 지나쳤다가 나중에야 보았는데, 정말 놀라웠다. 우리말인 줄 알았던 '그냥'이 우리말 '그'와 한자어 '양(모양 樣)'을 합친 말 아닌가! 내가 그 뒤로 줄곧 어원에 흥미를 가지게 된 계기였다. '썰매'가 '설마雪馬'에서 왔음을 알았을 때 무릎을 쳤고, 우리말인 줄로만 알았던 '가량'이 한자어 가량假量이고, '무척'이 무척無尺(자로 잴 일 없다), 즉 '견줄 데 없이 매우'라는 뜻임을 알았을 때는 '정말(正+말)'로 남이 모르는 보물을 찾은 느낌이었다.

개잠(개改+잠, 아침에 깨었다가 다시 드는 잠) 기지개(기직氣直+애) 거지(←걸자乞子) 배코(←백회百會, 머리 꼭대기) 벼락(←벽력霹靂) 사냥(←산행山行) 짐승(←중생衆生), 퇴짜(←퇴자退字) 고샅(골+사이) 나비(←납이 ←나불이(나불나불+이), 부싯돌(불+쇳+돌)…

보물은 널려 있었다. 그러나 이렇게 짧은 어원이나 유래나마 밝히지 않은 경우가 훨씬 더 많다. '꽃게'를 보자.

○ **꽃게** [*Portunus trituberculatus*] 절지 동물 갑각류 꽃겟과의 한 종. 등딱지는 마름모꼴이고 집게발이 크고 길며, 나머지 발은 모두 넓적함. 몸빛은 흑자색에 푸른 무늬가 있음. 얕은 바다의 모래땅에 떼

---

* 1992년에 나온 〈우리말 큰사전〉(한글학회)에는 그나마 바로 이 '아무 조건이나 까닭 없이'가 세 번째 풀이로 추가되어 있었다. 예문은 '그냥 주는 거니까 받아' '그냥 보고 싶어서 왔지'.

지어 숨어 사는데 밤에 나오며, 6~7월에 산란함. 식용 게로 중요하며, 한국·일본·중국 등지에 분포함.

〈국어대사전〉(김민수)에 나온 풀이인데, 다른 사전도 엇비슷하다. 국어사전은 생물 도감이 아니다. 나보고 쓰란다면 학명과 생태보다는 어원 풀이 위주로 이렇게 쓰겠다.

○ **꽃게** 본디 이름은 곳게. 곳串이라는 글자 모양에서 알 수 있듯이 곳은 '(꼬챙이로) 꿰다' 혹은 '꼬챙이'라는 뜻이다. 그러므로 '곳게라는 이름은 등딱지 양쪽이 뾰족한 꼬챙이 같은 모양인 데서 유래했다. 한자로도 꼬챙이 곳串 자와 게 해蟹 자를 써서 곳해串蟹라고 했다'(이익 〈성호사설〉). '곳게'가 언제부터 '꽃게'로 잘못 쓰였을까. 1920년 조선총독부가 발간한 〈조선어사전〉을 보면 그 무렵 '곳串'은 '곳'이나 '곳'으로 표기되었다. '곳'과 관련해 쓰인 말로 표제어에 오른 어휘는 다음과 같다(괄호 안은 필자 주).

곳감 串柿 (곳시·나뭇가지로 꿰어 말린 꼬치 감)

곳게 蝤蛑がざめ (유모·바닷게)

곳 串くし=곳창이·곳치 (곳=꼬챙이·꼬치)

곳 花 (꽃)

 위 표제어들에서 보듯이 곳串을 두고 '곳'과 '곳이 함께 쓰이다 보니 차츰 '곳게(곳게)'가 '곳게(꽃게)'로 바뀌었으리라. 어두운 보라색 몸빛에 흰색 구름무늬가 아름다운 모습, 혹은 삶으면 빨갛게 변하는 현상도 '꽃게'로 바뀌는 데 일조했을 것 같다. 지금 국어사전들도 풀이말에 '화해花蟹'라고 덧붙였다. 꽃게는 집게발 말고는 모두 넓적해 그렇지 않은 게들과 달리 헤엄을 친다.

말이 생겨난 유래由來도 흥미를 자아낼 수 있다. 다음 표제어들에 대한 사전 풀이를 보자. (이 글과 다음 글에는 〈국어대사전〉(이희승, 민중서림 1982년) 〈국어대사전〉(1991년, 김민수 외, 금성출판사) 〈우리말큰사전〉(1992년, 한글학회, 어문각) 〈표준국어대사전〉(1999년, 국립국어연구원, 동아출판) 내용을 자주 인용했다. 내용이 비슷한 것은 넷을 종합해 짧게 줄여서 인용했다. 본문에서는 '이희승 사전' '김민수 사전' '큰사전' '표준 사전' 혹은 '李사전' '金사전' '큰사전' '표사전'으로 표기했다).

  ○ **구수회의**〔鳩首會議〕 여럿이 머리를 맞대고 의논함 (李·金·표 사전)
  ○ **국한**〔局限〕 범위를 일정한 부분에 한정함 (李·金·표 사전)
  ○ **양말**〔洋襪〕 맨발에 신도록 실이나 섬유로 짠 물건 (金·표 사전)
     실로 걸거나 떠서 만든 서양식 버선 (큰사전)

이렇게 간략하게 풀이하면 외국어처럼 외워야 한다. 최소한 다음과 같이 풀이해야 말이 지닌 의미를 정확히 알 수 있다.

  ○ **구수회의**〔鳩首會議〕 비둘기들은 마치 한 점을 중심으로 한 듯이 대가리를 가운데로 향하고 여러 마리가 빙 둘러서서 모이를 쫀다. 그래서 여럿이 머리를 맞대고 의논하는 모습을 '비둘기 구' '머리 수' 자를 써서 구수회의라고 한다. ('표사전'은 '비둘기들이 모여 머리를 맞대듯이'라는 말을 더했지만, '가운데를 향해 둥그렇게'를 빠트렸으므로 부정확한 풀이이다)

○ **국한**〔局限〕바둑은 가로 세로 열아홉 줄씩 그어진 바둑판을 벗어 나서는 둘 수 없다. 그리하여 범위를 일정한 부분에 한정하는 것 을 '바둑판 국' '한계 한' 자를 써서 국한이라고 한다. 국면, 국외, 판국이 다 바둑판을 빗댄 말이다.

○ **양말**〔洋襪〕양말을 '양발'이라고 잘못 발음하는 지방이 있는데, 서 양에서 들어온 문물이라는 뜻인 '바다 양洋'에 '버선 말襪'자를 더 해 서양 버선이라는 뜻이다.

사전을 펼칠수록 이렇듯 눈에 차지 않는 것이 자꾸 띄었다. 오 늘에 이르러 내가 국어사전을 개선하자고 꼽는 것은, 어원과 유 래를 밝히자는 것과 함께 한두 사례를 곁들인 일곱 가지이다.

○ 표제어가 틀렸다

네 사전에는 **눈깔사탕**만 표제어에 올라 있다. 그러나 예전에 시 중에서 팔린 것은 '말눈깔사탕'이었다. 나도 어려서 여러 번 사 먹었는데, 짙은 갈색 사탕 속에 땅콩 반쪽이 들어 있고 겉은 굵 은 사탕가루로 버무렸다. 지름 3.5cm 정도로 실제 말 눈깔 크기 와 얼추 같았다. 아이가 입에 넣으면 꽉 차서 굴릴 수가 없을 정 도로 컸다. 그 말눈깔사탕이 사전에서 슬그머니 '눈깔사탕'으로 바뀌었다. 말 눈깔이 사람 눈깔로 바뀌었으니 이는 비속어일 뿐 만 아니라 사탕이 사람 눈알보다 훨씬 크므로 틀린 말이다('큰사 전''國사전'이 같거나 비슷한 말이라고 든 알사탕은 한참 뒤에 나온 드 롭푸스 사탕이다).

'김민수 사전'에 나온 **걸프 전쟁** 표제어도 틀렸다. 이는 만灣·gulf

에서 일어난 전쟁이라는 보통명사이다. 1990년 이라크가 쿠웨이트를 침공한 전쟁은 호르무즈 해협을 낀 페르시아 만에서 일어난 전쟁이므로 고유명사를 써야 한다. 전쟁 당사국들과 전세계 미디어는 **페르시아 만 전쟁**the Persian Gulf War이라고 제대로 쓴다.

○ 틀린 풀이와 내용이 많다

김민수 사전은 '대게'가 한국산 게 중에서 가장 크다고 하면서 '大게'라고 표시했지만 아니다. 여기서 '대'는 다리가 곧게 뻗은 모양이 대나무 같아서 붙은 우리말이다('큰사전'은 '꽃게=바다참게' [大게]라고 했고 '표사전'은 '大'자를 쓰지 않았지만, '대'가 붙은 유래는 밝히지 않았다).

'김민수 사전'은 '나이'를 풀이한 다음에 고맙게도 '나이의 여러 이름'을 추가했는데, 그 내용이 잘못되었다.

> ○ 15세 지학志學, 20세 약관弱冠, 30세 이립而立, 40세 불혹不惑, 50
> 세 지명知命, 60세 이순耳順, 70세 고희古稀, 77세 희수喜壽, 88세
> 미수米壽

이렇게 〈논어〉〈예기〉와 파자破字에서 유래한 말들을 뒤섞어 놓으면 뜻풀이에 일관성이 없다. 게다가 〈논어〉에 나오는 종심從心(70세)을 빠뜨렸다. 먼저 〈논어〉에서 나온 말(지학·이립·불혹·지명·이순·종심)을 소개한 다음 〈예기〉에 나오는 약관·강사强仕(40세)·애년艾年(50세)·장향杖鄕(60세)과 파자破字·간지干支·시詩에서 유래한 말들을 소개하는 것이 옳다.

한 사전에서 같은 사물을 두고 달리 표기된 일도 많다. '김민수 사전'에는 표제어에 '장승요'로 오른 중국 화가가 '화룡점정' 풀이에는 '장승유'로 되어 있다. 요繇는 '유'로도 읽지만 화룡점정 일화 주인공 이름은 '요'가 맞다.

예문이 표제어와 정반대로 틀린 경우도 있다. 아래 예문에서 '스스럽게'는 '스스럼없이'로 바꿔야 한다.

○ **스스럽다** 사귀어 지내는 사이가 그리 두텁지 못하여 조심스럽다.

¶ 강영준씨는 과묵한 데다가 지나치게 예의가 깍듯하여 **스스럽게** 지내기가 어렵다. (金사전)

○ **어설픈 풀이가 많다**

'에멜무지로'라는 말을 국어사전들은 이렇게 풀이했다.

① 언행을 헛일 겸 시험 삼아 (李사전)

② 헛일하는 셈치고 시험 삼아 (金사전)

③ 결과를 바라지 아니하고, 헛일 겸 시험 삼아 하는 꼴 (큰사전)

④ 결과를 바라지 아니하고, 헛일하는 셈치고 시험 삼아 하는 모양 (표사전)

'헛일하는 셈치고'나 '시험 삼아'나 같은 뜻이니 ② 풀이는 중언重言이다. 그것은 ①을 고대로 베낀 풀이다. ③과 ④는 거기에 같은 뜻인 '결과를 바라지 아니하고'를 또 붙였다. 부언附言이다. 그뿐일까. '에멜무지로'는 부사이므로 '시험 삼아'라고 부사로 풀이해야 하는데, '시험 삼아 하는 **꼴, 모양**'이라고 명사처럼 풀이해 1938년 문세영이 〈조선어사전〉에서 확립한 '표제어와 같은 품사로 풀이하기' 원칙까지 저버렸다.

○ 오·탈자와 부적절한 어휘가 많다

10만 어휘 안팎인 예전 국어사전을 한글학자 한 사람이 10년, 20년 뼈를 깎는 노력으로 만들었다면, 수십만 어휘를 수록한 나중 국어사전은 제자들을 동원해 겨우 몇 년 걸려 만든 탓에 오류가 너무 많다. 자장면 풀이 오자誤字는 애교 수준이다.

> ○ **자장면**〔중 酢醬麵〕중국 된장에 고기를 넣고 비빈 국수 (李사전)

여기서 酢는 '신맛 초' 혹은 '술잔 돌릴 작' 자이다. '기름에 튀길 작炸' 자를 쓸 곳에 잘못 썼다. '교정은 평균 9교를 거듭하여 오류 없기를 기하였거니와'(李사전 초판 머리말)라는 말이 무색하게 20년간 31쇄를 찍도록 방치하고, 수정증보판에서도 고치지 않았는데 변명할 수 있을까. 위 풀이에서처럼 채소 없이 고기만 넣은 짜장면도 나는 본 적이 없다. 다음에 드는 예문에서는 아주 쉬운 상식조차 틀렸다. **국회**는 **연방의회**나 **의회**라야 맞다.

> ○ **경제 교서**〔經濟敎書〕미국 대통령이 매년 정기적으로 **국회**에 제출하
> 는 경제 부분에 관한 연차 교서 (李사전)

○ 사전에 없는 말이 많다

李·金·큰 사전에 '무덤덤하다'는 없고 '덤덤하다'는 있다. 그렇다면 '무덤덤하다'는 사람들이 제멋대로 없을 무無 자를 붙여 덤덤하지 않다는 뜻으로 쓰는 말이기에 빠졌을까? 아니다. 이 둘은 비슷한말일 뿐 별개 어휘이다. '무'는 '무無'가 아니라 우리말이다. 같은 사례로 '뚝뚝하다'와 '무뚝뚝하다'도 비슷한말이고 따로 올라 있다. 언문으로 쓰인 옛 책에 나오는 '시러곰'(능히) '처음 따님'(첫딸) 같은 옛말들이 '큰사전' 제4권 '옛말과 이두편'에조

차 없는 것도 나를 실망시켰다.

- ㅇ 엇디 **시러곰** 자바내리오 (어찌 능히 잡아내리) (《두시언해》)
- ㅇ 화평옹주는선희궁**처음쓴**님으로영묘겨오셔 (和平옹주는 宣禧宮 첫째 따님이라. 영조 대왕께서) (《한듕록》)

ㅇ 풀이말이나 예문에 나온 어휘가 표제어에는 없다

ㄱ을 찾으면 ㄴ으로 가라 하고, ㄴ을 찾으니 다시 ㄱ으로 가게 하는 황당한 일이 비일비재하다. 李·國 사전에서 '고통'을 찾았다가 '고통'으로 돌아온 예. '**고통**→ 괴로움과 아픔' '**괴로움**→ 고통' '**아픔**→ 고통'. 또 예문이나 풀이에 나온 어휘 뜻을 몰라 표제어를 찾으면 없는 경우도 많다.

- ㅇ **게트림** 거만스럽게 거드름을 피우며 하는 트림. ¶ **거들빼기**로 석 잔을 해치우고서야 으으윽 게트림을 했다. (하근찬 〈수난시대〉) (金사전)

'거들빼기' 뜻을 몰라 표제어를 찾았더니 없었다. 다른 사전에도 없다. '화냥년'도 그렇다. 혹자는 병자호란 후 청나라에 끌려갔다가 돌아온 환향녀還鄕女에서 유래했다고 하지만, '김민수 사전'은 '화랑花娘＋년'이라고 어원을 밝혔다. 그래서 '화랑' 표제어를 찾았으나 없어서 다른 경로를 통해 화랑花娘이 중국에서 '창녀' 뜻으로 쓰임을 알아냈다('큰사전'에는 화냥년에 대한 어원 풀이가 없고, '표사전'에는 '화랑＝노는계집'이라고 나와 있다).

ㅇ 자료로 활용하지 못한다

방언들은 사전 여기저기에 흩어져 있다. 애초 한군데 모은 자료를 다시 가, 나, 다 순으로 분산했을 터이다. 그러지 않고, 가령 고양이를 가리키는 방언 28개를 앞서 '나이의 여러 이름'처럼 한 군데 모아놓았다면 참 편했겠다.

고개 고내 고내기 고내미 고냉이 고냥이 고내 고닝이 고애 고앵이 고양 고얘 고앵이 고이 광지 광차위 괘 괘내기 괘냉이 괘이 괴 괴대기 괴더기 괴데기 괴앵이 굉이 귀앵이 귕이

여기에 요즘은 고양이를 '냥이'라고 부르는 사람이 많고, 집 없는 고양이를 '길냥이', 개처럼 사람 잘 따르는 고양이를 '개냥 이'라고 부르는 것도 덧붙인다. 또 고양이와 관련된 어휘(괭이잠, 도둑 고양이, 집괭이…)와 속담, 거기에 옛말과 방언이 '괴'임을 밝 히고 이런 설명도 곁들인다면 어떨까. '글씨를 되는 대로 갈겨 쓰 는(써놓은) 모양을 '괴발개발'*, 아무렇게나 조리 없이 지껄이는 말을 '개소리괴소리'라고 한다'.

같은 사물을 두고 달리 불리는 말도 한 군데 모으면 훌륭한 자료이다. 명태에 딸린 예순 가지 이름 중 몇 가지를 보자.

깡태 딱딱하게 마른 명태 **노가리** 명태 새끼 **더덕북어** 얼부풀어 더덕처 럼 마른 북어. 황태 **동태** 얼린 명태 **망태** 그물로 잡은 명태 **먹태** 갑자기 추워져 껍질이 검게 변한 명태. 흑태 **백태** 갑자기 추워져 껍질이 희어 진 명태 **무두태** 대가리를 떼고 말린 명태 **북어**北魚 북해에서 잡히는 명 태. **북어** 바짝 말린 명태. 건태 **생태** 잡은 그대로인 명태 **짝태** 소금을 살짝 뿌려 말린 명태. **코다리** 꾸들꾸들하게 반만 말린 명태…

아 -! 그래도 국어사전은 내 도반이다!

---

* 흔히 말하는 '개발새발'은 틀린 말이었는데 2011년 복수 표준어가 되었다.

구글링을 꿈꾼 국어학자

○ 고도리를 아시나요?

썰렁한 질문이다. 일본어 모르는 사람도 '다섯' 고ご와 '새' 도리とり가 합쳐진 말임을 안다. 새 다섯 마리는 고스톱에서 소리 높여 'go!'를 외칠 수 있는 5점짜리 약約이다. 집안 어른들 옆에서 구경하는 아이들도 알고, 국어사전에도 올라 있다.

그렇다면 ごとり에 밀려난 또 다른 고도리를 아시나요? 그것은 자그마치 스물다섯 가지 방언으로 불릴 만큼 우리네 삶과 가까웠던 고등어, 바로 그 새끼이다. 고도리가 우리말로 고등어 새끼임을 아는 사람은 많지 않다. 소리가 같고 뜻이 다른 말일 경우 많이 쓰이는 말이 그렇지 못한 말을 밀어내는 탓이다. 기약棄約(약속을 저버림)이 기약期約(때를 정해 약속함)에게 밀려나고, 과년瓜年(혼인하기 알맞은 나이)이 과년過年(시집갈 때가 지났다)에게 밀려 좀처럼 쓰이지 못한다.

194

○ '금자탑'이 '금짜탑'으로 발음되었던 일을 아시나요?

금자탑은 금자金字 모양(金) 세모꼴(△) 탑이라는 뜻이다.

○ 금자탑은 한어漢語에는 없는 말이다. 1910년대에 일본 사람이 '피라미드'를 번역하면서 '쇠 금金' 자와 같은 모양임에 착안해 이 말을 만들었다. 거대한 바위를 쉬지 않고 쌓아올린 것에 빗대어 '위대한 업적'이라는 뜻으로 사용하게 되었다.

일본 어원 사전이 주장한 위 글이 사실이라면 우리 사전들이 '금자탑' 풀이에 든 다음 예문은 일제 때 고초를 겪으며 한글운동을 이끈 주시경 선생과 한글을 욕보인 글이다.

○ 주시경 선생은 한평생 우리 말과 글을 연구하여 국어학의 발달에 찬란한 금자탑을 쌓았다 (金사전)

○ 민족 문화의 금자탑인 한글 창제는 길이 세계사에 빛날 것이다 (큰사전)

○ 한글은 우리 민족이 세운 찬란한 문화의 금자탑이다 (표사전)

다행히 일본 주장은 사실과 다르다. 1866년 〈영화자전英華字典〉에 먼저 나왔으니 중국에서 먼저 쓰인 말이다. 우리 사전들이 그 사실을 알고 썼다고 해도 한글 찬양에 굳이 19세기 '중국식 외래어'를 써야 했을까. 게다가 '위대한 업적'이라는 뜻은 일본 사람이 얹은 것 아닌가.

'금자탑'은 일본을 통해 우리나라에 들어와 10여 년간 '금짜탑'으로 발음되었다. 금자金字 모양 탑이라는 뜻이므로 당연했다. 1930년대에 위대한 업적이라는 뜻으로도 쓰이게 되면서 '금자탑'으로 발음되기 시작했다.

○ 국어와 상관없는 말이 사전에 올라 있음을 아시나요?

물경勿驚!(놀라지 마시라). 국어사전에 올라 있는 온갖 전문용어에는 아래와 같은 것도 있다. '이희승 사전'이 네 가지를 올리자 '김민수 사전'이 '나이키 엑스'를 추가했다.

○ **나이키**[Nike] 미군의 지대공 미사일의 주력을 이루는 유도탄. 지상에서 레이다로 유도하는 코맨드(command) 방식임

○ **나이키 에이잭스**[Nike-Ajax] 미국에서 개발한 지대공 미사일. 전장 6.4m, 중량 1000kg, 속도 마하 2.5, 사정은 50km.

○ **나이키 지우스**[Nike Zeus] 미 육군이 대륙간 탄도탄이나 중거리 탄도탄 요격용으로 개발한 미사일. 사정 약 380km, 속도 마하 4로 추정되며 핵탄두를 장비함. 고체 추진체 사용.

○ **나이키 허큘리즈**[Nike Hercules] 미국에서 개발한 지대공 미사일. 전장 12.4m, 직경 61cm, 중량 4,000kg, 속도 마하 3.5, 사정은 160km이나 개량형은 210km에 이름. 핵탄두 장비가 가능하며 고체 추진체를 사용함.

○ **나이키 엑스**[Nike X] 1960년대 미국에서 개발한 복합식 탄도탄 요격 미사일. '스파르탄'과 '스프린트'로 이루어짐.

○ 우리말이 한자어로 풀이된 것을 아시나요?

국어사전에서 '흑막'을 찾으면 '겉으로 드러나지 아니한 음흉한 내막'이라고 되어 있다. 외국인이나 한자를 잘 모르는 사람은 '음

흉'과 '내막'이 무슨 뜻인지 또 찾아야 한다. '큰사전'에는 '내막
=속내평'이라고 풀이되어 있다. '속내평'을 찾으면 '겉으로 드러
나지 않은 일의 실상'이라고 나온다. '음흉'과 '실상' 역시 한자어
로 풀이되어 있다.

　심지어는 순수한 우리말을 한자로 풀이한 것도 헤아릴 수 없
이 많다. '시나브로'를 국어사전에서 찾으니 '모르는 사이에 조
금씩 조금씩'이라고 풀이되어 있다. 아주 쉽게 제대로 된 우리말
풀이인데 이런 경우는 정말 드물다. '말미암다' 풀이에는 한자어
가 네 개나 쓰였다. 그 중 '현상' 하나를 이해하는 데만도 다섯 단
계를 거쳐야 한다.

> ○ **말미암다** 어떤 현상이나 사물이 원인이나 이유가 되다→ **현상** 눈앞
> 에 나타나 보이는 사물의 형상→ **형상** 물건의 생김새나 상태→ **상
> 태** 놓여있는 모양이나 형편→ **형편** 일이 되어가는 모양이나 경로,
> 또는 결과→ **경로** 지나는 길

　이러니 현상·사물·원인·이유까지 그 뜻을 찾아서 연결하고 정
리하자면 만만치 않은 인내와 조어造語 능력이 필요하다.

○ 우리가 써온 뜻을 바꾼 일본식 한자어를 아시나요?

오랜 세월 우리가 써온 한자어가 일제 강점기에 일본에서 쓰이
는 뜻으로 바뀌어버린 것이 많다. 다음 어휘와 그에 대한 일본어
풀이는 1920년 조선총독부가 펴낸 〈조선어사전〉에 나온 내용,
즉 1920년 현재 우리 사회에서 통용되던 말뜻이다(둘쨋줄 뜻풀

이는 지금 쓰이는 일본식 말뜻임).

○ 國際(국제) 國と國との交際. 國交. (나라와 나라가 교제함)

　　　　나라와 나라 사이 관계, 세계 각국에 관한 일

○ 機關(기관) 運用の樞機. (일을 하는 데 가장 중요한 부분)

　　　　어떤 조직이나 단체, 기구

○ 發明(발명) 無罪を辯解すること (무죄임을 자세히 풀어서 밝힘)

　　　　새로운 기계나 물건을 생각해 내거나 만듦

○ 發祥地(발상디) 初代の帝王の出生地 (나라를 세운 왕이 태어난 곳)

　　　　큰 일이나 문명이 처음 시작된 곳

○ 放送(방송) 罪人を放免すること (죄인을 풀어주는 것)

　　　　음성이나 영상을 전파에 실어 보냄

○ 生産(싱산) 子を産むこと (자식을 낳는 것)

　　　　생활에 필요한 물건을 만들어 냄

○ 室内(실니) 他人の妻 (다른 사람 아내를 이르는 말)

　　　　방 안

○ **일본어인 줄 모르고 쓰는 말이 많은데 아시나요?**

일본 한자어가 우리 사전에 1만9,250개나 된다고 한다. 그런데도 그러한 사실을 밝힌 사전은 없다. 한 예로 '흑막'을 '겉으로 드러나지 아니한 음흉한 내막'이라고만 풀이했으니 사람들은 우리 한자어인 줄 안다. 일본 가부키歌舞伎에서는 무대 장면이 바뀔 때 분장과 배경을 바꾼다. 이때 검은 옷을 입고 배우를 시중드는 구로코くろこ·黑子가 관객에게 보이지 않도록 검은 장막(黑幕·くろま

<)을 쳤다. 그것이 점차 뒤에서 남몰래 조종하거나 선동하는 사람을 가리키는 말로 쓰이게 되었다. 그밖에 연출演出 각색脚色 따위 연극·영화계에서 쓰이는 말 거의가 유래를 몰라 우리 한자 지식으로는 해석할 길이 없는 말이다.

○ **우리 역사를 날조한 말들이 쓰이고 있음을 아시나요?**

어려서 고려장 얘기를 많이 들었다. 효孝를 강조하던 때여서 이상하게 들렸다. 우리가 그렇게 인륜을 저버린 민족일 리 없었다. 맞다. 고려장에 대한 기록은 일제 강점기 이전에는 어디에도 없다. 일제가 우리로 하여금 자기 비하를 함으로써 식민 통치에 순응하게 하려고 꾸며낸 거짓 이야기이다.* 이처럼 일본이 우리 역사를 날조하거나 비하한 말들이 아직까지 국어사전에 버젓이 올라 있다.

그들은 조선을 한 가문이 다스린 한낱 영지領地인 양 '이씨 조선'(이조)이라 하고, 명성 황후를 '민비閔妃'로 낮추었으며, 조선 사람이 스스로를 하찮게 여기도록 '엽전葉錢' 의식을 퍼뜨렸다. 그런데도 국어사전들에 나온 풀이는 그 내용을 그대로 담거나, 인정하는 듯한 설명만 달았다.

○ **고려장**〔高麗葬〕 늙고 병든 이를 산 채로 시체 묻는 구덩이에 두었다
  가 죽으면 그곳에 매장하였다는 고구려 때 풍속

---

* 일본에는 실제로 갓난아기나 병든 노인을 산에 버린 사실이 있었다. 우바스테야마うばすてやま, 즉 모사산姥捨山(늙은이를 버리는 산)이라고 불린 이 풍습은 에도 막부 제5대 쇼군인 도쿠가와 쓰나요시德川綱吉(1646-1709)가 이를 금할 때까지 있었다고 한다.

○ **엽전**〔葉錢〕 우리나라 사람이 스스로를 낮잡아 이르는 말

○ **이씨조선**〔李氏朝鮮〕 근세 조선을 임금의 성姓을 좇아 일컫는 말

○ **민비**〔閔妃〕 고종의 비妃(李사전), '＝명성황후'(金·표 사전) (표사전은 '일제가 조선의 격을 떨어뜨리기 위해 만들어낸 말'이라고 덧붙였다)

○ 일본 사전을 그대로 베낀 사례가 많은데 아시나요?

국어사전에 오른 일본식 한자어 2만여 개 풀이 대부분은 일본 사전 풀이를 베꼈다. 한 가지 사례로 '행복'을 보자.

(일본) 마음으로 충분한 만족과 살고 있는 기쁨을 느끼는 상태

(한국) 생활에서 충분한 만족과 기쁨을 느끼는 흐뭇한 상태

○ 일본 어휘와 일본 어법('~의')이 많이 쓰인 것도 아시나요?

○ **검사**〔檢事〕 …공소를 제기해서 법률의 적용을 청구하고 형벌의 집행을 감독하며…(李사전), 범죄의 수사, 공소의 제기, 공판 절차의 추구, 형행의 감독 등을 행하는… (金사전)

○ **깍둑썰기** 칼로 **야채**를 써는 방법의 하나 (李·金·표 사전)

○ **국제 안데르센상** …국제적인 **아동** 문학상… (金·표 사전)

○ **페스티벌**〔festival〕＝**축제** (金사전)

○ **화중지병**〔畵中之餅〕 그림에 떡(李사전), 그림의 떡 (金·큰·표 사전)

'검사' 풀이에 나오는 **의**는 6개 모두 빼내 버려야 글이 산다. 깍둑썰기에 나온 **'야채'**는 사리에 맞지 않는 일본어이므로 '남새'나 '채소'가 맞다. **'아동'**과 축제는 '어린이'와 '축전'으로 써야 한다. '그림에 떡' '그림의 떡'은 '그림 속 떡'으로 바꿔야 한다.

순수한 어휘 사전이던 우리 국어사전이 어쩌다가 이렇게 일본식 한자어가 구석구석 스며든 잡학 사전으로 바뀌었을까. 1만 1,172자를 조합하고 2,793 음절을 발음할 수 있는 한글이 한자를 베껴 기껏 50 글자를 쓰는 일본어에 36년간 억눌리다가 풀려난 지 벌써 75년이다. 억눌린 기간보다 두 배나 긴 세월이 흘렀는데 아직도 그렇다.

1938년부터 1957년 한글학회가 〈큰사전〉을 내놓기까지 한글 지킴이들이 만든 국어사전 몇 가지는 우리가 써온 말을 담은 어휘 사전이었다. 그들이 속했던 한글학회는 한글로 민족 정체성을 찾고 한자를 몰아내자는 언어민족주의 본산이었다. 하지만 학연으로 똘똘 뭉친 것이 아니라 나라를 사랑하는 한 사람 한 사람이 모인 힘 없는 집단이었다. 한글 교육과 보급도 사숙私塾 (글방) 수준이었다.

경성제국대학 조선어문학과에서 공부한 사람들은 달랐다. 그들은 국가가 지원하는 학문, 즉 관학官學 출신이었다. 조선어 학자인 오구라 신페이(小倉進平)에게 배웠다는 자부심도 컸다. 오구라는 동경제대 졸업 후 조선총독부에서 일하며 총독부 후원을 받아 조선어를 연구했다. 신라 향가와 이두를 처음 연구해 경성제대 교수이던 1926년 박사 학위를 받았고, 동경제대 교수를 지냈다. 나중에 양주동이 그 학설이 틀렸음을 밝혀냈지만, 총독부 권력을 등에 업고 지적 권위를 누린 관학 아카데미즘이 제자들에게 끼친 영향은 컸다. 그는 언어를 과학 이론으로 분석하는 것이 언어학자가 할 일이라며 한글운동을 한쪽에 치우친 언어민족주의라고 배척했다.

오구라에게 배운 이희승은 서울대 국문학과 교수이자 문리대 학장이던 1961년 〈국어대사전〉을 내어놓았다. 수록한 어휘는 23만. 그때까지 널리 쓰이던 〈조선어사전〉(1938년. 문세영. 10만 어휘 수록)과 〈표준 한글 사전〉(1948년. 이윤재. 7만5천 어휘 수록)* 을 단숨에 눌렀고, 한글학회 〈큰사전〉 (1957년)** 에 수록된 어휘 (16만4,125)도 뛰어넘었다. 사전에 오른 한 나라 어휘가 4년 만에 44%가 늘어났다. 일찍이 없었고(未曾有) 전에는 들어보지 못한 (前代未聞) 일이었다. 그때까지와 달리 온갖 분야 용어에 외국어 까지 넣어 어휘 수를 늘린 결과였다(아래 보기 표제어 중 ●표시 표 제어는 국립국어연구원 〈표준국어대사전〉에까지 그대로 이어졌다).

- ● **앙리 이세**〔Henri II〕 프랑스 국왕. 왕권 강화에 힘쓰고…
- ● **앙코르 톰**〔Angkor Tom〕 앙코르에 있는 유적의 하나. …
- ○ **유 에스 스틸 회사**〔United States Steel Coporation〕 미국의 세계적인 제강製鋼 회사. …
- ● **증기 밀도 측정법**〔蒸氣密度測定法〕 증기 밀도를 측정하고 그로부터 보일샤를(Boyle-Charle)의 법칙 및 게이뤼삭(Gay-Lussac)의 법칙에 의하여 기체의 분자량을 측정하는 방법
- ○ **굿 디자인**〔good design〕 좋은 의장意匠의 뜻

---

* 1947년 초판 제목은 〈표준 조선어 사전〉이었으나 1948년 재판부터는 〈표준 한글 사전〉으로 바뀌었다. 1950년에는 다시 〈콘사이스 표준한글사전〉으로 바뀌었다. 이 사전은 모든 한자어나 외래어 머리에 「 표시를 해 순우리말과 구별했다.
** 광복 전 시작할 때는 〈조선말 큰 사전〉이었으나 28년간 우여곡절을 겪고 1957년 〈큰사전〉으로 제목을 바꾸어 완간했고, 1992년 〈우리말 큰사전〉으로 바뀌었다.

- **굿맨**〔GoodMan, Benjamin〕미국의 재즈 클라리넷 연주자
○ **굿-바이**〔Good-bye〕작별할 때 '안녕히 계셔요' '안녕히 가셔요'의 뜻으로 하는 인사말

국어사전을 어휘 사전이라고 할 수 없을 정도로 뒤바꿨다면, 수긍될 만한 명분과 그것을 합리화하는 말들을 머리말에 내놓아야 한다. 그러나 '일러두기'에 딱 한 문장을 넣었다. '이 사전은 국어사전이면서 백과사전이나 각종 전문 사전의 구실을 겸할 수 있도록 엮었다.' 이에 대해 한글학회는 〈큰사전〉 증보판인 〈우리말 큰사전〉(1992년. 어문각) 머리말에 슬픔과 분함이 북받친 마음을 이렇게 담았다.

'우리말 아닌 말들이 많이 섞여서, 겨레말을 더럽혀 가고 있음을 보고, 견디다 못해 지금으로부터 이십여 년 전에 〈큰사전〉을 고치고 깁는 일에 손을 대기 시작하였다.'

'실로 100여명의 인원의 협력을 얻어, 근 6년이란 세월을 들여서' 사전을 만들었다는 머리말에 걸맞게 이희승 사전 1982년 수정증보판은 42만 어휘를 수록했다. 늘어난 19만 개 중 '가스gas'는 관련 어휘가 97개나 올라있다. 가스 계량기, 가스관, 가스 용접, 가스 터빈 발전, 가스 폭발…. 신문 사고事故 기사에나 나올 '가스 폭발'은 생급스럽기 그지없다. 외국어뿐만 아니다.

○ **교수 자격 심사 위원회**〔敎授資格審査委員會〕교육법의 규정에 …
○ **국제 질소 카르텔**〔國際窒素Kartell〕합성 기술의 발달과 세계공황에 의한 질소 비료의 생산 과잉으로 초래되는 심한 …

○ **공동 텔레비전 수신 방식**〔community antenna television system :CATV〕
수신 조건이 나쁜 지역을 위한 … 수신 가능한 채널에 대해 증폭
하여 동축 케이블로 각 가정에 공급함

이처럼 한자로 표기된 파생어 복합어 전문용어 들이 국어사
전에 오를 말인지는 독자가 판단하시라. '국제'라는 말이 들어간
표제어는 395개, '공동'이 든 표제어는 139개에 이른다. 인명사
전이 아닌데 김씨 성 인물만도 362명이 올라 있다. 이희승 사전
에서 한자어 비율은 70%가 넘는다고 한다. 우리말 가운데 70%
가 한자어라는 말이 나돌게 된 연유이다. 이는 한글과 한자를
함께 쓰자는 이희승 학파 주장에 근거로 쓰이기도 했다. 일본식
한자어들도 내력을 밝히지 않은 채 일본 사전 풀이 대로 수록했
다. 일본 사전을 베꼈다는 말은 여기서 나온 듯하다.

한글학회 '큰사전'(1957년)에 실린 올림말(표제어)은 우리
말 16만4,125개였다. 그것이 표제어를 급격히 늘린 '이희승 사
전'(1961년 23만, 1982년 42만)을 거쳐 '표준 사전'(1999년)에 이르
자 51만으로 늘어났다. 우리말이 '큰사전'보다 5만5천여 개 늘기
도 했지만, 한자어가 29만 개나 보태졌다. 그 수치는 표제어에서
무려 57%를 차지한다.*

사전辭典은 어휘를 모아 담고 사전事典은 사물이나 사항事項을

---

* '큰사전'에 실린 우리말 16만4,125개 가운데 순수한 우리말은 7만4,612개(45.5%), 한자어에
서 온 말은 8만5,517개(52.1%), 외래어 3,968개(2.4%)이다. '표준 사전'에 실린 우리말 22개
가운데 순수한 우리말은 11만8,800개(54%)이고, 한자어에서 온 말은 7만7,000(35%), 외래
어는 2만4,200(11%)이다.

담는다. 일부 학파가 사물 사전을 만들고 '국어대사전'이라고 내세운 것은 크게 잘못된 일이다. 앞서 '김민수 사전'에 나온 '나이키 엑스' 미사일이나 '증기 밀도 측정법'에서 보았듯이 '이희승 사전' 이후 나온 사전들은 대부분 '이희승 사전'에 수록된 사물·사항 어휘를 포함해 만든 잡학·백과 사전이 되어버렸다. 그 사전들은 순수 어휘 사전들을 누르고 시장을 점령했다.*

이희승 학파는 '국립'이라는 학문 권력을 차지했다. 그리고는 학계 모두로부터 공인되지 않았음에도 그들이 만든 사전 제호에 '표준'이라는 말을 썼다. 그것은 내 어렸을 적 '표준 수련장'과는 차원이 다르다. 누가 감히 국립 기관이 낸 '표준 사전' 말고 다른 사전을 찾겠는가. 그 결과는 문화 권력 독점이다.

〈표준국어대사전〉 어휘 늘리기가 50만을 넘어선 지 어느덧 20년이 더 지났다. 하지만 휴대전화로 무엇이든 구글링하는 세상이 되었으니 누군가가 꿈꾸었던 잡학 구글링은 이제 부질없는 50만이 되었다. 무에는 독기 없애는 성분이 있어 각독기刻毒氣라고 한다. '깍두기'가 여기서 나온 말이라고 하는데, 여부與否를 가릴 길 없다. 깍두기 어원이 사전에 없기 때문이다. 늦었지만 소중한 인력을 어원과 유래를 밝히는 데 써야 한다. 쪽수 7,308, 두께 25cm, 무게 11kg, 27만원! 지나치게 방만하고 값이 엄청나 판매를 스스로 포기한 잡학 사전이 아니라 진짜(眞+짜) 국어 사전과 방언사전을 가볍고 싸게 만들어 보급하기 바란다.

---

* 정도가 좀 덜하지만 〈큰사전〉마저 1992년 내놓은 증보판 〈우리말 큰사전〉에 외국어와 한자어를 많이 실었다. 4,828쪽에 수록된 어휘 수를 한글학회는 왜 밝히지 않았을까. 1957년에는 머리말에 16만 4,125 어휘를 실었다고 당당히 밝히지 않았던가.

지금 쓰는 한글이 되기까지

에피소드 #1

어느 날 〈옥누몽玉樓夢〉 원본을 읽다가 이 대목에 이르렀다. '엇지 당랑이 수릐박회를 막음 굿지 아니리'. 수릐박회 뜻은 몰랐지만 당랑이란 말에서 당랑거철螳螂拒轍을 생각해냈다. 사마귀가 겁 없이 팔을 벌리고 수레바퀴를 막는다. 옳거니! 그렇다면 '수릐박회'란 수레바퀴라는 말이렷다.

그러자 박회는 어디에서 온 말이며, 어떻게 바퀴가 되었는지 궁금해졌다. 먼저 〈옥누몽〉 이전. 다산 정약용이 어원을 설명한 〈아언각비雅言覺非〉에서 '륜輪을 박회라고 한다'는 글을 찾았다. 박회는 중간 '섃리'일 테니 더 거슬러 올라 원조 '붏휘'를 찾아야 했다. 결국 〈월인석보〉와 〈두시언해〉에 실린 〈우제偶題〉에서 '바회'를 찾아냈다(남들은 어떤지 모르지만 나는 이런 일이 너무 재미있다).

〈옥누몽〉 이후는 초창기 소설들에서 찾기로 했다. '바퀴'가 표준어가 된 때가 1930년대이니 1900년대 신문에 연재된 첫 신소설 〈혈의 누〉, 1910년대 첫 근대 소설 〈무정〉, 1920년대 단편 소설들이 그 대상이다. 석 달 동안 원전原典들을 독파讀破해 밝혀 낸 '바퀴' 내력은 이렇다.

○ **바회**··· 무틔술윗**바회**맛靑蓮花ㅣ나며 (《월인석보》 권2 1459년)

　　　(뭍에 수레바퀴만한 청련화가 나며)

○ **바회**··· 술윗 **바회**를 혼갓 ᄒᆞ마 쎠홀 ᄲᅮᆫ이로다 (《두시언해》 1481년)

　　　(수레바퀴를 오직 깎을 뿐이로다)

○ **박회**··· 車只有輪方言曰**朴回** (《아언각비》 1819년, 정약용)

　　　(수레에 달린 륜을 우리말로 박회라 한다)

○ **박회**··· 당랑이수릐**박회**를막음ᄀᆞᆺ지아니리(《옥누몽》 1840년께)

　　　(당랑이 수레바퀴를 막음 같지 않으리)

○ **박쾨**··· 갓다왓다ᄒᆞ는人力車**박쾨**소리 (《혈의 누》 1906년, 이인직)

　　　(갔다왔다하는 인력거 바퀴 소리)

○ **박쾌**··· 갓다 왓다ᄒᆞ는 인력거 **박쾌**소리 (《혈의 누》 단행본, 1907년)

○ **박휘**··· 챠**박휘**가괴도에갈리는소리조차 (《무정》 1917년, 이광수)

　　　(차바퀴가 궤도에 갈리는 소리조차)

○ **바쿠**··· 눈을감은듸로챠**바쿠**쇼리를헤엇다(《무정》)

　　　(눈을 감은 대로 차바퀴 소리를 세었다)

○ **박휘**··· **박휘** 輪 (《조선어사전》 1920년, 조선총독부)

○ **바퀴**··· **바퀴**도 어떠케 속히 도는지(《운수 조흔 날》 1924년, 현진건)

○ **바쾨**··· (※ 이 말이 쓰인 원전은 찾지 못했으나 1933년 한글 맞춤법 통

일안에 '바퀴'에 밀린 비표준어라고 기록됨. 필자 주)

○ **바퀴**⋯ **바퀴**(輪) (《조선어 표준말 모음》 1936년, 조선어학회)

〈조선어 표준말 모음〉 이래 우리는 '바퀴'를 표준어로 쓰고 있다. 이 책은 조선어학회(한글학회 전신)가 처음 펴낸 우리말 사전이다. 여덟 가지나 쓰인 말이 '바퀴' 하나로 정리된 것은 사전만이 지닌 힘 덕분이다. 여기에서 우리는 사전이 여러 가지 어휘 중 하나를 표준어로 정하는 구실을 했음을 알게 된다. 표준어를 정하는 일은 어떻게 했을까?

에피소드 #2

"먼저 강아지부터 손드십시오."

"이번엔 개새끼 손드십시오."

세다가 헷갈렸는지 이런 질문에 이런 대답도 나왔다.

"강아지라고 했나요?"

"아니오, 나는 개새끼요."

〈동물농장〉이 아니다. 〈금수회의록禽獸會議錄〉*도 아니다. 개·소·말이 낳은 새끼를 무엇이라고 부를지 다수결로 표준어를 정하는 자리였다.

1935년 1월 온양 온천에서 열린 조선어학회 표준어 사정 회의. 여기에 국어학자는 물론 김활란 백낙준 안재홍 유진오 등 각계를 대표하는 인사 72명이 참석했다. 일제 강점기였으니 조선

---

* 안국선이 1908년 발표한 신소설

인 모임으로는 거국적이라고 할 만했다. '아지'를 내세운 사람은 이희승, '새끼'를 주장한 사람은 최현배. 결국 '강아지' '송아지' '망아지'로 결정되자 최현배가 발끈했다. 그는 자리를 박차고 나가면서 이렇게 외쳤다고 한다.

"그래도 나는 개새끼 소새끼다!"

'개새끼' 근거는 이렇다. 고려 어휘가 채록된 〈계림유사〉(1103년)에 한자음을 빌려 개를 가희라고 했고('狗日家稀'), 〈월인석보〉에는 가히라고 했다('狗遁가히라'). 〈두시언해〉에도 '닭과 **가히**를 쏘시러곰 가져오라' '몰여 든뇨미 **가히**와 닭괘 다르디 아니ᄒ도다'라는 대목이 있다. '가희→ 가히→ 가이→ 개'이고, '가히+샹기→ 개새끼'이다. 개새끼가 표준어가 되었다면 우리는 '하룻개새끼나 발탄개새끼*나 범 무서운 줄 모르기는 마찬가지라'고 말하고 있을 것이 틀림없다.

'강아지' 근거는? 〈두시언해〉에 실린 〈춘원春遠〉에 나온 '힌가야지'(흰 강아지)라고 주장하는 사람이 있다.

○ 蕭蕭ᄒ 곳과 버듨**가야짓** 나조히 (蕭蕭花絮晚숙숙화서만)

霏霏히 블근 곳과 힌**가야지** 가비얍도다 (霏霏紅素輕비비홍소경)

내 견해는 사뭇 다르다. 첫 행에 나오는 가야지와 둘째 행에 나오는 가야지는 둘 다 버들강아지, 즉 버드나무꽃이다. 따라서 이 시는 '꽃과 버들강아지 조용한 저녁에/ 붉은 꽃과 흰 꽃 흩날림이 가볍기도 하구나'라고 풀이해야 맞다. '흰 개가 가볍다'는

---

* 막 걸음를 걷기 시작한 강아지. 어린아이가 처음 비틀거리며 걷기 시작함을 이르는 '걸음발 타다'에서 나왔다. ¶셋째 공주가 걸음발을 탈 때 윤비는 또다시 태기가 있었다.

일제 때 조선어학회 사건으로 고초를 겪은 한글학회 회원들. 앞줄 맨 오른쪽에 앉은 이가 최현배, 두 번째 줄 왼쪽에서 두 번째 안경 쓴 이가 이희승이다. 이때만 해도 이희승은 한글학회 회원이었다. (1949년 영도사에서) (한글학회 자료)

동떨어진 해석이다.

'강강' 짖는 짐승이라 하여 개를 '강'이라고도 했으니 거기에 작은 것이나 낮은 것을 나타내는 '아지'가 붙어서 '강아지'가 되었다고 유추하는 것도 그럴듯하다. 하지만 소나 말이 송송 망망 울지 않으니 송아지나 망아지는 설명할 도리가 없다. 그래서 송아지 망아지도 해당되는 '가(가히)＋ㅇ＋아지'라는 사전 풀이가 가장 그럴듯하다.

강아지·개새끼 논쟁에서 우리가 느낀 것은 '같은 뜻을 가진 말이 그렇게나 많았을까?'이다.

에피소드 #3

- **까마귀** 한 마리가 집붕우에ᄂ려 은더니 까막 까막 깍깍

  (까마귀 한 마리가 지붕 위에 내려앉더니 까막 까막 깍깍)

- **쏨마귀** 소릐 좀 드러보게 또 무슴 흉한 일이 싱기려느베

  (까마귀 소리 좀 들어보게. 또 무슨 흉한 일이 생기려나 봐)

- **신마귀**가 펄적 나라 공중에 럭피 쓰더니 싹 싹 지지며

  (까마귀가 펄쩍 날아 공중에 높이 뜨더니 깍깍 짖으며)

이 세 문장을 〈혈의 누〉 단행본에서 발견했다. '까마귀'를 두고 세 가지 다른 표기가 같은 페이지에 나오다니! **烏有此事哉**오유차사재(세상에 이런 일이!).

그런데, 거기가 끝이 아니었다. 총독부 〈조선어사전〉을 찾아보니 **'가마괴'** 한 마리가 더 올라앉아 있었다. 같은 해에 발행된 〈개벽〉 제5호에 실린 시 〈금쌀악〉(1920년)에는 **가마귀**가, 장편 소설 〈무정〉(1917년)에는 **가마기**가 있었다. 비슷한 사례는 얼마든지 있다.

- **쇼닉기**가지나가랴는가보다**소닉기**가지나가면좀셔늘ᄒ여지리라ᄒ얏다그러고ᄂ어셔**소락비**가왓스면ᄒ얏다

  (소나기가 지나가려는가 보다. 소나기가 지나가면 좀 서늘하여지리라하였다. 그러고는 어서 소나기가 왔으면 하였다.)

여기에 **소낙이, 소락이, 소낙비**까지 보태 〈무정〉에서는 무려 여섯 가지 소나기가 좍좍 쏟아졌다. '이야기'도 〈혈의 누〉와 〈무정〉에 나오는 **리약이, 니야기, 이야기**에 다음 두 가지를 더해 다섯 가지나 쓰였다.

○ 그러케 **이약이** 하는 동안에 배는 벌서 (《流帆》 1920년, 牧星)

(그렇게 이야기하는 동안에 배는 벌써)

○ 옛날 **이약이**에 잇는 도깝이 (《술 권하는 사회》 1921년, 현진건)

(옛날 이야기에 있는 도깨비)

1936년 '하늘'이 표준어가 되기 전 1920년 총독부 〈조선어사전〉에는 **하날·하늘·하눌**이 표제어로 올라있었는데 그밖에 **ㅎ놀, ㅎ날, 하눌**(《혈의 누》 〈무정〉), **한울**(《희생화》 1920년, 현진건)도 쓰였다.

에피소드 #4

표준어를 정하는 데는 원칙과 기준이 있어야 했으리라. 오랜 세월 제멋대로 쓴 말들을 하나로 정리하려면 맞춤법이 필요했다. 조선어학회는 3년간 백스물다섯 차례나 회의를 열고 한글맞춤법 통일안을 만들었다. 여기서 오늘날 우리가 쓰는 글 형태와 형식이 탄생했다. 통일안이 크게 혁신한 세 가지 중 띄어쓰기 외에 두 가지는 원형 밝히기와 받침 늘리기(10→28개)이다.

원형 밝혀 적기 형태소形態素나 어간語幹이 온전한 상태로 유지됨을 말한다. 형태소란 어떤 말에서 뜻을 가진 요소로서는 더 분석할 수 없는 가장 작은 단위이다. 이를 원형대로 밝히지 않으면 토씨가 붙거나 어미가 변화할 경우 무슨 뜻인지 모른다. 가령 '도둑을'에서 '도둑'이 형태소인데 이것을 '도두글'로 적으면 안 된다는 말이다. 또 '잡았다'에서 형태소 '잡'은 불변 어간語幹으로 하고 어미를 활용해 '잡았다' '잡으니' '잡아서'로 쓰라는 뜻이다. '자밨다'고 쓰면 원형이 '잡'인 줄 몰라 뜻이 통하지 않는다.

받침 18개 더 쓰기 훈민정음 창제 때는 모든 초성을 종성으로 썼으니 받침이 28개였다. 그러나 얼마 안 가 8개만 썼다. ㄱ ㄴ ㄷ ㄹ ㅁ ㅂ ㅅ ㅇ이다. 근세에는 ㄷ을 빼고 ㄺ ㄻ ㄼ를 더해 10개를 썼다. 그것을 조선어학회가 처음(28개)으로 되돌렸다. 더한 18개 는 ㄷ ㅈ ㅊ ㅌ ㅆ ㅋ ㄲ ㄳ ㅍ ㅄ ㄵ ㄶ ㄽ ㅀ ㄾ ㄱ ㅎ이다. 이로써 '부억'을 '부엌'으로, '끌이다'를 '끓이다'로 쓰게 되었다.

　○「제가 **부억**에 가셔 물을 **쓸혀** 옥게요」ᄒ고 니러선다 《무정》

　　→ '제가 부엌에 가서 물을 끓여 올게요' 하고 일어선다

된소리를 쌍자음으로 쓰기로 한 것도 큰 변화이다. 본디 정음에서 쌍자음 ㄲ ㄸ ㅃ ㅆ ㅉ은 중국어 발음을 표기했고 우리말 된소리는 ㅅㄱ ㅅㄷ ㅅㅂ ㅄ ㅄ으로 표기했다. 그 밖에 새 규정 중 두 가지만 보아도 한글이 어떻게 바뀌었는지 능히 짐작할 수 있다.

　○ **음절 사이에서 뜻 없이 나는 된소리는 아래 음절 첫소리를 된소리로 적는다**

　　○ 손도 잡아 끌며 **옵바 옵바**ᄒ 던 계집ᄋ희가 발셔 이러케 《무정》

　　　→ 손도 잡아끌며 오빠 오빠 하던 계집아이가 벌써 이렇게

　○ **ㄹ 받침이 있는 말과 딴 말이 어울릴 적에 ㄹ 소리가 나지 아니 하는 것은 아니 나는 대로 적는다**

　　○ 마름갓치 쎠셔, **활살** 갓치 밤낫 업시, 다라ᄂ 눈 화륜션 《혈의 누》

　　　→ 마름같이 떠서 화살같이 밤낮없이 달아나는 화륜선

조선어학회가 정한 한글맞춤법 통일안과 표준어가 합리적일까, 훈민정음을 훼손하지는 않았을까, 통일안에 반대하는 의견은 없었을까?

에피소드 #5

'현행 맞춤법을 폐지하고 소리 나는 대로 적으라.' 1954년 3월 이 승만 대통령이 특별 담화를 발표했다. '표기'와 '발음'이 서로 다른 한글맞춤법을 언문일치가 되도록 이어 적기로 바꾸라는 내용이었다. 맞춤법(끊어 적기)대로라면 '도둑을 잡았다'이고, 이어 적기로 바꾸면 '도두글 자밨다'이다. 문맹률이 80%가 넘을 때였다. 한글 배우기가 쉬워질 것은 틀림없었다. 그러나 '도둑을 잡았다'로 쓰던 사람들에게는 날벼락이었다(131쪽 참조).

영어권 외국인이 우리말을 배울 때 가장 힘들어하는 것이 표기와 발음이 다르다는 점이다. '도둑을 잡았다'고 쓰고 '도두글 자바따'로 발음하기가 만만할 리 없다. 항간에는 이대통령이 영어에 더 능숙하다는 것 말고도 친미파여서 우리말을 영어처럼 만들려고 한다는 말까지 돌았다.

그뿐만이 아니었다. 스물네 가지 받침도 열 가지로 줄이라고 했다. 그 열 가지란 ㄱ ㄴ ㄹ ㅁ ㅂ ㅅ ㅇ ㄺ ㄻ ㄿ이다. 그러면 '자**밨**다'는 또 '자**밧**다'가 된다. 다른 낱말도 마찬가지이다. 여태 '앉다'로 썼는데 ㅅ이 빠지면 '안다'로 써야 한다. 이승만은 풀어쓰기도 시도해 그 해 7월 국어심의위원회가 이를 의결했다. 이어 적기에 풀어쓰기까지 하려 했으니 헷갈릴 소지가 너무 많았다.

○ 한글학회: **잡았다**(받침 28개)

○ 이대통령: **자밨다**→ **자밧다**(받침 10개)→ **ㅈㅏㅂㅏㅅㄷㅏ**(풀어쓰기)

모두가 들고일어났다. 정치가 아닌 언어 문제로 온 나라가 저

항한 이 보기 드문 파동은 마침내 '싫으면 말고'로 귀결되었다. 그런데 정말 그럴까? 이승만이 정말로 영어처럼 바꿔서 자기가 편하고자 그랬을까? 설사 그렇다손 치더라도 그가 한 주장이 억지는 아니다.

한자는 뜻글자이므로 뜻과 소리를 나타내는 글자들이 한데 모여 덩어리를 이룬다. 그런데 한글은 소리글자이면서도 한자 형태를 본떠 초성·중성에 받침까지 한 덩어리로 모아 네모꼴 안에 넣은 모아쓰기 형태이다. 모아 쓴 덩어리 3개(잡·았·다)를 하나씩 끊어서 적으므로 발음할 때 받침(ㅂ)이 그다음 음절 초성으로 옮겨가는 문제(잡았다→자밨다)가 생겼다. 이처럼 표기와 발음이 일치하지 않자 훈민정음 창제 초기에 세종과 집현전 학자들은 받침 문제에서 이견을 보였다.

세종이 짓거나 주도한 〈용비어천가〉와 〈월인천강지곡〉은 '초성을 다시 종성으로 쓴다'는 원칙에 따라 'ㅈ ㅊ ㅌ ㅍ ㅿ'도 받침으로 사용했다. 그러나 아들(수양대군)과 신하들은 〈석보상절〉을 지을 때 '여덟 자로 족히 (소리 나는 대로) 쓸 수 있다'며 이를 받침으로 쓰지 않았다. 세종은 형태 중심('잡았다'), 수양대군은 발음 중심('자밨다')이었다.

〈석보상절〉 이래 '정음' 받침 28개는 수백 년간 10개만 쓰였다. 받침이 적은 데다 소리 나는 대로 적으면 '어리석은 백성'이 배우기는 쉽다. 그러나 장삼이사가 저 편한 대로 발음하고 적다 보니, 앞에서 보았듯이 '하늘'이 일곱 가지로, '이야기'가 다섯 가지로 표기되는 지경에 이르렀다.

그렇게 흘러온 역사를 거슬러 지금처럼 표기와 발음이 서로 다르게 나타나는 형태 위주로 쓰기를 주도한 사람은 주시경 선생이다. 반대한 학자는 '정음파'를 이끈 박승빈. 그리하여 세종 때 드러났던 표기법 이견이 1930년대에 철자법 논쟁으로 재점화했다. 여기서 승리한 조선어학회가 '어원 밝혀 적기' 원칙에 따라 한글맞춤법 통일안을 만들어 오늘에 이르렀다. 한글학회는 친위 쿠데타를 일으켜 〈용비어천가〉(세종)를 복위시켰고, 이승만과 정음파는 〈석보상절〉(신하들)로 돌아가려고 반기를 들었다가 좌절했다.

주시경은 가로쓰기도 선도했다. 가로로 풀어쓰기였다. 조선어학회도 〈조선어 표준말 모음〉 색인에 낱말마다 풀어쓰기를 병기했다. 소리글자가 지닌 장점을 살리려고 알파벳처럼 단어 띄어쓰기와 가로쓰기를 하려다 보니 자연히 풀어쓰기까지 넘보았다.

형태소를 밝히는 모아쓰기(잡았다)와 형태소를 밝히지 않는 가로로 풀어쓰기(ㅈㅏㅂㅏㅅㄷㅏ). 초창기 한글학자들이 보여준 이 이중성은 한글 자체가 지닌 문제점이자 장점에서 말미암았다고 하겠다. '훈민'은 어리석은 백성이 자기 뜻을 펼 수 있도록 쉬운 글자를 만든다는 뜻이고, '정음'은 한자를 바른 소리로 표기한다는 뜻이다. 소리글자와 뜻글자를 다 아우르려고 한 그 엄청난 도전 정신이 가없이 갸륵할 따름이다.

한자와 동거한 575년

런던에서 화가로 살고 있는 큰딸이 몇 해 전(2018년) 다니러 왔을 때 주고받은 얘기다.

"아빠 덕에 영국 친구들이 절 다시 보게 만들었어요."

"뭘 어쨌기에?"

"걔들이 제가 영어를 필기체로 쓰는 걸 봤거든요."

"그게 뭐 어떻다고. 영어 할 줄 알면 당연한 거 아니냐?"

"아니에요 아빠. 요즘 젊은 사람들 필기체 못 써요. 그러니까 제가 필기체 쓰는 걸 너무 신기하다고 그래요."

"정말!?"

딸아이가 중학교 2학년 때였으니 1992년이었을 게다. 과외비가 너무 비싸서 내가 영어를 가르친 적이 있다. 그때 펜맨십 penmanship을 구해서 필기체 대문자와 소문자를 가르쳤다. 딸아이는 초등학교 1학년 국어 공책처럼 영어에도 글자 연습하는 공

책이 있음을 처음 알았다. 필기체가 있는 줄도 몰랐는데 내가 a 에서 z까지 스물여섯 자를 쭉 이어 쓰자 껍질이 끊기지 않게 사과를 깎는 것 같다면서 신기해 했다. 당연히 그날 대화는 요즘 젊은이들이 자판만 두드리다가 글씨가 괴발개발인데 이러다가는 손으로 글 쓸 줄 아는 사람이 사라질 지경이라는 쪽으로 이어지고, 펜으로 잉크 찍어 쓰던 얘기로 꼬리를 물었다.

글자가 잊히고 사라지는 데 비하면 약과일지 모르지만, 말과 글을 틀리게 쓰는 문제도 심각하다. 그 밑바탕에 우리말에는 한자에서 비롯된 것과 한자어가 많은데도 한자 지식은 부족하다는 문제가 큰 비중을 차지하고 있다. 이 문제는 한글만 쓰기와 한자 함께 쓰기라는 해묵은 난제로 이어질 수밖에 없다. 잠깐 눈길을 돌려 한글과 한자가 어떻게 서로를 보완하면서 동거해 왔는지 일별해 보자. 이 문제를 대하는 인식체계가 새로워지는 전기轉機가 될지도 모른다.

말은 우리말로 하면서 그것을 표기할 우리 글자가 없어서 한자를 쓰던 시절. 고려가 국운이 다한 때에 포은圃隱 정몽주가 지조를 지키고자 하는 마음을 이렇게 읊었다.

이 몸이 주거 주거 일백번 고쳐 주거
백골이 진토ㅣ되여 넉시라도 잇고 업고
님 향훈 일편단심이야 가셜 줄이 있으랴

우리 글자가 없던 때이니 이것을 글로 남길 수단은 한자밖에 없었다. 아들은 1439년 펴낸 〈포은집〉에 아버지가 결연한 마음으로 읊었던 시를 실었다. 이름하여 〈단심가丹心歌〉이다.

此身死了死了 一百番更死了 　차신사료사료 일백번갱사료

白骨爲塵土 魂魄有耶無 　백골위진토 혼백유야무

向主一片丹心 寧有改理也歟 　향주일편단심 영유개리야여

그로부터 6년이 흐른 1445년 정인지를 비롯한 세 신하가 새로 만든 정음(훈민정음)으로 2행시 125장을 지어 세종께 바쳤다. 더불어 사대부에게 읽히고자 시마다 한문 번역시를 덧붙였다. 세종이 〈용비어천가〉라는 제목을 내린 이 시 제2장은 우리에게 매우 친숙하다.

불휘 기픈 남ᄀᆞᆫ ᄇᆞᄅᆞ매 아니 뮐씨 곶 됴코 여름 하ᄂᆞ니

ᄉᆡ미 기픈 므른 ᄀᆞ모래 아니 그츨씨 내히 이러 바ᄅᆞ래 가ᄂᆞ니

根深之木 風亦不 有灼其華 有其實

源遠之水 旱亦不竭 流斯爲川 于海必達

정음을 쓴 두 번째 글은 〈용비어천가〉 이후 2년 만에 나왔다. 세종이 몸소 지은 〈월인천강지곡月印千江之曲〉이다. '즈믄(千) 가람(江)에 비친(印) 달(月) 노래(曲)'는 부처 일대기를 그린 서사시이다. 〈용비어천가〉처럼 한문을 따로 달지 않고 정음과 섞어 썼다(正·漢 혼용). 한문 느낌이 나지 않는 회화체여서 세종이 정음에 쏟은 정성이 느껴진다.

부톄백억셰계예화신ᄒ야교화ᄒ샤미ᄃ리즈믄ᄀᄅ매비취요미ᄀᆞᆮᄒ니라/迦毗羅國淨飯王ㅅ ᄆᆞᆮ아ᄃᄂ니ᄆᆞᆫ釋迦如來시고아ᅀᆞ아ᄃᄂ니ᄆᆞᆫ難陀ㅣ라/ 淨飯王ㅅ아ᅀᆞ니ᄆᆞᆫ白飯王斛飯王과甘露飯王이라

(현대어 풀이: 부처가 온세계에 몸을 나타내시어 교화하심이 달이 천千 강江에 비침 같으니라. (석가가 탄생한) 가비라국 정반왕 맏아드님은 석가여래이시고 다음 아드님은 난타이다. 정반왕 아우님은 백반왕과 곡반왕과 감로반왕이다.)

1481년에는 무릇 선비라면 제 족보 외우듯이 하는 두보 시를 언문으로 번역한 〈두시언해杜詩諺解〉가 간행되었는데 역시 언·漢 혼용이었다. 그 중 〈견형화見螢火〉 일부.

巫山ㅅ ᄀᆞ을 부ᄆᆡ 반되 ᄂᄂ니
바리 드믄 ᄃᆡ로 工巧히 드러 ᄉᆞᄅᄆᆡ 오새 안ᄂ다
집 안햇 거믄고와 書冊의 서늘호ᄆᆞᆯ 믄듯 놀라고
ᄯᅩ 집 기슭 알ᄑᆡ 어즈러우니 벼리 드믄 ᄃᆞᆺᄒ도다

(현대어 풀이: 무산의 가을 밤에 반디가 나는구나 / 발이 드문 데로 공교히 들어와 사람의 옷에 앉는다/ 집안의 거문고와 서책의 서늘함에 문득 놀라서/ 또 지붕 기슭(처마) 앞에서 어지러우니(마구 껌뻑이니) 별이 듬성한 듯하도다)

1572년 경성 평사 고죽孤竹 최경창崔慶昌이 기생 홍랑洪娘과 사랑에 빠졌다. 다음해 서울로 돌아간 고죽에게 홍랑이 시조 한 수와 함께 버들가지를 보냈다. 정몽주 〈단심가〉는 우리글이 없어 입으로 전해졌지만, 홍랑은 시조를 우리글로 적어 고죽에게 보냈다. 고죽이 이를 한시(《변방곡》)로 번역함으로써 시조와 한시가 다 후세에 전해졌다.

묏버들 굴히 것거 보내노라 님의 손디

자시는 창밧긔 심거 두고 보쇼셔

밤비예 새닙 곳 나거든 날인가도 너기쇼셔

(현대어 풀이: 묏버들 가려 꺾어 보내노라 님의 앞에/ 자시는 창밖에 심어두고 보소서/ 밤비에 새 잎 나거든 나라고 여기소서)

折楊柳寄與千里人 爲我試向庭前種 절양류기여천리인 위아시향정전종

須知一夜生新葉 憔悴愁眉是妾身 수지일야생신엽 초췌수미시첩신

그 무렵 시조는 언문 옆에 한자, 혹은 한자 옆에 언문을 주註처럼 달았으니 언·漢 병용이라고 볼 수 있겠다.

흔盞잔먹새그려쏘한盞잔먹새그려곳것거算산노코無무盡진無무盡진먹새그려이몸주근後후면지게우희거적더퍼주리혀믹여가나流뉴蘇소寶보帳댱의萬만人인이우러네나…

(송강 정철 〈장진주사〉)

언문으로로만 표기된 첫 소설책은 필사본 〈홍길동뎐〉이다. 1612년 허균이 지었다고 알려져 왔지만 작가와 연대에 다 이견이 있다. 띄어쓰기를 하지 않았으며 세로쓰기이다.

너는엇더흔스룸이과디이깁푼밤의비슈을들고뉘를희코저ᄒᄂ다특즈디왈네분명길동이로다나는너희부형의명영을바다너를취ᄒ려왓노라ᄒ고비슈을드러더지니 … 즁심의디겁ᄒ여갈을츠즈며왈너남의직물을욕심ᄒ다ᄀᄉ지예쌘젓쓰니슈원슈구ᄒ리요

(현대어 풀이: …너는 어떤 사람이기에 이 깊은 밤에 비수를 들고 누구를 해치고자
하느냐. 특자가 말하기를 네가 분명히 길동이로구나. 나는 너희 부형의 명령을 받아
너를 취하러 왔노라 하고 비수를 들어 찌르니 … 마음에 크게 겁내어 칼을 찾으며
말하되 내 남의 재물을 욕심내다가 사지에 빠졌으니 누구를 원망하리오)

활자로 찍어낸 문헌 중에 처음 언문으로만 쓰인 책은 1755년
간행된 〈천의소감언해闡義昭鑑諺解〉이다. 경종이 영조를 왕세자
로 책봉한 일을 두고 벌어진 노론과 소론 분쟁을 밝힌 내용이다.

…져위를동궁을져위라일ᄏᆞᄂ 나라셰오디못ᄒᆞ야시니됴애깁히근심ᄒᆞ되
대신졔신이밋쳐딘청티못ᄒᆞ엿더니졍언니뎡슉이샹소ᄒᆞ여니르되져 위
를미리셰오믄나라히큰근본이오…

(현대어 풀이: 저위儲位(왕세자)를 ― 동궁을 저위라 일컫는다 ― 세우지 못해 조야
가 깊이 근심하되 대신과 신하들이 미처 진청陳請치 못했는데 사간원 정언正言 이
정숙이 상소하여 이르되 저위를 미리 세움은 나라에 큰 근본이오…)

1877년 영국인 목사 존 로스가 쓴 〈Corean Primer〉(조선어 첫
걸음)는 우리나라에서 처음 띄어쓰기와 가로쓰기를 한 책이다.
언문 띄어쓰기가 시작되었다기보다는 서양인이 언문을 쉽게 배
우도록 낱말 밑에 알파벳으로 표기한 우리말 발음과 영어 단어
를 다느라고 낱말들을 띄어서 썼다.

닉 되션   말   보이고쟈 한다
ne doeshun mal   bo-ighojia handa
I Corean words (to) learn   want.

네   나를   셩싱   딕졉   하갓너니

ne   narul   shungseng dejiup haghannuni.

You (for) me   teacher   engage,   will?

(현대어 풀이: 내가 조선말을 배우고자 한다/ 너 나를 선생으로 대접하겠느냐)

1889년 우리나라에서 처음 언문으로 쓰인 교과서가 탄생했다. 미국인 감리교 선교사 헐버트 호머가 조선인에게 세계 지리를 알려 주려고 고종高宗 명을 받아 육영공원育英公院에서 쓸 교과서 〈ᄉ민필지〉를 썼다. 사민필지士民必知란 선비와 백성이 모두 알아야 할 지식이라는 뜻이다.

텬하형셰가녜와지금이크게ᄀ지아니ᄒ야젼에는각국이각각본디방을직희고본국풍쇽만ᄯᄅ더니지금은그러치아니ᄒ여텬하만국이언약을셔로밋고…

(현대어 풀이: 천하 형세가 예와 지금이 크게 같지 않아 전에는 각국이 각각 자기나라를 지키고 본국 풍속만 따르더니 지금은 그렇지 않아 천하 만국이 언약을 서로 맺고…)

1894년 11월 법률과 칙령을 모두 '국문國文'으로 본을 삼으라는 칙령 제1호가 공포되었다. 이로써 언문이 나랏글(國文) 지위를 얻었다. 해가 바뀌자 국·漢 혼용 '책'이 처음 나왔다. 유길준은 〈서유견문西遊見聞〉에서 우리나라 책이 한문 전용과 국문 전용으로 나뉘던 틀을 깼다. 그는 사대부로부터 비웃음 살 것을 각오하고 '말뜻을 쉽게 하려고, 문자를 대강 이해하는 자라도 알

수 있도록' 국한문을 혼용했다고 서문에 밝혔다.

地毬는吾人의住居ᄒ는世界니亦遊星의一이요今其遊星을數ᄒ건딕一
日水星二日金星三日地毬星四日火星五日木星六日土星七日天王星八
日海龍星이니此八星을遊星이라謂ᄒ는者는其體가遊動ᄒ야諸他恒
星의定居ᄒ者와不同ᄒ然故며…

(현대어 풀이: 지구는 우리가 사는 세계이며 또한 행성 가운데 하나이다. 이 행성들
을 헤아려 보건대 수성, 금성, 지구성, 화성, 목성, 토성, 천왕성, 해룡성이라고 한다.
이 여덟 별을 행성이라 하는 것은 그것이 떠돌아다녀 다른 항성이 한자리에 머무르
는 것과 다른 까닭이다.)

국·漢 혼용 '책'에 이어 1896년 1월에는 국·漢 혼용 '신문'이 나
왔다. 관보關報 성격을 띤 주간 신문 〈한성주보〉이다. 제1호 기사
중 임금이 하명한 일을 다룬 것을 보자.

傳敎ᄒ亽굴ㅇ亽딕盜賊訓戢홀일로揭載ᄒ지오라지아니ᄒ야竊發ㄴ·이
이러틋狼藉ᄒ니法司와捕廳은호울로듯지못ᄒ엿나냐진실로說法訓
捉ᄒ고즈ᄒ면엇지그도리업스리요…

(현대어 풀이: 주상께서 명하여 말씀하시되 도적을 염탐할 일을 게재한 지 오래지
않은데 강도와 도적질이 이렇듯 어지럽게 발생하니 형조와 한성부 그리고 포청은 홀
로 듣지 못하였느냐. 진실로 법을 밝히려 잡고자 하면 어찌 도리가 없겠느냐…)

1896년 4월7일 마침내 국문 전용 신문인 〈독닙신문〉이 띄어
쓰기를 제대로 한 글을 선보였다. '논설'을 보자(세로쓰기).

…우리 신문이 한문은 아니쓰고 다만 국문으로만 쓰는거슨 샹하귀
쳔이 다보게 흠이라 또 국문을 이러케 귀졀을 쩨여 쓴즉 아모라도 이
신문 보기가 쉽고 신문속에 잇는말을 자셰이 알어보게 흠이라

(현대어 풀이: 우리 신문이 한문은 안 쓰고 다만 국문으로만 쓰는 것은 상하귀천이
다 보게 하려 함이다. 또 국문을 이렇게 구절을 띄어씀으로써 누구든지 이 신문을
보기가 쉽고 신문 속에 있는 말을 자세히 알아보게 하려 함이다.)

신문에 고전 소설이 연재되기는 〈한성신보〉에 실린 〈조부인전趙
婦人傳〉(1896년)이 처음이고 그다음이 같은 신문에 실린 〈신진사
문답기申進士問答記〉(1896년)이다. 세 번째 〈상부원사해정남孀婦寃
死害貞男〉(아래 글. 1897년)에는 띄어쓰기를 구두점으로 표시했다.

한,지샹이평안감ᄉᆞ를,ᄒᆞ여,도영ᄒᆞ지,반년이,지나미,그아들이,년긔약관
에,갓가온딕,용뫼,가쟝아람다온지라,일즉,근친코ᄌᆞᄒᆞ야…

(현대어 풀이: 한 재상이 평안감사로 도영(到營:감사가 부임지인 감영에 도착함)한
지 반년이 지나니 그 아들이 연기(年紀:나이) 약관(弱冠:스무 살)에 가까운데 용모
가 매우 아름다웠다. 일찍이 근친(覲親:아버지를 찾아가 뵘)하고자 하여…)

1910년 최남선이 우리글 이름을 '한글'로 하자고 제안하자 주
시경이 받아들였다. 1917년 이광수가 〈매일신보〉에 연재한 장편
소설 〈무정無情〉은 고전 소설에서 근대 소설로(혹은 신소설에서 현
대소설로) 바뀐 첫 작품이다. 한글 전용(사람 이름만 한자 병기)이
고 띄어쓰기는 거의 무시되었다.

「엇던사롭인데 긔인교슈를밧어」

형식은 말이막혓다우션은 남의폐간을 쎄뚤뜻흔두눈으로 형식의 얼골
을 유심흐게드려다본다 형식은 눈이부신드시 고기를숙인다

「응엇던사름인데 말을못흐고 얼골이붉어지나응」

형식은민망흐야 손으로 목을쓰러만지고흐용업시우스며

「녀즈야」

이제 광복후 단기 4282년(서기 1949년)에 나온 책을 보자. 설
국환이 일본을 취재한 〈일본기행〉이다. 한글·한자 혼용인데, 한
자로 쓸 수 있는 것은 몽땅 한자로 썼다. 띄어쓰기를 했지만 맞춤
법에 따른 것이 아니다.

東京驛正面에내리면 바른손便에 宏壯한八層벽돌建物, 日本工業俱
樂部는 지금 日本産業界를操縱하는本據가되고 있다. …約束時間
보다좀늦게간우리들을 側面玄關앞에서 아침九時부터 기다리고있
었다. 玄關을들어서면 '엘레베-터'昇降口옆에…

(오늘날 맞춤법에 맞게 고친 글: 도쿄역 정면에 내리면 오른편에 굉장한 8층 벽돌건
물, 일본공업클럽은 지금 일본 산업계를 조종하는 본거지가 되고 있다. …약속 시간
보다 좀 늦게 간 우리를 현관 앞에서 아침 9시부터 기다리고 있었다. 현관을 들어서
면 엘리베이터 출입구 옆에…)

단기 4290년(서기 1957년)에는 맞춤법이 자리를 잡았다. 〈생활
인의 철학〉(김진섭) 초판에 실린 다음 글은, 세로쓰기이지만 띄
어쓰기가 잘 되었고 '한·漢 혼용'은 여전하다.

哲學을 哲學者의 專有物인 것처럼 생각하고 있는 사람들이 많이 있다. 그러나 그렇게 생각하는 것도 決코 無理한 일은 아니니 왜냐하면 그만큼 哲學은 오늘날 그 本來의 使命- 사람에게 人生의 意義와 人生의 知識을 敎示하려 하는 意圖를 거의 放棄 하여 버렸고…

1968년판 고교 3학년 〈국어〉는 한자를 괄호 안에 넣은 한·漢 병용이다(아래 보기 글은 피천득 〈수필〉). 맞춤법과 띄어쓰기는 정착되었지만, 교과서는 한·漢 병용에 가로쓰기이고, 일반 책과 신문은 거의 한·漢 혼용에 세로쓰기였다.

수필은 청자(靑瓷) 연적이다. 수필은 난(蘭)이요, 학(鶴)이요, 청초하고 몸맵시 날렵한 여인이다. 수필은 그 여인이 걸어가는 숲 속으로 난 평탄하고 고요한 길이다.

지금, 교과서는 한글 전용이고 신문은 꼭 필요한 한자만 괄호 안에 넣는다. 겉(소리)은 한글 전용이되 속(뜻)은 한·漢 혼용이다.

문자전쟁 반 세기 ①

경복궁 정문 현판이 '光化門'에서 '광화문'으로 바뀌고 2년이 지난 1970년 한자 교육이 고등학교 정규 과목에서 퇴출되었다. 그뒤 선택 과목으로 부활했지만 거의 선택 받지 못했다. 1990년 대 후반 잠시 한자 병용이 이루어졌지만 이미 대세가 기울었고, 개인용 컴퓨터(PC) 시대를 맞자 끝내 돌이키지 못했다. 이병학 교수가 조사한 바에 따르면, 자기 자식 한자 이름을 정확하게 쓰는 부모가 절반(52%)밖에 안 되는 시대가 되었다(《월간조선》 2013년 10월호).

내가 나보다 2년 아래부터 그 아래쪽 세대에 대해 가져온 상대적 자부심은, 나는 '그 글'을 읽었고 저들은 읽지 못했다는 사실에 기인한다. 내가 동서고금을 통틀어 원문은 물론 평설評說까지 최고 명문이라고 여기는 그 글은 한자 교육이 폐지된 뒤로 교과서에서 사라졌다. 내가 1968년에 배운 그 글은 양주동 박사가 고려가요 〈가시리〉를 평하고 설명한 〈가시리 평설〉이다. 설혹 그 글을 찾을 수 있다고 해도 어려운 한자어가 워낙 많아서 보통 사람이 해독하여 그 글맛을 맛보기란 쉽지 않다. 〈가시리〉를 평설한 그 글을 또 평설한 글은 없기 때문이다.

그 글은 이제 1969년에 나온 〈知性의 廣場〉이라는 책에서나 찾아볼 수 있다. 굴원屈原이 쓴 〈어부사漁父辭〉를 중국인들은 2천3백 넌이 지나도록 수억 명이 읽고 외우는데, 〈가시리 평설〉은 20년 남짓 읽히고 사라졌다. 우리 20세기 문화유산이라고 할 그 글이 이렇듯 우리 세대에서 단절되었다.

내가 한자 병용을 찬성한다고 보이겠지만 꼭 그런 것은 아니다. 굳이 말하자면 좋은 글을 읽을 권리는 누구에게나 있으니 한자 배울 기회를 국가가 아예 차단하는 것은 잘못되었다고 생각하는 쪽이다. 또 미국 관련 글에 영어가, 일본 관련 글에 일어가 쓰이듯 우리 과거사나 중국을 다루는 글에 한자를 쓰는 것은 당연하다고 생각한다.

한글 전용 문제에 대한 생각을 정리하기 앞서 이 글에서는 광복 이후 발표된 글 중에서 여섯 편을 골라 소개하겠다. 한·漢 병용 한 편, 한·漢 혼용 한 편, 한글 전용 네 편이다. 자기가 어떤 스타일에 더 호감을 갖는지 재미 삼아 읽을 수도 있고, 우리글이 나아갈 방향을 생각하는 계기로 삼을 수도 있다.

먼저 열두 살짜리 신랑 양주동이 말 타고 곁 마을로 장가들러 간 날 이야기이다. 기지機智 넘치는 대구對句로 한 세대 전 독서인에게 널리 읽히며 감탄을 자아낸 글이다(괄호 안은 필자 주).

식이 끝나고 사랑에 자리를 정하자 그 마을 독서 연소배들이 신랑에게 한턱 내놓기를 재촉하는- 기실 '글싸움'을 도전하는 단자(單子)를 들였겄다. 그 글을 받는 대로 신랑이 척척 대구(對句)를 제겨내야 무식하다는 초달(楚撻)*을 면하는 격식이다. 벽두에 그들의 인사에 가로되 '月出高'.

달이 높이 떴다고 착해(錯解)*해서는 안된다. 향찰(鄕札)* 축자(逐字)* 훈·음독(訓音讀)으로 '달나고'(달라고!), 요샛말로 'Give us something to eat and drink'이다. 어린 신랑이 붓을 들어 대구를 제겼으니, 가로되- '日入於'.

무론 이것도 정직히 '해가 들었다'함이 아니요, 역시 그 마을식 향찰로 '날들어'(날더러?), 곧 내가 주인이 아닌데 하필 날더러 달라느냐, 'Why should you ask me?'라는 소리다.

다음 그들이 둘쨋번 보내온 '메씨이지'는 전보다 좀더 난해하였다. '言有馬'.

이 석 자가 파자(破字)*임과 '馬'가 '午'임에 상도(想到)하여 제대로 '許'자(한턱을 허락하라)로 풀이하기는 약 반분(半分)을 요하였으나, 그 대구는 그 절반의 시간이 걸렸다. 천래(天來)의 연사피리순(煙土彼里純·인스피레이슌- 그 즈음 읽었던 양계초의 〈飮氷室文集〉에서 내가 경이(驚異)로써 처음 배웠던 영길리어(英吉利語)가 번개처럼 나타났던 것이다. 곧 붓을 들어 대구를 써 내던지니, 가로되- '物無牛'.

'물(物) 자에 우(牛)가 없으면 물(勿), 곧 '말라!'는 뜻이다. 마을의

---

* 초달 회초리로 때림 * 착해 잘못 해석함 * 향찰 이두 * 축자 글자를 하나씩 번역함 * 파자 한자 자획을 풀어서 나눔

도전자 제군이 이를 보고 문득 빛을 잃고 혀를 맺어 모두 도망친 것
은 무론이다.

1983년 한글 전용과 관련해 오래 기억할 일을 두 가지 겪었
다. 하나는 내가 편집하는 월간 잡지에 시를 투고한 분한테서 한
글과 한자를 혼용한 서신을 받은 일이고, 또 하나는 우리말로만
쓴 소설을 같은 잡지에 연재한 일이다. 시인으로부터 받은 서신
은 뜻밖이었다. 한자를 초서체로 흘려 쓴 글을 과연 1980년대에
평범한 30대 초반 직장인이 알아보리라고 헤아렸을까. 나로서는
요량할 수가 없었다.

謹啓 立春之際

　追伸 貴誌一個年購讀料 除하시고 貴誌 下送하여 주십시오
貴會의 日益隆昌하심을 祝願하옵니다.
貴會 機關誌 '열매'에 拙詩를 실어주심에 對하여 感謝하옵고 一面
悚懼스럽기도 합니다 作品이 出衆하지도 못한 것을 貴重한 誌面에
參與하게 해주심에 對한 一種의 自愧같은 것이온데 더욱 原稿의 代
價까지 下慮하심은 더욱 부끄럽습니다. 下送하신 書類 記載 上遣
하옵니다.
끝으로 編輯室 各位의 淸晏을 비옵고 不備한대로 失禮하옵니다.
(현대어 풀이:입춘 즈음에 삼가 아룁니다.
　추신:잡지 1년 구독료를 제하고 잡지를 보내 주십시오.
귀회가 나날이 더욱 번영하시기를 빕니다. 귀회 기관지 열매에 못난 시를 실어주셔서
감사하고 일면 두렵기도 합니다. 작품이 출중하지도 못한 것을 귀중한 지면에 참여
하게 해주심에 대한 일종의 부끄러움 같은 것인데 원고에 대가까지 배려하심은 더욱

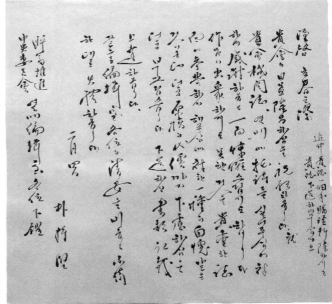

1983년 내게 배달된 편지. 한자는 또박또박 해서체로 써도 해독하기 어려운데 하물며 붓글씨 초서체로 흘려 썼다. 편지를 보낸 이는 이 글을 평범한 젊은이가 알아보리라고 헤아렸을까? 이 물음은 수십 년간 내가 풀지 못한 수수께끼로 남아 있다.

부끄럽습니다. 내려보내 주신 서류 기재해 올립니다. 끝으로 편집실 여러분이 편안 하시기를 빌고, 제대로 못 갖추고 실례했습니다.)

우리말 소설은 너무 강경하게 우리말만 쓰기를 주장해 나를 당황하게 했다. 으뜸 열 룰(본명 고성남) 작가는 한글 맵시를 바로 꾸미기 위해 우리말 쓰기 운동을 벌인다고 자기를 소개했다.

그러나 막상 글을 받아 보니 맵시와는 거리가 있었다. 다음은 '고운 우리말로만 쓴 이음 글' 〈짝쿵〉 일부이다. 주인공 시올이가 고등학교 졸업을 앞두고 진학 문제로 심란해 하는 모습을 그렸다. (밑금 그은 것은 필자가, 고딕체 낱말풀이는 으뜸 작가가 했음)

… 겨울머리의 어수선 떪은 아직 배움의 긴 앞날에 펼칠 가르마를 타 잡지 못한 시올이 마음을 더욱 웅쿠려들게 하고 있었다. 그럼으로 해서 시올이 마음이 때없이 바람살에 휘말려들었고 그것이 또 그네가 나갈 앞길을 가름하는 데 커다란 어지럼을 일구고 있었던 것이다. 시올이 뜻이라면 큰배울 오름에 있어 글목에 들어가서 글몫침을 닦고 싶지만 그러기에는 시올의 앎이 딸려서 겨룸에 못미칠 것 같은 못겨움이 앞섰고 제 어미가 붙들어 주는 줄을 타고 들어가자니 저 바람과는 턱도 없는 그림을 그려야 할 판이라서 이도 저도 모두 맘 무거울 뿐 시원하게 트인 길은 한쪽도 없이 답답했던 것이다. (큰배울 대학 글목 국문학과 글몫침 국문학 전공 못겨움 정도가 지나쳐 배겨내기 어려움)

모든 알맹이가 넉남는 가을이 아닌 가녀린 줄기에 매달린 나뭇잎 한 조각까지 싹싹 긁어 벗겨버리는 헐벗은 가을을 위해 돌바람은 가쁜 숨을 몰아쉬며 갖은 몰잇짓을 다하고 있다. 몸팔이 높녜의 살덩이를 싸고 있는 홑 겉치레처럼 덕지덕지 부서진 껍질을 파들거리며 소스라치듯 어설프게 떨어대는 나뭇가지들이 시올의 찜부력을 더해 주고 있었다. (넉남는 넉넉히 남아도는 몰잇짓 짐승이나 물고기를 잡기 위해 목으로 몰아넣기 높녜 창녀 찜부력 괴로울 때 걸핏하면 내는 짜증)

이제 높배울의 배움도 막바지에 이르러서 큰배울로 치닫는 뱀꾼들의 바쁜 마음들은 저마다 잰 달음질들로 안간 몸부림에 들끓이고 있다. 한 손으론 팽팽히 조여진 줄을 움켜잡고 또 한 손으론 마지막 흘린 뱀거리들을 주워 모으느라 이삭 줍는 씨갈이꾼처럼 쉴새없이 굽닐며 뱀방으로, 글침울로 또는 스승의 손짓 따라 쫓고 쫓기는 판이다. 이렇듯 모두가 바삐 도는데 시올이만은 겨울차림을 단단히 하여서 바람 한 올 기어들 틈 없이 바름질된 빈 방에 홀로 서서 쓸쓸한 외로움과 더불어 밋밋한 느낌에 잠겨 있을 뿐 아무 헤임도 없나 보였다. (높배울 고등학교 **뱀꾼** 학생)

이 글에서 나는 두 가지 아쉬움을 느꼈다. 하나는, 읽으면서 낱말 하나하나에 신경을 쓰느라 글 내용이 얼른 파악되지 않을 정도로 어수선하다는 점이다. 우리말만으로 쓴 글은 아름다우리라던 기대가 깨졌다. 이런 스타일로는 이보다 더 복잡하게 스토리를 엮거나 심리 묘사를 하지 못한다는 생각마저 들었다. 우리말 어휘 가짓수나 아우르는 범위가 지금같이 복잡한 세상을 설명하고 묘사하는 일을 감당하기에는 매우 벅찰 것이기 때문이다.

또 하나는, 지나치게 새 말을 많이 만들어 썼다는 점이다. 간나희나 갈보라는 말이 있는데 굳이 '높네'라는 말을 만들었다. 배움터라고 하면 누구나 수긍할 텐데 '배울'이라는 새 말이 필요할까. 고등학교를 '높배울', 대학교를 '큰배울'이라고 하는 방식으로는 지금 쓰이는 온갖 전문 용어를 우리말로 바꿀 수도 없거니와 억지스럽다는 느낌을 지울 수 없다. '학교'를 '배움터'로 하자는 의견도 여러 사람에게서 동의를 얻기 힘든데 하물며 이화여자대학교를 배꽃계집큰배울이라고 바꾸기가 현실에서 가능할까.

못겨움(배겨내기 어려움) 글목(국문학과) 글못침(국문학 전공)

도 적합한지 의문이 든다. 뱀꾼(학생)은 '배움꾼'이라고 해석하기 앞서 '땅꾼'이 먼저 떠오른다. 말이란 여러 사람이 같은 느낌과 쓰임새에 암묵적으로 동의해 오랜 세월 사용함으로써 방언이 되고 표준어가 되고 사전에 오른다. 그런 과정을 거치지 않고 지어낸 우리말은 시어詩語가 아니고서는 공인되기 어렵다.

네 번째 소개하는 글은 우리말이 주축을 이루고 한자어가 조연 역을 하는, 요즘 가장 일반적인 글이다. 2020년 2월26일 〈조선일보〉 '일사일언'에 극작가 박해림이 썼다.

… 탱고는 남녀가 세 다리로 추는 춤이다. 그러니까 여자의 한 다리는 남자의 몸에 의지한 채 추는 춤이란다. 남자가 아무리 어설픈 리드를 하더라도 여자는 남자를 리드할 수 없다. … 여자는 남자의 양어깨에 모든 것을 다 기대지만 남자는 고개를 들어 주변을 확인해야만 한다. 물론 이것은 주위로부터 상대를 보호하기 위함이기도 하고, 다음 음악을 함께할 상대를 물색하기 위해서이기도 하다.
그러나 여자가 한 다리로 선다고 해서 상대에게 자신의 체중 전부를 기대고 있다면 오산이다. 남자가 떠나도 언제고 그 한 다리로 설 수 있어야 한다고, 내 한 다리가 마주선 남자보다 얼마나 튼튼하게 지탱하고 서 있어야 하는지를 이야기한다. 그저 기대고 있는 척할 뿐.
슬픈 운명을 예고하는 탱고 음악처럼 남녀가 만나고 헤어지는 과정이 이 3분 안에 함축적으로 존재한다. 만나고 헤어지는 수많은 관계 속에서 유독 특별한 사람이 있었다 하더라도 이 음악이 끝나면 다시 만나기는 쉽지 않다. 뭐 다시 만난다 하더라도 완전히 똑같을 순 없다. 음악이 달라졌기 때문이리라.

개인적으로 가장 어려웠던 건 춤을 추기 전 고개를 들고 눈을 마주치는 행위다. '셸 위 댄스?' 같은 말을 하는 건 실례다. 고개를 들고 어떤 사람과 눈이 마주쳤다면 시선을 떼지 않고 함께 무대로 나온다. 만약 실수로 착각을 했다면 반대편 쪽으로 자연스럽게 걸어가면 된다. 부끄러운 건 아니다. 어찌 됐든 둘 다 적극적이지 않으면 누구도 이 관계를 시작할 수 없다는 것도, 음악이 끝나면 쿨하게 즐거웠다며 보내주고 다시 다음 사람을 찾는 것도, 아무리 익숙해져도 이 시작과 끝은 언제나 어렵다. 마치 지나간 내 보통의 연애들처럼 말이다.

이 글에 대한 내 의견은, 외국어(탱고, 리드, 셸 위 댄스), 유행어(쿨하다), 쉽지 않은 한자어(함축적含蓄的)가 뒤섞였음에도 편안하게 읽히고, 약간 철학적인 냄새를 풍기면서도 탱고를 통해 요즘 세대 성향을 상큼하게 드러냈다고 본다.

다음에 소개하는 글 역시 우리말이 주축을 이루고 한자어가 조연 역을 하여 읽기 편하고 익숙하다. 한자어가 꽤 있지만 난해하지 않다. 앞에 소개한 〈짝쿵〉과 달리 검증된 토박이말이 적재적소에 잘 쓰여 스토리뿐만 아니라 글맛도 살려준다. 내가 가장 선호하는 스타일이다. 1994년 '오늘의 작가상'을 받은 임영태 소설 〈우리는 사람이 아니었어〉에서 뽑았다.

골목의 외등 하나는 아직도 안 고쳐진 채 연신 꺼먹거리고 있었다. 그때마다 맞은편 담장 위에 박힌 유리 조각들이 파르라니 빛나고 죽었다. 곧 남녀는 골목 안쪽의 아슴한 모퉁이로 가뭇없이 사라졌다. 우리는 한참 동안 그대로 서있었다. … 간헐적으로 서느러운 바람이 마른 풀잎들을 스삭거리며 지나가기도 했다.

캐들거리는 미스 최의 웃음소리는, 어쨌거나 좋았다.

"나는 말이우 오빠…"

이런 말은 안 어울린다. 때문에 이런 말법은 나이 지긋한 노인네들의 어투로 더 적당해 보이지만 젊은 여자가 사용해도 사실은 듣기 괜찮다. 거기엔 세월을 엉너리치는 뜻밖의 애교가 만들어지는 것이다.

"…역마살이 끼었는가 봐."

미스 최는 그렇게 말해놓고 배시시 웃었다. 표정은 하소연이라도 하듯 잔뜩 구겨져 있으면서도 목소리는 장난기가 가득했다. 드난살이에 닳은 여자치곤 살가운 구석이 보이는 여자였다.

같이 살림이나 차려봐? 두호는 언뜻 스쳐가는 생각 뒤에 쓸쓸한 웃음을 매달았다.

"오빠, 애인 있어?"

"지금 같이 술마시고 있잖아."

"도대체 오빤 농담밖에 할 줄 몰라?"

미스 최는 제법 정색을 하더니 새치름한 표정을 지었다.

겨울산장에서 나오니 거리는 이미 많이 한적해져 있었다. 미스 최는 매달리듯 두호의 몸에 기대왔다. 얼굴이 색소에 물든 듯 붉었다. 두호 역시 몸 전체로 알싸한 취기를 느꼈다. 두호는 미스 최의 어깨를 싸안고 신작로를 건넜다. 몇 걸음 걸어 올라가자 붉은 네온빛 여관 간판들이 늘비했다. 세상이란 게 말이우… 두호의 팔에 안겨 계단을 오르던 미스 최가 비스듬히 고개를 들어 올리며 많이 꺾인 목소리로 말했다.

여섯 번째로 소개할 글은 일간 신문 경제면 기사이다. 한자어가 참 많이 나온다. 우리말로 대체할 수 없을 뿐 아니라 바꾼다한들 오히려 다른 말들과 어울리지 않아 읽기가 더 혼란스러울수 있다. 한글 전용 세상에서 한자어가 이렇게 많이 쓰인다는 사실이 놀랍겠지만, 전문 분야 글들은 거의 이 범주에서 벗어나지못하는 현실이다. 우리가 신문에서 대하는 글 중에서 이런 글이절반이라고 본다.

…올해 반등할 것으로 기대됐던 한국 경제가 우한 코로나(코로나 19) 충격으로 휘청거리고 있다. 2월 소비자심리와 기업 체감 경기가곤두박질쳤고, 영화 관람객은 절반으로, 일부 지역 지하철 이용객은 4분의 1로 뚝 떨어졌다. … 국내 중소기업 10곳 중 7곳은 이미 코로나로 피해를 보고 있는 것으로 나타났다. 이 가운데 수출입 업체들은 '중국 공장 가동 중단으로 납품 연기·차질'(51.6%), '중국방문 기회 축소로 영업활동 차질'(40.1%), '수출 제품 선적 지연'(28.6%) 등을 대표적 피해 사례(중복 응답)로 꼽았다. 경기도에서 디스플레이생산기계 부품을 만드는 F사의 경우, 중국에 있는 거래 업체에 부품을 수출했지만, 중국 측의 은행 업무 등이 제대로 진행되지 않아 아직까지 대금을 받지 못하고 있다.
이주열 한은 총재는 경제 충격 우려에도 이날 금리를 동결하면서 정부에 공을 넘겼다. "서비스업 등 코로나19의 피해를 크게 받고 있는취약 부문을 선별적으로 지원하는 미시적 정책이 금리 인하보다 효과적일 것"이라고 설명했다. 하지만 사스·메르스 때나 글로벌 금융위기때와 달리 경기를 복원할 정책 수단이 마땅치 않다는 점이 문제다. …

문자전쟁 반 세기 ②

-한글 전용에 걸림돌이 되는 네 가지

요즘(2020년) 유튜브에는 우리나라에 머무르는 외국 유학생들이 '한국에 와서 놀란 것'을 말하는 내용이 꽤 많다. 내 관심을 끈 것은 그들이 보여준 한국말 솜씨이다.

"저 아가씨 좀 봐. 달걀이라고 하잖아. 세상에! 겨란이라고 말하는 한국 사람보다 훨씬 낫네!"

내가 감탄하자 옆에서 둘째 딸이 거들었다.

"저렇게 말을 잘하는 건 거의 한국어 공부한 지 이년째 되는 사람들이래요. 그다음부터는 말을 정확하게 못한대요."

'어째서?'라고 물으려다 그만두었다. 정답이 퍼뜩 떠올랐기 때문이다. '옳아! 학교를 벗어나 한국 사람들과 접촉이 늘수록 틀린 말이나 잘못된 어법을 많이 배우게 되는 탓이겠지.' 과연 그랬다. 잘 나가던 그 동유럽 아가씨 입에서 나를 움찔하게 만든 말이 튀어나왔다.

"한국 전철 정말 부로워요. 임산부 자리도 만들어 있고, 노인 자리도 있자나요."

임산부! 아픈 곳을 찔렸다. 어느 무식한 공무원이 전철 객차에 '임산부' 안내문을 써붙인 뒤로 15년 넘도록 잘못 쓰이는 말을 저 아가씨가 그대로 배웠구나. 한 사람을 두고 '아이 밸 임妊' 자와 '아이 낳을 산産' 자를 같이 쓴 말은 있을 수 없다. '임신부' 여야 맞는다(278페이지 참조). 나는 국립국어원 직원들이 출퇴근 길 전동차 안에서 그런 안내문을 보고 '배가 부르지 않은 초기 임산부도 이용할 수 있도록 양보해 주십시오'라는 안내 방송(판교-여주 경강선 전철)을 들으면서 무슨 생각을 할지 참 궁금하다.

한글 전용이 시행된 지 50년이 지났다. 반 세기 넘도록 문자 전쟁이 벌어지고 있는 때에 또 내 주장을 펼치는 것은 바다에 물 한 방울 보태듯 부질없는 일이다. 그러나 정부 행태가 이와 같으니 다음 네 가지 질문을 던지지 않을 수 없다.

한글 전용으로 무엇이 달라졌나?

한글 전용專用이란 한글만 쓰자는 말인데, 그 겨냥하는 바가 우리글을 더 드높이자는 것이라면, 그리하여 한글에 대한 자긍심을 높이고 겨레와 나라를 크게 일으키고자 함이라면 대답은 '아니오'이다. 그 까닭은 무엇일까. 우리글로만 쓰자고 했으면 언문일치에 따라 우리말을 우리글로 표기해야 하는데 한자어까지 한글로 표기하니 전용이라는 말이 무색하게 반용半用이 되었다. 따라서 한글 전용을 함으로써 달라진 것은 없다. 임신과 임산을 구별하지 못할 정도로 한자 해독 능력만 퇴화했을 뿐이다.

한글 전용을 정착시키려고 애는 썼나?

내 보기에 지난 50년 동안 정부와 관련자들은 한글 전용으로 국격國格을 드높이기 위해 힘쓴 바가 없고(국립국어원), 오히려 역행했다(정부). 그 얘기를 해보겠다.

국립국어원은 학술단체가 아니다. 학술단체라면 한글학회와 발전적인 경쟁관계를 유지하면서 우리말 연구에만 치중해도 뭐라고 말할 사람이 없다. 그러나 이 기관은 한글 정책에 관한 권한을 독점하다시피한 정부 기관이다. 우리 국민이나 정부가 잘못 쓰는 말을 바로잡을 의무가 있다. 그런데 그것을 내팽개쳤다. 앞서 밝혔듯이 50년 넘도록 '자장면'을 방치하고, '인터네트'와 '인터넷'이 뒤섞여 쓰이던 사태를 나몰라라 한 것을 꼽을 수 있다(외래어표기법에 따르면 '인터네트'가 맞다. 그러나 네티즌들은 '인터넷'이라고 썼다. 혼란을 보다 못한 신문편집인협회가 나서서 '인터넷'으로 표기하겠다고 결정했다). '임산부' 문제는 침묵과 방관으로 일관하고, 최근에는 '배달의민족'이 세계적인 기업으로 올라서기까지 그 기업명이 잘못된 점을 지적하지 않았다. 이런 일을 나서서 해결할 곳이 국립국어원 말고 어디겠는가(298~299페이지 참조).

정부는 그보다 더하다. 그들은 일만 저지른다. 임산부 말고도 한글 전용 취지를 무색케 한 것 한 가지 더. 평창 겨울 올림픽 때 한글을 배운 외국인은 어리둥절했을 것이다. 사전에는 winter가 겨울이고 summer는 여름이다. 그런데도 전세계가 주시하던 그때 이 나라에서는 겨울 올림픽이 아니라 동계 올림픽이 열리고 있었다.

이 나라 모든 미디어도 국제올림픽위원회(IOC)가 정한 공식 명칭인 Summer Olympic Games, Winter Olympic Games를 여름 올림픽과 겨울 올림픽이라고 하지 않고 마치 올림픽이 중국에서 열리는 듯이 하계 올림픽과 동계 올림픽이라고 표기한다. 하계夏季·동계冬季로 성에 안 차는지 '겨울철'이라는 좋은 말 놔두고 동절기冬節期라고 한다. 부모가 자식 이름을 한자로 제대로 못 쓰는 사람이 절반에 이른다. 동절기를 한자로 쓸 수 있는 사람이 우리나라 인구에서 몇 퍼센트나 될까? 이것이 당신들이 추진해 온 한글 전용이냐고 묻고 싶다.

새로 생기는 말들을 우리말로 만들 수 있을까?

한글 전용이 목적하는 바가 단순히 한자를 한글로 쓰는 것이 아니라 우리말 어휘를 쓰자는 것이라면, 이 질문과 그에 대한 답변은 어쩌면 이 책에서 가장 핵심이 될 것이다. 국어사전에 실린 어휘 수는 1938년 겨우 10만(《조선어사전》 문세영)이던 것이 60년 만에 50만을 넘겼다. 온갖 명사와 전문용어를 나오는 족족 담다 보니 이렇게 늘어났다. 그 빌미가 있기는 했다. 어려운 시절 백과사전 대역代役을 하느라 사전辭典이 아니라 사전事典이 된 사정이다. 어쨌든 과학 기술 분야에서 끊임없이 새로운 용어가 생기고 외국어 사용이 늘어남에 따라 우리가 사용할 말이나 사전에 등재되는 말은 자꾸 늘어날 수밖에 없다.

초창기 국어사전에 등재된 어휘 10만이 50만 어휘로 늘었다고 하는데, 늘어난 40만개 중 30만 개 가량은 한자로 된 전문용어나 외국어 명사名詞이다. 그 말들을 우리말로 만들 수 있을까. 절대 그럴 수 없다. 새로 나온 전문용어나 개념을 우리말로 짓는

데는 한계가 있다. 특히 사물 이름, 즉 명사는 뜻 글자인 한자에 의존할 수밖에 없다. 빨래를 저 혼자 알아서 해주는 기계가 발명되면 '스스로 빨래틀'이라거나 '빨래를 처음부터 끝까지 스스로 알아서 해주는 틀'이라고 하겠는가, 아니면 '전자동 세탁기'라고 하겠는가.

그때그때 용어나 물건 이름에 새로 만들어 붙이는 한자는 아주 어려운 한자일 수도 있다. 지금처럼 한자어를 한글로만 표기하면 우리는 뜻도 모르는 채 새 한자어를 그저 영어 단어 외우듯이 할 수밖에 없다. '스스로 자自' '움직일 동動' '씻을 세洗' '씻을 탁濯' '틀 기機'라는 글자 뜻을 모르는 채 자동 세탁기라는 말을 외워서 쓴다는 말이다. 한글 전용에 제일 걸림돌은 아마도 이렇듯 새로 생겨나는 말일 듯싶은데 그에 대한 대책이 있는지 궁금하다. 한자어를 영어 단어 외우듯이 하느니 차라리 기초 한자를 1,500∼1,800자쯤 배우면 아무리 새로운 한자어가 끊임없이 생겨나 한글로 표기되어도 뜻을 알고 쉽게 쓸 수 있다.

문서용으로 한자 명사만 쓰이는 데 대한 대책은?

모든 문서와 공고, 브리핑 자료와 프레젠테이션(PT) 화면에는 동사가 거의 없고 명사만 쓰인다. 그 명사는 전부 한자어이다. '들어가지 마시오'라는 말이 예전에는 '한인물입閑人勿入'(일 없는 사람은 들어오지 말라)이었고, 지금은 '출입금지'이다. '담배를 피우지 마시오'는 '금연'이다. 동사를 명사로 만들어 쓰려니 한자로 쓸 수밖에 없다. 그 한자는 한글로 표기된다. 우리가 사생활을 벗어나 공적 영역에 들어서면 모든 글자는 한자어 명사뿐이다.

이처럼 우리나라 사람이 두 가지 언어 환경에서 사는 현실은 외면하고 탁상공론식 한글 전용만 되뇌고 있다.

한자를 쓰는 데에도 해결해야 할 문제가 많다. 국어사전에 등재된 어휘 가운데 반 넘어가 한자어이다(한글전용측은 약 50%, 한자병용측은 70~80%라고 추정한다). 그런데 이 한자어에는 중국에서 온 말, 우리가 만들어 쓴 말, 불교에서 온 말, 일본에서 온 말이 뒤섞여 있다. 그리하여 일반 어휘는 중국 한자어, 철학·사상 어휘는 불교 한자어, 현대 문명과 과학 관련 어휘는 서양으로부터 신문명을 먼저 받아들인 일본 한자어가 쓰이고 있다. 그래서 중국식 한자 교육을 받은 사람이 일본 한자어를 이해하기 어렵고, 같은 한자어를 세 나라가 달리 쓰는 경우도 많다.

먼저 불교 용어를 보자. 예로부터 거지들이 동냥하면서 '적선합쇼'라고 하던 말이 불교에서 나왔다. 적선積善은 선행을 쌓는다는 뜻이다. 동냥은 번뇌를 깨뜨리려고 요령을 흔드는 동령動鈴에서 유래했다. 스님이 시주를 얻으려고 방울을 흔들며 다니던 수행修行인 동령탁발이 조선시대에 와서 거지가 구걸하는 행위를 가리키는 말로 전락했다. 우리가 일상에서 쓰는 불교 용어는 1,100개가 넘는다고 한다. 몇 가지만 보자.

○ 결과結果 공부工夫 과거過去 현재現在 미래未來 관념觀念 다반사茶飯事 대중大衆 도구道具 도반道伴 면목面目 명복冥福 무사無事 무진장無盡藏 번뇌煩惱 비밀秘密 사상思想 세계世界 야단법석野壇法席 연설演說 육신肉身 의식意識 이심전심以心傳心 이판사판理判事

判 인연因緣 작품作品 점심點心 지옥地獄 지혜智慧 찰나刹那 탈락脫
落 투기投機 현관玄關 환멸幻滅 환희歡喜 ….

국어사전에 등재된 일본 한자어는 약 2만 개라고 알려져 있다.
그 중에는 '전화でんわ'처럼 한·중·일 3국이 공통으로 쓰는 말도
있지만, 우리는 고군분투孤軍奮鬪, 중국에서는 단병돌파單兵突破
라고 하듯이 같은 사물을 다르게 표현하는 경우가 부지기수이
다. 또 아래처럼 같은 글자인데 달리 쓰이는 말도 많다.

○ **일력一力**: 중국에서는 '하인 한 사람' '한 사람 몫 일을 하는 하인'이
다. 말 한 마리가 내는 힘이 1마력馬力이듯이 하인 한 사람이 제 몫
을 다하면 1일력인 셈이다. 일본어로는 '자기 힘'(自分の力)이라는 뜻
이지만, 온 힘을 다해 정성껏 모신다는 뜻으로 음식점 이름 같은 곳
에 쓰인다. 한국에서는 조선시대에 군사를 뽑을 때 치른 체력장 1등
급이 '일력'이었다. 일력은 50근 무게를 양손에 하나씩 들고 160보
를, 이력은 130보, 삼력은 100보를 걸으면 따내는 등급이다.
○ **양행洋行**: 중국에서는 서양 물건을 파는 상점, 우리나라에서는 상
사商社, 일본에서는 '외국 여행'이라는 뜻으로 쓰인다.
○ **행간行間**: 중국에서는 군중軍中, 군영軍營이다. 한국에서는 인쇄된
글 줄과 글 줄 사이를 뜻한다. 사실 이 경우 정확한 음은 행간이
아니라 '항간'이다. '항'은 기러기 생태에서 나온 말이다. 기러기가
V자 대형으로 나는 모습이나 다른 사람 형제를 '안항雁行'이라 하
고, 피붙이끼리 높낮이를 따질 때 '항렬行列'이라고 한다. '행'이 특
이하게 쓰인 예로 중국어 행비서行祕書가 있다. 수행비서가 아니

라 '걸어다니는 백과사전'을 가리킨다.

일본 한자어에서 제일 문제가 되는 것 하나는, 본디 한자어 뜻과는 상관없이 만들어진 말이 많아 우리 정서에 맞지 않는다는 점이다. 가령 '벤또'를 나타내는 한자어 변당弁当은 '고깔 변, 즐거워할 반' 자와 '마땅할 당, 할당할 당' 자로 이루어졌다. 중국 남송南宋으로 거슬러 올라가야 어원을 찾을 수 있는 이 말에서 휴대용 밥그릇이라는 뜻은 찾을 수 없다. '바칠 납, 거둘 납'과 '얻을 득' 자로 조합된 '납득納得'도 '다른 사람 말이나 행동을 잘 알아차려 이해한다'는 뜻으로 받아들이기 힘든 한자 조합이다.

또 하나는 우리가 오랫동안 써온 말뜻을 밀어낸 것이 많다는 점이다. 중국이나 우리나라에서는 죽은 사람에 관련된 말은 모두 앞에 선先 자를 썼다. 선고先考 선고先姑 선군先君 선부先夫 선왕先王 선친先親 등 스무 가지가 넘는다. 그런데 지금 우리나라에서는 죽은 사람을 고인故人이라고 뭉뚱그려 말한다. 일본 한자어 고진こじん이다. '고인'은 본디 오래 사귄 친구라는 뜻이다. 중국에서 회자되는 당시唐詩에 왕유가 지은 칠언절구 〈위성곡渭城曲〉이 있다. 지금도 중국 사람들은 회식이나 송별 모임에서 우리가 '위하여'를 외치듯이 '고인'이 나오는 넷째 구를 외치며 건배한다.

○ 渭城朝雨浥輕塵 客舍青青楊柳春 위성조우읍경진 객사청청양류춘

勸君更盡一杯酒 西出陽關無故人 권군갱진일배주 서출양관무고인

(위성 아침 비가 먼지 살짝 일으키니/ 객사 뜰 푸른 버들 봄빛 더했네

권커니 한 잔 또 비우시게나/ 양관밖 나서면 옛친구도 없으려니) (필자 졸역)

우리 옛 소설 〈옥누몽〉에도 '고인'을 쓴 대목이 있다.

○ 손야차는 소장의 고인이라

(손야차는 소장에게는 오랜 친구이니)

앞서 198쪽에서 언급했지만 발명發明이라는 말은 우리나라에서 수백 년간 '잘못이 없음을 밝혀 변명한다'는 뜻으로 쓰였다.

○ 감히와셔**발명**ᄒ기로그리ᄒ엿ᄂᆞ이다 (《한듕록》 1805년, 혜경궁 홍씨)

○ 형식은 더 **발명**ᄒ랴고도 안이ᄒ얏스나 (《무정》 1917년, 이광수)

○ **發明** (발명) 無罪를辯解ᄒ는 곧. (《조선어사전》 1920년, 조선총독부)

○ 그는 '이것보다 더 좋은 것을 살 수가 없다' 하는 뜻을 보이려고 애를 쓰며 이런 **발명**까지 한다 (《빈처》 1921년, 현진건)

지금 '발명'을 이런 뜻으로 쓰는 사람은 없다. 이 수치스러운 일을 어떻게 해야 할지도 무거운 숙제이다.

한국 사람은 전세계에서 국민 전체 지능지수(IQ) 1,2위를 다툰다(평균 106). 한자는 조합 원리만 알면 해독에 필요한 기본 1,000자, 혹은 1,800자를 쉽게 깨칠 수 있다. 그런데도 영어 단어는 수천, 수만 개를 외우게 하면서 '한자는 어렵다'는 고정관념을 심어준 이는 누구인가. 한자어는 우리가 일상에서 늘 쓰기 때문에 배우기가 어렵지 않다. 나처럼 중간 정도 하는 사람조차 따로 공부하지 않고도 한자를 익혔다.

1964년 2월25일. 중학교 2학년 새학기를 앞두고 1학년 마지막 봄방학 때이던 그 날 나는 신문 배달을 시작했다. 신문 100부가량을 옆구리에 끼고 세 시간 넘게 중구청 주변을 돌았다. 그 날 신문 1면을 장식한 기사가 캐시어스 클레이(뒷날 무하마드 알리로 개명)가 나비처럼 날아서 벌처럼 쏘아 소니 리스튼을 KO로 꺾고 역사상 가장 위대한 헤비급 챔피언에 오른 대사건이어서 똑똑히 기억한다.

그 기사를 재미있게 본 뒤로 나는 매일 신문을 읽었다. 그때 신문은 한자투성이였다. 모르는 한자는 앞뒤 문장 내용을 보고 어림짐작해서 그냥 읽었다. 몇 년이나 잘못 알고 지낸 한자도 있었지만, 대부분은 주변에서 들리는 말로 미루어 무슨 글자인지 알게 되었다. 한자 왼쪽에 붙는 변邊으로 글자 뜻을 짐작해 맞추면 스스로도 대견했다. 이렇게 신문 보기가 몸에 배자 고등학교 3학년 때쯤에는 수천 자를 알게 되었다. 말하자면 독서백편의자현讀書百遍義自見이라는 진리가 실증되었다.

세상에 존재하는 문자는 표음문자와 표의문자 두 가지인데, 어느 나라 어느 민족이든 그 중 한 가지만 쓴다. 우리만 그 두 가지를 다 쓴다. 5천 년 역사에서 가장 뛰어난 소리글자에 가장 뛰어난 뜻글자를 합해서 쓴 50 년 동안에 우리는 인류 역사상 전무후무한 국가 발전을 이루었다. 이미 한자漢字와 많이 달라져 한자韓字가 되어버린 이 뜻글자를 버리는 것을 날카롭게 비판한 외국인이 있다. 소리와 뜻이 서로를 보완해 이루어낸 완벽한 조화를 깨뜨리지 말라는 그 충고는 귀담아들을 가치가 있다고 생각한다.

"아무리 한글이 뛰어나다고 해도 한자를 버린 한국은 과학과 인문학에서 언젠가 추락하고 말 것이다."

지나간 전쟁 아니다

개선해야 할
언어환경

'삭정이'처럼 제구실 다하면
사라지는 사어死語가 생기기 마련이다.
내가 우리말을 쓰자고 함은
순수 우리말은 얼마 없고
새로 생기는 신어新語는 거의가 한자어이니
남은 말이라도 잘 쓰고자 함이다.
우리말 우리글만 쓰자면서
한자어 표기를 한글로 하는 것도,
외국어를 쓰지 말자는 주장도 고집일 뿐이다.
나라가 선진국이 되고
한글이 세계로 퍼져 나가게 되었으니
무엇이든 발음하고 표기할 수 있는 한글에
여러 나라 언어를 섞어 써서
표현을 다양하게 하며
언어 용광로 구실을 하게 함으로써
세계 언어가 되기를 바라는 것이 욕심일까.

지나간 전쟁 아니다

장수들은 지나간 전쟁과 싸운다는 말이 있다. 나도 지난 얘기를 무용담인 양 늘어놓는다고 보일까 걱정스럽다. 그것을 무릅쓰고 이 글을 쓰는 까닭은 명백하다. 기자 생활 마지막 15년 동안 남이 쓴 글을 고친 것 중 빈도가 높은 어휘를 꼽아보니 마흔 개쯤 된다. 누구든 몇 번 고쳐주면 그다음에는 틀리지 않는다. 하지만 기자들이 들고 나며 계속 사람이 바뀌니 틀린 말 또 틀리기는 여전하다. 그러므로 내게는 지나간 전쟁이 아니다. 틀린 것만 찾아내던 내 네거티브 인생을 이 책에 연장하려는 이유이다. 가장 많이 틀리는 말, 어제도 틀리고 오늘도 틀리고 내일도 틀릴 말들에 경종을 울리고자 한다.

교포(×) 동포(○)

국어사전은 '교포'를 '다른 나라에 살고 있는 자국민'이라고 간단히 소개했지만, 이것은 참으로 불성실한 풀이이다. 교포는 '동포'로 바꾸어 써야 한다. 요즘에는 동포라고 많이 쓰지만 아직 교포를 쓰는 사람이 꽤 있다.

동포同胞라는 말에서 포胞란 뱃속 아이를 둘러싼 태반胎盤과 탯줄을 말한다. 태반은 엄마와 아기가 탯줄을 통해 영양·호흡·배설을 주고받는 기관이다. 그래서 아이를 배면 잉태孕胎라고 하고, 뱃속 아이는 태아胎兒라고 한다. 젖먹이동물을 '태어났다'고 하는 것은 '태에서 나왔다'는 말이고, 날짐승을 '깨어났다'고 하는 것은 (알껍질을) '깨어서 나왔다'는 말이다. 그렇다면 동포란, 좁게는 한 어머니에게서 태어난 자식들이고, 넓게는 한 겨레를 가리킨다.

교포僑胞에서 교僑는 '우거할 교'이다. 남에게 붙어산다는 뜻이다. '붙어살 기寄'와 같은 말이다. 벌레가 다른 동물 몸(숙주)에 붙어살면 기생寄生이라 하고, 사람이 다른 사람에게 빌붙어 살면 우거寓居라고 점잖게 표현한다. 그렇게 본다면 '교포'는 다른 곳에 가서 빌붙어 사는 내 겨레붙이라는 뜻이니 썩 좋은 표현이 아니다. '해외'라는 말도 바다에 둘러싸여 사는 일본 사람들이 자기네 위주로 만든 말이니 우리로서는 '외국'이 더 정확한 표기이다.

해외 교포(×) 해외 동포(×) 외국 동포(○) 재미 동포(○)

사리(×) **국수**(○)

7~8년 전까지도 겨울 문턱이면 새끼줄을 한 고팽이씩 사다가 감나무를 칭칭 감아 겨울옷을 입혀 주었는데 요즘은 새끼줄을

팔지 않아 보온덮개와 비닐끈을 쓴다. 비닐끈이 없던 시절에는 실·삼·종이 따위를 비비고 꼬아서 만든 노끈과 짚을 꼰 새끼줄이 다였다. 노끈은 작은 물건을 묶는 데 썼고, 새끼줄은 우리 생활 전반에 두루 썼다. 초가 지붕을 묶고, 울타리도 엮었다.

새끼줄처럼 가늘고 긴 물체는 '사리'라고 했다 또 사리를 헝클어지지 않게 빙빙 돌려 감은(사린) 것— 전깃줄이나 심지어 구렁이가 똬리를 튼 것도 사리라고 했다.

○ 구렁이는 비늘을 번쩍이며 **사리**를 풀고는 나무를 타고 꿈틀꿈틀 기어 올라간다. (《장길산》 황석영)

사려 놓은 돌림을 세는 단위는 '고팽이'인데, 지금 사전에는 '사리'를 세는 단위로도 쓴다고 되어 있다.

국수를 한 뭉치씩 사린 것도 사리라고 했다. 그것이 지금은 '사리=국수'가 되었다. '사리 곰탕' '냉면 사리' '라면 사리'…. 잔치국수·메밀국수·칼국수 빼놓고는 모두가 국수를 사리라고 한다. 어떻게 해서 둥글게 감은 모양이나 그 단위를 나타내는 '사리'가 밀가루나 메밀가루를 반죽해서 가늘게 썰거나 기계로 뽑아낸 '국수'로 바뀌었을까. 이를 규명하는 데는 추리 소설을 쓸 만한 발상이 필요하다.

예전에 길거리 포장마차는 손님이 청하면 바로 내줄 수 있게끔 국수를 미리 삶아 한 사리씩 주인 뒤편 선반에 죽 늘어놓았다. 손님이 국수를 청하면, 주인은 그 중 한 사리를 그릇에 담고 뜨거운 국물을 부었다. 그 때 찬 국수 때문에 국물이 금방 식으니 한 번 따라내고 다시 뜨거운 국물을 부어 내놓기 마련이다. 추위에 움츠러든 손님은 주문한 지 1분도 안 되어 따끈한 국물을 훌훌 들이키며 몸을 녹였다. 손님이 여럿 들이닥쳐도 주인은 다급한 기색 없이 선반에서 국수 한 사리씩을 집어다 그릇에 담고 국물을 부어 내주면 되었다.

국수 양이 모자라면, 짜장면 곱빼기와 달리 먹다가 한 사리를 더 시켜도 된다. 국물만 더 부으면 되니까. 그 과정에서 '사리'가 '국수'로 바뀌었다는 것이 내 추리이다. 아마도 처음에 주인과 손님이 나눈 대화는 이러했으리라.

"어서 오세요." "아주머니, 국수 한 그릇 말아 주세요." … "아 맛있다. 국수 한 사리 더 주세요."

일상에서 서로가 알아들을 말은 생략되기 마련이다. "국수 한 사리 더 주세요"에서 '국수'가 빠지고 "한 사리 더 주세요"로 바뀜은 자연스러운 현상이다. 있으나 마나인 '한'까지 빠져 "사리 더 주세요"로 줄어도 국수 더 달라는 뜻은 통한다. 그러다가 '사리'는 '국수'가 되었으리라. 언제인가 사리는 '실책'에서 보았듯이 국어사전에 이렇게 등재될 것이 뻔하다.

○ **사리** ① 국수·실·새끼 등을 사리어 감은 뭉치, 또는 그 뭉치를 세는 단위 ② 국수

사체(×) 시체(○), 초죽음(×) 초주검(○)

신문·방송 기자들은 죽은 몸뚱이를 말할 때 사체死體라는 말을 쓴다. 나 어렸을 때는 '송장'을 많이 쓰다가 시체屍體로 바뀌었다. '전우의 시체를 넘고 넘어 앞으로 앞으로…' 아이들까지도 따라 불렀던 이 노랫말 영향이 컸다.

'사체'는 일제가 잘못 만든 법률 용어인데 언제부터인가 신문

기자들이 별 생각 없이 가져다 쓰고 있다. 말 자체가 일상에서 흔히 쓰이는 말이 아니어서 일반 사회에만 널리 퍼지지 않았을 뿐 모든 인쇄 매체가 '사체'라고 잘못 쓰고, 방송에서도 앵커나 아나운서가 잘못 쓰고 있다.

죽음을 말할 때 당사자에게서 비롯된 이유로 죽으면 사망死亡이고, 남에게 죽임을 당하면 피살被殺이다. 사망이든 피살이든 죽은 몸뚱이만 가리킬 때는 우리말로 송장이나 주검이고, 한자어로는 시체(주검 시屍＋몸 체體)이다. 사망·횡사橫死처럼 '사死'가 든 말은 모두 **죽음**과 관계되고, 시반屍斑(주검에 생기는 자줏빛 얼룩 점), 검시檢屍(변사자 몸뚱이를 검사하는 일)처럼 '시屍'가 든 말은 다 **주검**과 관련 있다. 변사變死(뜻하지 않은 사고로 죽음)한 사람만 변시체 혹은 변사체로 死와 屍를 다 쓴다.

그렇다면 다치거나 너무 지쳐서 시체로 가는 초기 단계처럼 된 상태는 '초죽음'일까 '초주검'일까. 당연히 초주검이다. 초初가 첫 단계를 가리키는 말이므로 주검으로 가는 초기 단계라는 '초初주검'이 맞다. 국어사전은 초주검을 '다치거나 지쳐서 거의 다 죽게 된 상태'라고 풀이했다. '주검과 다름없이 된 상태'라고 해야 하는데 '죽게 된 상태'라고 잘못 풀이함으로써 초주검이라는 말에 들어 있는 '주검'을 무색하게 만들었다. 그렇지 않아도 '초죽음'이라고 잘못 아는 사람이 많은 터에 사전이 '초시初屍'라는 표제어에 '초사初死'라는 설명을 단 꼴이 되어버렸다.

사람들이 사회에서 제일 많이 보는 인쇄물은 신문이다. 신문은 국어 교과서 노릇도 하지만 틀린 지식을 '널리' 퍼뜨리기도 한다. 옆 사진에서 보듯이 특히 기사 제목이 그렇다.

공화당 지지자 53% "트럼프 또 찍겠다"

트럼프 "미국 우선주의 계속돼야"
정치재개 염두한 발언 이어가

도널드 트럼프 미국 대통령이 추수감사절(26일)을 앞두고 24일(현지 시각) 열린 '칠면조 사면식'에서 무뚝뚝한 얼굴로 "미국 우선주의가 사라져서는 안 된다"고 했다.

트럼프는 이날 백악관 전통에 따라 추것으로 보인다. 트럼프는 이 자리에서 다우지수가 이날 사상 처음으로 3만을 돌파한 것을 거론하며 "엄청난 성과"라고 자랑했다. 트럼프는 이날 행사에서 기자들이 '혹시 (각종 수사에 대비해) 스스로를 사면할 계획이 있느냐'고 질문했지만 아무런 답을 하지 않았다.

트럼프가 이날 칠면조 사면식에서 '미국 우선주의'가 계속돼야 한다고 강조한 것은 퇴임 후 정치 재개를 염두에 둔 것일

취재 기자는 맨 끝줄에 '염두에 둔'이라고 바르게 썼지만, 편집 기자는 작은 제목에 '염두한'이라고 틀리게 썼다. 염두念頭는 '머릿속 생각'이라는 뜻을 지닌 명사이다. 행위성 명사가 아니므로 '~하다'를 붙여 동사를 만들 수 없다. 몇 년 전부터 젊은이들이 '염두하다'라고 잘못 쓰기에 신경이 쓰였는데, 기사 제목에까지 틀리게 쓰이고 말았다.

TV만 잘나오면 되는 文 정권 '쇼 국정' 임대주택

문재인 대통령이 지난 11일 방문한 경기 화성시 동탄 임대주택 행사에 인테리어비와 행사 진행비 등 총 4억5000만원의 예산이 쓰였다고 한다. 문 대통령은 당시 41㎡(전용면적 12평)짜리 복층형과 44㎡(13평)짜리 투룸형 아파트를 둘러봤다. LH(한국토지주택공사)는 이 두 집을 꾸미기 위해 커튼과 침대, 식탁,가구 중 25%(410가구)가량
"LH 측이 대통령에게 보여□
를 해서 피해를 입었다"고 □
기획했다고 한다. 그는 현장
서관 때 대통령 행사를 수차

이 기사 제목은 한눈에 틀렸다고 알아보기가 쉽지 않다. 편집 기자가 애초 제목을 달 때 제대로 썼어야 한다. 'TV만 잘 나오면'이라는 말은 'TV가 고장 없이 제대로 작동되면'이라는 뜻이다. 그러므로 'TV에만 잘 나오면'이라고 해야 'TV에 홍보가 잘 되면'이라는 뜻이 되어 기사 내용과 일치한다. 편집 기자는 제목을 달 때 늘 글자 수에 제한을 받는다. 그런 어려움이 있지만, 그래도 맞춤법을 제일 많이 틀리는 주범이라는 불명예는 벗어야 한다.

역설→ 일부를 빼고는 아이러니컬로

기자들이 곧잘 틀리게 쓰는 대표적인 말이 역설逆說이다. 대부분이 아이러니컬하다고 해야 할 대목에 '역설'을 썼다.

○ **역설**paradox. 겉보기에는 모순인 듯하고 불합리해 보여도 사실은 진실을 담고 있는 말을 역설이라고 한다. 예: '소리 없는 아우성' '즐거운 비명'

○ **아이러니**irony. ① 반어反語: 어떤 뜻을 강조하려고 반대로 표현할 때를 가리킴. 형편없는 몰골을 보고 '꼴좋다'고 하거나 못생긴 여자를 천하일색이라고 하는 경우. ② 예상하지 못했던 결과가 빚은 모순이나 부조화. 예: '역사에서 승자와 패자가 바뀌는 아이러니'

위 설명을 보면 아래 글에 '역설'이 잘못 쓰였음을 알 수 있다.

한나라당은 여당의 안案에 강력히 반발하고 있다. 그들은 오히려 정부 안에 찬성하는 쪽이 대세를 이루고 있다. **역설적**이지만 재경부가 야당에 기대를 걸고 있다는 관측이 나오는 것도 이런 정황에서다.

위 글에서 '역설적이지만'은 '아이러니컬하게'로 바꾸어야 한다. 야당이 정부 안에 찬성한다는 예상 밖 사태가 정치 현실과 다르고 모순되므로 '아이러니' ②에 해당한다. 그런데도 '역설'을 쓴 까닭은 '거스를 역逆' 자가 주는 선입견 때문이 아닌가 한다. 사실과 반대되고 모순된 결과를 강조하고자 할 때 '반대'라는 뜻을 가진 '역' 자만 염두에 두었을 것 같다.

옥석을 가리자(×) 옥석이 함께 타는 일을 피하자(○)

〈서경書經〉에 옥석구분玉石俱焚이라는 말이 있다. 옥玉과 돌[石]이 함께[俱] 탄다[焚], 즉 선악 구별 없이 함께 망함을 뜻한다. 옥으로서는 모진 놈 옆에 섰다가 벼락 맞은 꼴. 이 말을 기자들은 '옥석을 가려야 한다'고 쓴다. 가령 국가대표팀 선발 과정을 전할 때 옥석을 가려야 한다고 했다면, 이는 알곡[玉]과 쭉정이[石]를 가려 정예 멤버를 내보내라는 말이겠다. 이 경우 '구분'이 함께 불탄다는 말인 줄 모르고 좋은 것과 나쁜 것을 잘 가려낸다는 뜻인 구분區分으로 잘못 알고 쓴 말이다.

구분俱焚이든 구분區分이든 자칫 '석石'으로 지목되는 사람 처지와 인격을 무시하게 되므로 피하고 싶은 표현이다. 옥석이 함께 타는 일을 피하라는 말 또한 그것을 쓰려면 글이 복잡해지므로 굳이 권하고 싶지는 않다. 그런데 곰곰 따져보니 두 어휘가 뜻밖에 일맥상통한다. 구분俱焚되지 않도록 잘 구분區分하라. '평준화 교육'을 비판할 때 적절하게 쓸 말이라는 생각이 든다.

일본에도 비슷한 예가 있다. 한[一] 생애[生]에서 목숨[命]을 걸고[懸] 간절하게 임한다는 뜻으로 흔하디흔하게 쓰이는 잇쇼우켄메이いっしょうけんめい・一生懸命가 사실은 오랜 역사를 자랑하는 잇쇼켄메이いっしょけんめい・一所懸命를 밀어낸 것. 잇쇼켄메이란 봉건시대에 영지 한 곳(一所)을 무사가 목숨 걸고(懸命) 지켜서 생활 터전으로 삼는다는 뜻이다. 그 잇쇼(一所)가 에도 시대 이후 사무라이가 사라지자 잇쇼우(一生)로 슬며시 바뀌었다. 발음이 흡사해 생긴 일인데, 서로 통하는 말이어서 바뀌어 쓰이게 된 것 같다.

인수·인계(×) 인계·인수(○), 인수·합병(×) 합병·매수(○)

내가 고등학교 3학년 때 '민주적으로 시험 치르기'가 이슈가 된 적이 있었다. 학교 성적과 상관없이 입학시험 성적으로만 대학에 갈 때였으니 중간고사나 기말고사는 감독 없이 자율로 치르자는 얘기였다. 수업 시간에 한 선생님이 '무시험 감독' 소신을 밝혔는데, 수십 번 말씀하신 그 말이 '무감독 시험'을 잘못 말한 것임을 아무도 알아차리지 못했다. 사실은 우리끼리도 이 얘기를 할 때 '무시험 감독'이라고 말했다. 아예 시험이 없기를 바라는 마음이 더 앞섰기 때문이 아니었을까.

인수·인계도 무심히 틀리게 쓰는 말이다. 인수引受란 넘겨받기이고 인계引繼란 넘겨주기이니 인계가 선행되어야 인수가 이루어진다. 그런데도 우리는 인계·인수라고 하지 않고 인수·인계라고 한다. '인수' 쪽에 관심이 더 크다는 증거이다. 폭탄 돌리기에서 당첨되듯이 전임자 잘못을 뒤집어쓰는 사례가 있다 보니 잘 넘겨받아야 한다는 마음이 '인수'를 앞으로 끌어낸 것 같다.

인수·인계라고 쓰다 보니 그렇게 되었으리라고 생각되는데, 경제부 기자들이 잘못 쓰는 말 중에 가장 빈도가 높은 용어가 '인수·합병(M&A)'이다. M은 '합병(merger)'이고, A는 '매수(acquisition)'이니 '합병·매수(M&A)'라야 맞다. 내 기억에 처음 한동안은 '합병·매수'라고 제대로 썼는데 언제부터인지 '인수·합병'으로 바뀌었다. '인수'는 돈을 주었든 공짜든 무엇을 넘겨받는다는 뜻이므로 돈이 오갔다면 '매수'라고 해야 한다.

순서 얘기가 나왔으니 부임이라는 말을 하지 않을 수 없다. 얼마 전 내가 사는 면面에 있는 중·고등학교 교문에 '축 ○○○ 교감 선생님 부임을 환영합니다'라는 플래카드가 걸렸다. 환영한다고 했으니 새로 오시는 분을 반긴다는 말일 터인데 내용은 '잘 가시라'였다. 국어 선생님들 가운데 누구도 그 말이 틀렸다고 알아본 사람이 없었나 보다.

이처럼 우리 사회에서는 누가 어디에서 어디로 근무지를 옮기면 새 임지에 가든 오든 '부임한다'고 한다. 이곳에서 저곳으로 가면 '부임赴任'이고, 저곳에서 이곳으로 오면 '취임就任'이다. '취임'을 잘 쓰지 않는 까닭은, 대통령에게나 쓸 권위 있는 말로 은연중에 인식되어 있어서라고 추측한다.

자문을 구하다(×) 자문을 받다(×) 자문하다(○)

돈을 빌릴 때 '돈 빌려줘'라고 말하는 사람은 없다. '돈 좀 빌려줘'라고 '좀'을 꼭 넣는다. '백만원 빌려줘'라고 하는 사람도 없다. '백만원만 빌려줘'라고 꼭 '~만'을 붙인다. 우리 국민이 가진 말버릇이다. 뭔가를 부탁할 때 조심스럽다거나 미안하다거나 더 많이 요구하는 것이 아니라거나 하는 뜻을 나타내려고 하는 보편 심리라고나 할까.

'자문諮問'에도 '좀' '구한다' '받다'가 버릇처럼 따라붙는다. 나도 툭하면 남들한테서 '자문 좀 구하려고 한다' '자문 좀 받고 싶다'는 말을 듣는다. 자문이란 의견을 묻는다는 뜻이니, '자문을 구한다'는 '당신보고 나한테 무엇을 물으라고 요구한다'는 말이고, '자문 받는다'는 의견을 '물음 받는다'는 해괴망측한 말이다. 일본 사람들이 '머리를 깎았다' '편지를 받았다'를 '머리를 깎아받았다'(髮を剃ってもらいました), '이 편지는 선생님에게서 써 받았다'(この手紙は先生に書いてもらいました)고 하는 것보다 더 꼬인다. 궁금하면 자문하고, 물어오면 자문에 응하자.

예전 사전은 자문을 '**아랫사람**에게 의견을 물음'이라고 풀이했다. 하문下問한다는 뜻이다. 그 시절에도 대통령 자문위원을 '대통령에게 코치하는 사람'이라고 잘못 아는 이가 많았다. 대통령 자문위원은 대통령에게 뭔가를 알려주는 위원이 아니라 '대통령 자문(물음)에 응하는 위원'이다. 요즘 사전은 '아랫사람'을 '기관이나 전문가'라고 바꾸었다.

한 발(×) 한 발짝(○)

'한 발'이라는 말은 거의가 '한 발 더 나아가'라거나 '한 발 앞섰다'고 표현하는 데 쓰인다. 그런데 왜 '어느 만큼 더 나아갔다'거나 '어느 만큼 앞섰다'는 표현에 '한 발'이 쓰일까. '한'은 수효를 나타낸다. 그렇다면 '한 발 더 나아가'는 '발 한 개 더 나아가'이고 '한 발 앞섰다'는 '발 한 개 앞섰다'는 말이 된다. 이것은 발 한 개 길이만큼 더 나아갔다는 말인가, 아니면 한쪽 발은 그대로 두고 나머지 한쪽 발만 앞으로 내디뎠다는 말인가?

알쏭달쏭하다면 '걸음'이 몇 개인지를 나타내는 말인 '발짝'을 써보라. '한 발짝 더 나아가' '한 발짝 앞섰다'고 하면 한 걸음에 해당하는 길이만큼 앞으로 나아갔다거나 앞섰다는 말이니 꼭 들어맞는다.

○ 그는 **한 발** 더 나아가 아예 회사를 차렸다(×)

○ 그는 **한 발짝**(한 걸음) 더 나아가 아예 회사를 차렸다(○)

어제도 틀리고 내일도 틀릴 말

어제도 틀리고 오늘도 틀리고 내일도 틀릴 말. 이번에는 일본어를 그대로 들여다 쓰는 말 가운데 그 말이 생겨난 유래나 배경이나 국민 정서를 생각해 쓰지 않아야 할 말을 추렸다. 더 좋은 우리말이 있는데 어법에 맞지 않는 일본어를 쓰는 경우도 넣었다.

기라성 같은(×) 별처럼 빛나는(○)

'삼수갑산에 갈망정 ○○을 하겠다'는 말에 나오는 삼수를 산수山水로 잘못 알고 산수갑산이라고 하는 사람이 더러 있다. 삼수三水와 갑산甲山은 백두산 자락 아주 깊은 두메 산골이어서 죄인을 귀양 보내던 곳이다. 비슷한 경우로 금수강산이 있다. 한자를 잘 모르는 세대에서 금수金水 강산이라고 잘못 아는 사람이 있지만, '비단 금錦' '수놓을 수繡'이다. 이 말과 뜻이 같은 일본어가 기라綺羅이다. '무늬 놓인 비단 기綺'에 '깁(명주로 짠 비단) 라羅'.

'금수'나 '기라'나 둘 다 수 놓은 비단이다. 우리는 '금수+강산'으로 아름다운 국토를 표현했고, 일본은 '기라+성星'으로 그들이 우러르는 사람들을 수 놓인 비단처럼 아름다운 별들에 비유했다.

일본은 기라성綺羅星을 기라보시きらぼし라고 발음한다. 이를 두고, 한자어 기라綺羅가 아니라 일본어 의태어인 기라키라きらきら(반짝반짝)에서 딴 '기라'라고 주장하는 학자가 있다. 그 말이 맞다면 '기라성'은 화려하고 품위 있는 한자 조어가 아니라 일본어와 한자어를 합친 엉터리 조어이다. 그 말이 맞든 틀리든 간에 우리가 즐겨 쓸 말은 아니다.

보다 빨리(×) 더 빨리(○)

사람들이 짧고 인상적인 표현으로 무엇을 강조하고 싶을 때 어김없이 쓰는 말이 '보다'이다. '보다 나은 내일을 위하여' '보다 빠른 정보 교류를 위하여' ….

난데없이 나타나 앞말 뒷말 다 자르고 '보다 나은 내일'이라니, 도대체 무엇보다 나은 내일이라는 말인가. 우리말 '보다'는 조사助詞이므로 명사 뒤에 붙여 써야 함은 상식이다. '어제보다 나은 내일'이라거나 '4세대보다 빠른 정보 교류를 위하여'라고 해야 한다. '어제'나 '4세대'처럼 비교할 대상을 나타내는 명사도 없이 달랑 비교격 조사 하나만, 그것도 문장 맨 앞에 쓰는 이상한 어법이 우리 어법에 있기는 한가? 물론 없다. 그럼 뭔가? 일본어 요리より이다.

○ 요리 요이세이카쓰より よい生活(보다 나은 생활)

○ 요리 오오쿠より 多く(보다 많이)

위 예문에서처럼 일본어 '보다'는 부사副詞이므로 용언(동사·형용사)(나은) 앞이나 다른 부사(많이) 앞에 쓰였다. 이 말은 그 앞에 '지금'이라는 말이 생략되었음을 전제하고 '(지금)보다 더 한층'이라는 뜻으로 다음에 오는 말을 꾸몄다.

이에 비해 우리말 격조사 '~보다'는 두 가지를 서로 비교하는 데에만 쓰일 뿐 문장 맨 앞에 불쑥 튀어나오는 일은 그 용법에 없다. 간단히 비교하자면 **우리말 '보다'는** 조사이므로 문장 중간에서 체언(명사·대명사·수사) **뒤에 쓰이고, 일본말 '보다'는** 부사로 쓰일 경우 용언이나 다른 부사 **앞에 쓰인다.** 그러므로 '보다'를 맨 앞에 내세우는 일본식 부사 용법을 쓰는 행위는 우리말 문법을 파괴하는 행위이다.

그렇다면 짧고 강한 캐치프레이즈를 만들려면 어떻게 해야 할까. '더'가 있지 않은가. 우리말 조사인 '~보다'를 어거지로 일본어 부사 용법처럼 쓰려고 하지 말고 제대로 된 부사인 '더'를 쓰자. 근대 올림픽 정신을 나타내는 말 '빨리, 높이, 힘껏!' 앞에 '더'를 놓아보자.

'더 빨리, 더 높이, 더 힘껏(더 멀리)!'

어떤가. 훨씬 느낌이 강하고 역동적이지 않은가. '**더 나은** 내일을 위하여' 화합하게끔 독려하는 느낌이 확 와닿는다.

무데포(×) 막무가내로(○)

무데포(無鐵砲)는 일본어이다. '무대포' '무대뽀' '무데뽀'라고도 하지만 정확한 발음은 무텟포우むてっぽう이다. 우리 사회에서는 '저돌적猪突的으로 밀어붙인다'와 '무데뽀로 밀어붙인다'는 말이 쓰이는 빈도가 비슷하다. 그렇다면 '저돌적=무데포'인가?

일본어 사전에는 '無鐵砲=무코우미즈向こう見ず'라고 되어 있다. 무코우미즈란 '앞뒤를 살피지 않고'라는 뜻이니, 이 말 뒤에는 '무작정 저지르고 본다'는 말이 자동으로 따라붙게 된다고 보아도 무방하다.

무데포란 '없을 무無'와 총을 뜻하는 '철포鐵砲'를 합쳐 총을 가지지 않았음을 나타낸다. 흥분이 지나쳐서 총도 가지지 않고 전쟁터로 뛰쳐나가는 사람, 즉 무모하게 날뛰는 사람을 가리킨다. '저돌적'과는 뉘앙스 차이가 있다.

이 말이 우리나라에서는 누가 무어라 하든 흔들리지 않고 일을 뚝심 있게 밀어붙여 끝내 이루어내고 마는 소신파라는 뜻으로 변질될 조짐이 엿보인다. 이대로 가면 이 말 유래도 '총 없이 도둑을 잡은 용감한 사람'이라고 왜곡될 수 있겠다. 그러기 전에 정확한 우리말로 바꾸어 쓰자. '마구잡이로' '무턱대고' '무모하게' '막무가내로' '앞뒤 가리지 않고' '생각 없이' '함부로' …. 바꾸어 쓸 말은 많다. 문맥에 맞는 말을 고르면 된다.

십팔번(×) 애창곡(○)

이제는 십팔번이 일본어라는 사실을 아는 사람이 많아졌지만, 예전에는 십중팔구가 몰랐다. 하지만 십팔번이 무슨 뜻인지 아는 사람은 지금도 그리 많지 않다. 그저 '제일 좋아하는 노래' '가장 잘 부를 수 있는 노래'가 아닐까 짐작할 뿐이다.

　○ 아노우타와 가레노 쥬하치방다あの歌は 彼の 十八番だ

　　(저 노래는 그의 십팔번이다)

　예문에서 보듯이 십팔번이라는 말은 일본에서나 한국에서나 회식 자리에서 가장 자신 있게 내세울 장기長技라는 뜻인데, 그 재주라는 것이 공간 제약 때문에 거의가 노래에 국한하므로 결국 애창곡이라는 뜻으로 좁혀진다.

　십팔번은 17세기 초 에도(江戶) 시대부터 내려온 일본 전통 연극인 가부키歌舞伎 역사에서 19세기 말 활동한 배우인 이치가와 단쥬로(市川團十郎·1838~1903)로부터 시작되었다. 그는 자기 가문에서 전승된 인기 있는 교겐(狂言:막간에 잠깐씩 선보이는 우스꽝스러운 촌극) 열여덟 가지를 골라서 정리해 가부키 쥬하치방かぶき じゅうはちばん, 즉 가부키 십팔번이라고 불렀다. '십팔번'은 이 열여덟 가지 교겐에서 유래했다고도 하고, 열여덟 번째 교겐이 제일 인기가 있었던 데서 유래했다고도 한다.

아동(×) **어린이**(○)

아동이라는 말처럼 우습고 부끄러운 말이 또 있을까. 일본에서 지도우じどう·兒童나 도우지どうじ·童兒라고 불리는 '아동'은 우리 사회에서 어린이라는 말보다 훨씬 많이 쓰인다. 아이러니컬하게도 어린이를 대상으로 하는 교육·예술 분야 전문가들에게서 더 심하다. 아동 문학, 아동 심리학, 아동극 …. 우리 사회에서 '어린이'가 쓰이는 경우는 어린이날과 어린이집 말고는 별로 없다.

아동이라는 말을 왜 우습다고 했는가. 정작 당사자는 못 알아 듣는 말이고, 그렇게 불리는 적이 없기 때문이다. 세상에 자기를 부르는 호칭을 당사자가 못 알아듣는 말이 쓰이는 사례가 있는 지 궁금하다. 왜 부끄럽다고 했는가. 어린아이를 소중히 여기고 자 어린이라고 부르기로 해놓고는 일 년에 딱 한 번 불러줄 뿐이 니 부끄러울 수밖에 없다. 아마 어린이집이 생기지 않았으면 어린 이라는 말은 우리 사회에서 지금까지도 거의 쓰이지 않았으리라.

의존명사 '이'는 '사람'을 뜻한다. '그이를 좋아한다'처럼 앞에 지시대명사를 붙이기도 하고, '젊은' '늙은' '지은' 따위 말 뒤에 붙 여서 젊은이 늙은이 지은이 같은 명사를 만들어 쓴다. 17세기에 나온 〈가례언해〉와 〈경민편언해〉에 '어린이'라는 말이 나오지만, 이는 단순히 나이가 어린 사람(어린 이)을 뜻했다.

방정환 선생은 '아이' '애'라고 불리며 함부로 다루어지는 어린 벗들을 불쌍히 여겨 어른처럼 사람 대접 받게 하려고 '어린+이' 라는 말을 쓰자고 제안했다. 그는 1920년 〈개벽〉에 번역 동시 〈불 켜는 이〉를 '어린이 노래'라고 소개함으로써 어린이라는 말을 처 음 썼다. 그로부터 어언 100년. 호칭뿐 아니라 〈어린이〉라는 잡 지도 발간한 방정환 선생을 국어사전과 인터넷이 '아동문학가' '아동문화 운동가'라고 소개하는 현실이 참으로 부끄럽다.

역할(×) **구실·노릇**(○) **역**(○)
일본어 '역할'은 그 말을 대신할 우리말이 얼른 생각나지 않으리 만큼 확고한 자리를 차지했다. 우리말 '구실'과 '노릇'이 좋은 쓰 임새는 다 '역할'에게 내주고 예문에서처럼 별로 탐탁치 못한 자리에서나 명맥을 유지하고 있으니 참으로 딱한 노릇이다.

○ 그가 이 자리를 **빛내는 역할**을 해야 한다.

○ 그가 **사내 구실**을 못한 지 여러 해이다.

○ 그가 그 여자 **기둥서방 노릇**을 한다는 말에…

역할役割·やくわり이란 '정해진 일[役·やく]을 각자에게 나눈다 [割·わり]' 또는 '할당된 일'이라는 뜻이다. 따라서 '자기가 응당 해야 할 일'이라는 뜻인 우리말 '구실'과는 전혀 의미가 다르다. '역할'이 지닌 본디 뜻을 염두에 두고 다음 예문을 보자.

1990년대 이후 쓰이는 문체

'주장인 아무개가 우승에 결정적인 역할을 했다'

글쓴이는 '아무개가 우승이 결정되게끔 제일 많이 이바지했 다'는 뜻을 담고 싶었으리라. 하지만 글 뜻은 '아무개가 우승을 차지하는 과정에서 자기에게 할당된 일을 했다'이다.

1960~1980년대에 많이 쓰인 문체

'주장인 아무개가 우승에 수훈을 세웠다'

주장 구실(노릇)을 잘 함으로써 제일 뛰어난 공(수훈)을 세웠 음을 나타내려고 한 의도에서 한 치도 벗어나지 않는다.

역할이라는 말이 하도 많이 쓰이다 보니 영화나 연극에서 쓰 는 역役이라는 말까지 역할에게 밀려나고 말았다. 곧잘 '이순신 역할을 맡은 배우'라고 하는데, 역할이 이미 역(역)을 나누어 맡 는다(할)는 뜻이니 '이순신 역을 나누어 맡아서 맡은 배우'라는 말이 된다. '이순신 역을 맡은 배우'가 바른 표현이다.

절체절명(×) 벼랑 끝에 몰리다(○)

한동안 절대절명이라는 말이 쓰였다. 그러다가 절체절명이 정설이 되었다. 그러나 더 분명히 해두자. 절대절명도 절체절명도 아니라는 점을. '절체절명絶體絶命'은 우리나라 국어사전에도 옥편에도 없고, 일본 사전에만 있는 말이다. 젯타이제쓰메이ぜったいぜつめい를〈広辞苑고우지엔〉은 이렇게 풀이해 놓았다.

> ○ 몸도 목숨도 다한 상태에 빠진, 도저히 벗어날 수 없는 곤란한 경우에 처한 것体も命も極まるほどの, とうていのがれられない困難な場合·立場にあること

우리는 하늘이 무너져도 솟아날 구멍이 있다고 믿는 백성이다. 몸이 잘리고(절체) 명줄이 끊긴다(절명)는 말은 쓰지 말자. 우리말로 '벼랑 끝에 몰리다'가 훨씬 낫지 않은가.

진검승부(×) 단판승부(○)

> ○ 덩지를 한껏 키운 국민은행과 우리은행에 신한은행까지 가세해 최강자 자리를 놓고 진검승부를 펼치게 되었다.

진검승부眞劍勝負란 진짜 칼로 겨루어 승자와 패자를 가린다는 말이다. 진짜 칼이니 목숨을 건 겨룸이다. 그런 살벌한 표현을 은행들이 경쟁한다는 기사에까지 쓸 필요가 있을까.

진검이라면 연습용 목검이나 죽검이 아니라 쇠로 만든 흉기이다. 명검을 최고 가보로 모시고 사무라이 시절 향수에 젖은 일본과 달리 우리나라는 전적典籍을 가보로 우러르고 칼이라고는 부엌칼밖에 모르는 선비 나라임은 이미 김운용 교수가 '칼의 문화 붓의 문화'에서 말한 바 있다. 아이들이 식칼이나 연필 깎는 칼만 만져도 다칠세라 엄마들이 질겁하는 나라이다. 하물며 칼로 내는 승부는 어느 한쪽이 죽는다는 말인데, 피비린내 풍기는 말을 입찰이든 스포츠 경기든 가리지 않고 쓰다니. 품격이 떨어질 뿐만 아니라 우리 정서에는 전혀 맞지 않는다.

우리말이 점점 쇠퇴해 가는 조짐을 나는 속담이나 격언 인용이 사라졌다는 사실에서 본다. 예전에는 '쇠뿔도 단 김에 빼라' '엎어지면 코 닿을 곳이다' '윗물이 맑아야 아랫물이 맑다' 같은 비유를 흔히 썼다. 음담패설조차도 지금처럼 야하고 직접적인 표현이 아니었다. '재수 없는 년은 가지밭에서 넘어져도 뒤로 넘어진다' 같은 속담은 듣는 사람을 빙긋이 웃게 만들었다. 이제는 자극적이고 살벌한 말이 대세가 되었으니 이 또한 딱한 일이다.

요즘 세상에 진짜 칼을 들고 싸울 일이 있을까. 비유라고? 맞다. 비유일 수 있다. 신켄쇼우부しんけんしょうぶ·眞劍勝負에서 신켄 眞劍은 진짜 칼이라는 뜻 말고 형용동사로서 '진심' '진지함'을 뜻하기도 한다. 신켄나 다이도しんけんな たいど라면 '진지한 태도'이고, 신켄나 가오쓰키しんけんな 顔つき라면 '진지한 표정'이다. 신켄쇼우부도 '진지한 승부'일 수 있다. 이런 뜻을 알고 썼다고 하면 면벌부가 허락될까? 아니다. 목숨을 건 승부든 진지한 승부든 검 劍은 사무라이를 상징할 뿐 우리 정서에는 맞지 않는다.

예전에 자주 쓴 건곤일척乾坤一擲(운명과 흥망을 걸고 단판걸이로 승부를 겨룸)이 있지만 너무 거창하니 살벌하지 않고 우리 정서에 맞는 말― '단판 승부' '단판 싸움' '단판 겨룸'을 쓰면 어떨까. '단판 씨름'에서 보듯이 일단 (모래판에) 나서면 한 번밖에 기회가 없다는 뜻이니, 절박함으로는 진검승부 못지 않다.

~에 다름 아니다(×) **~와 다름없다**(○)

글 좀 쓴다는 사람 글에서 가끔 보이는 '~에 다름 아니다'라
는 표현은 '멋'이 아니라 일본어 찌꺼기이다.

○ 그가 절필한 것은 지조를 버린 것**에** 다름 아니다(×)

그가 절필한 것은 지조를 버린 것**과** 다름없다(○)

그가 절필한 것은 지조를 버린 것**이나** 마찬가지이다(○)

우리는 '다르다' '마찬가지다'라고는 써도 '다름이다' '마찬가
집이다'라고 쓰지는 않는다. 또 '같지 않다' '다르지 않다'고 하지
'같음 아니다' '다름 아니다'라고 하지 않는다. 또한 무엇과 무엇
이 다르다고 할 때 앞말 무엇에 붙는 조사는 **와(과)**이지 **에**가 아
니다.

○ よっぱらいの運轉は 殺人行爲にほかならない

(음주 운전은 살인 행위에 다름 아니다)

위 예문에 나오는 '다름 아니다' 즉 호카나라나이ほかならない
는 일본어 문장 말미에 쓰이는 관용구이다. 호카(外·他)는 '다
름·다른 곳'이고 나라나이는 '~이 아니다'이다.

○ 努力の 結果に ほかならない (노력의 결과에 다름 아니다)

위 예문에서 우리말이라면 '노력한'이라고 동사로 써야 할 것
이 '노력의'라고 '명사+조사'로 쓰였다. 그다음에 오는 말들은
앞말이 바뀜에 따라 함께 바뀔 수밖에 없다. 결국 한국과 일본
문장은 같은 뜻인데도 표현이 이렇게 달라진다.

○ 한국… 노력한 결과가 틀림없다

일본… 노력의 결과에 다름 아니다

일사일언 一事一言

'일사일언'은 〈조선일보〉에 연재되는 칼럼 제목이다. 각계 전문 분야 인사 여섯이 1주일에 한 편씩 한 달을 연재한다. 여기에 2019년 9월 한 달간 다섯 편을 썼다. 폰박물관 관장으로서 폰박물관과 관련된 일화와 함께 우리 언어 생활에 관한 글을 썼기에 이 책에 옮겨 싣기로 했다. 몇 대목은 이 책에 실린 글 내용과 중복됨을 양해하시라.

조선땅에서의 첫 통화

조선 사람이 처음 전화를 사용한 기록은 1882년 중국 톈진에 간 영선사 김윤식이 쓴 2월25일자 일기이다.

'어화통語話筒 양쪽을 보니 구리선에 연결되어 있었다. 귀에 대고 겨우 말을 알아들었다.'

조선 땅에서 전화를 사용한 첫 기록은? 1898년 1월24일 인천 개항장 관리가 한성에 전화로 보고한 내용이다.

'조광희가 덕률풍德律風(텔레폰)으로 아룀. 영국·러시아·미국 군함 7척이 닻을 내렸는데, 영국 병사들이 상륙했다가 오전 10시 배로 돌아갔음.'

이 〈외아문일기〉 기록을 근거로 흔히 조선에서 전화가 개통된 때를 1898년 1월로 본다. 그러나 조광희 보고는 기록된 통화 중 최초일 뿐 전화가 언제 개통되었는지는 기록에 없다. 그래서 논쟁거리이다. 고종이 인천 감리에게 전화로 지시해 사형당할 뻔한 자기를 살렸다고 백범 스스로 기록한 〈백범일지〉 내용도 그 중 하나다. 그 '전화 사건'은 전화가 개통되었다는 날보다 앞선 1896년 10월에 일어났기 때문이다.

틀린 것은 〈백범일지〉일까, 전화 개통일일까. 내 생각은 후자이다. 궁내부는 1892년부터 전화를 설치하려 했지만 군란과 전쟁으로 무산되었다. 그러다 1895년 전화 업무에 관한 칙령이 공포되었다. 그 뒤로 전화가 꽤 쓰인 것 같다. 1897년 12월5일자 인산시별단因山時別單 '전어기傳語機 거행조'*에는 그 해 11월22일 명성황후 인산(장례)을 치른 고종高宗이 장례용 임시 전화를 가설한 이들 벼슬을 높이고 작은 말 한 필씩 하사한 기록이 있다. 1897년 12월14일에는 한성 마을 여덟 곳에 전어기를 가설했다는 기사도 '독립신문'에 났다.

고종 전화기가 지켜본 조선말末은 불행했다. 인천 바닷가 세관

---

* '인산因山'은 1897년 11월22일 치른 명성황후 장례, '별단別單'은 임금에게 아뢰는 글에 덧붙이는 인명부, '전어기'는 전화기이다. 곧 장례식장에 임시로 전화를 가설한 유공자 명단이라는 뜻이다.

에까지 전화가 놓인 것은 국고를 비운 왕실에 관세 수입이 얼마나 절실했는지를 말해준다. 어화통-덕률풍-전어기-전화기로 이름이 바뀌면서 이 전화기가 겪은 조선말 풍운은 이제 폰박물관 해설사가 펼치는 스토리텔링이 되었다. (2019년 9월2일)

"칼인교?" "도끼라예"

'12시 반에 전화벨이 울렸다. '약방이죠?' 술 취한 굵은 목소리였다. … 그래서 잘 때는 전화선을 빼놓자고까지 생각했다.' 한국 이름 박대인. 감리교 신학대 교수 에드워드 포이트라스가 쓴 수필집 〈감과 겨울과 한국인〉(1972년)에 나오는 글이다.

글 제목을 '전화 노이로제'라고 한 데서 전화 건 사람들 다음 행태를 유추할 수 있다. 〈한국인 당신은 누구인가〉(1982년)를 쓴 구로다 가쓰히로는 그 '다음 행태'를 대놓고 비판했다. '불쑥 '○○○?'라며 사람 이름이 튀어나와 '잘못 걸렸습니다'라고 말하면 한마디 사과도 없이 찰칵 끊고 만다.'

1980년대 초였나. 어느 날 사무실에서 전화를 받자 상대가 다짜고짜 '칼입니까'라고 물었다. 내가 얼른 대답하지 못하자 상대는 말없이 끊었다. 같은 전화를 몇 번 더 받고서야 비로소 칼(刀)이 아니라 KAL(대한항공)임을 알았다. 어쨌든 전화가 툭 끊기는 일을 하루에 몇 번씩 겪으니 화가 치밀었다. 혈기왕성하던 때였다. 좋다, 눈에는 눈으로!

때르릉… "칼입니까?" "도낍니다." 툭!

때르릉… "칼인교?" "도끼라예." 툭!

물론 이 경우 툭!은 상대가 아니라 내가 끊는 소리였다. 바쁘면 다급한 나머지 상대 말을 잘랐다.

따르릉… "칼" "도끼." 툭!

그런데 수난이 거기서 그치지 않았다.

따르릉… "오이씹니까?" "네? 뭐라고요?" 툭!

관광회사 이름이 경남관광·대한여객 등 한자 일색이던 시절 OEC관광이라는 업체가 생긴 사실은 사무실에서 몇 차례 폭소가 터지고야 알았다. 칼, 도끼 소동에 씨앗까지 끼어들었다.

따르릉… "오이씨요?" "수박씨요." 툭!

나이 든 요즘은 잘못 걸린 전화를 받으면 부드럽게 '몇 번에 거셨어요?'라고 묻는다. 그래도 열에 다섯은 그냥 끊는다. 끊었던 사람은 거의가 다시 거는데, 내가 '여보세요' 하면 내 목소리를 알아듣고 또 끊는다. 250명에 1대(1961년), 100명에 3.4대(1975년)이던 전화 사정은 참 좋아졌는데, 왜 이런 행태는 바뀌지 않을까. (2019년 9월 9일)

틀린 말 퍼뜨리기

계란이라고 말하면서 그 말을 한자로 못 쓰는 시대. '닭의 알'을 빨리 말해보면 어떨까. 달ㄱ알… 달걀!

예전에 포장마차에서 국수를 청하면 주인이 선반 위에 사려놓은 국수 뭉치 중 한 사리를 집어 그릇에 담고 뜨거운 국물을 부어 내주었다. 사리란 가늘고 긴 것을 헝클어지지 않게 빙빙 둘러서 둥그렇게 포개어 감은 것을 말한다.

1990년대 국어사전에는 '실책'이라는 표제어가 '잘못된 계책'이라고만 풀이되어 있었다. 책策이란 머리로 짜내는 꾀. 책사

策士 제갈량이 고수이다. 요즘 사전에는 풀이가 하나 더 늘었다. '야구에서 잡을 수 있는 타구나 송구를 잡지 못해 주자를 살게 하는 일'.

\# 우리는 배달 민족이다. 밝달〔檀〕에서 유래한 배달은 고유 명사이다. 요즘 뜬 '배달의민족'이란, 일본식 표기 '의'를 더했으니 '배달配達하는 민족'이라는 일반 명사이다.

틀린 말 퍼뜨리기가 대세인 듯하다. 국수 곰탕을 '사리 곰탕'으로, 하루 채소를 '하루 야채'로, 〈만죽일보〉를 〈딴지일보〉로, 실수를 '실책'으로, 배달 민족을 '배달의민족'으로…. 제일 가관은? 한자권에서 두고두고 비웃음 살 일이 벌어지고 있다. 전철 안에 덕지덕지 붙은 '임산부' 표어다. 잉태(임)와 출산(산) 동시진행형도 세상에 있는가. 아이 뱄으면 임신부요, 갓난아이 품었으면 출산부다.

나는 왜 휴대전화 박물관 이름을 폰박물관이라고 지었을까? '폰'이 명쾌하고 산뜻하기는 하다. 하지만 처음에는 휴대전화·휴대폰·핸드폰을 놓고 고심했다. 사전에는 '휴대전화'가 표제어이지만, 일상에선 셋이 고루 쓰인다. 게다가 틀린 말도 많이 쓰이면 사전에 올리는 세상이다. 야수가 공을 못 잡는 것은 손으로 하는 잘못(실수)인데도 머리로 하는 잘못(실책)을 사전에 올린 것을 보라.

한글은 한글끼리 한자는 한자끼리 묶는 규칙에 따르느라 휴대전화 박물관이라고 했는데, 어느 날 '휴대폰'이 대세라며 표준어로 정하면 그런 낭패가 없다. 나중을 생각해 폰박물관이라고 할 수밖에. (2019년 9월16일)

박물관에 답이 있다

"행복한 사랑에 빠진 여인은 수플레를 태우고, 불행한 사랑에 빠진 여인은 오븐 켜는 것을 잊지."

흑백 영화 〈사브리나〉에 나오는 로맨틱한 대사이다. 그러나 내게는 남자 주인공이 교환수에게 한 색깔 없는 말이 더 환상적이다. "볼링그린 나인 원 제로 나인 나인(91099) 대주시오."

출근길 자가용 뒷좌석에서 통화하는 카폰. 그것은 휴대전화가 나오기 훨씬 전 0세대 MTS 이동전화였다. 이런 영상은 전화기를 수집하는 내게는 산업고고학 보물 창고이다. 그렇기에 나도 드라마나 영화 쪽에서 통신기기를 빌려 달라고 하면 기꺼이 응한다. 〈응답하라 1997〉에 등장한 휴대전화들, 〈녹두꽃〉에 나온 전신기 등등.

고증에 어긋나 돕지 못한 경우도 있다. 1930년대 독립군용으로 쓰겠다며 무전기를 빌리자고 왔는데, 무전기는 1941년에 나왔으니 빌려줄 수 없었다. 영화사가 다른 데서 먼저 그것을 구했다면 1930년대가 배경인 영화에 1940년대 통신기기가 쓰일 뻔했다.

할리우드라고 다를까. 그들도 몰상식한 짓을 빵 먹듯이 했다. 미국 동부 인디언이 말을 타고(서부 평원 인디언만 말을 탔다), 펄 벅 원작 〈대지〉에선 주인공 중국인 부부를 백인이 연기했다.*

---

* 화이트워싱whitewashing. 유색인이 맡아야 할 역을 백인이 맡는 '인종 차별' '외국인 비하' 행위를 일컫는다. 〈대지〉(1937년) 외에도 〈윈체스터 73〉(1950년)에서는 록 허드슨이 인디언 추장 역을, 〈정복자〉(1956년)에서는 존 웨인이 칭기즈칸 역을, 〈티파니에서 아침을〉(1961년)에서는 미키 루니가 일본인 역을 맡은 사례가 대표적이다.

영화보다 더 많이 소비되는 광고 쪽도 고증에 소홀한 사례가 종종 있다. 2012년 4월13일 국내 한 통신사가 주요 일간지에 낸 4세대 전면全面 광고. 거기 소개된 '세계 최초 전화기'는 흔했던 상자형 전화기였다. A.G.벨이 만든 최초 전화기는 원통과 물컵으로 이루어진 물 전화기이니, 폰박물관에서 물 전화기를 본 사람 외 구독자에게 틀린 지식을 심어준 셈이다.

과거를 다룬 영상이나 광고는 역사 교과서 노릇도 한다. 그래서 리얼리티가 중요하다. 영국 보빙턴 전차 박물관을 설득해 유일하게 기동이 가능한 티거 전차를 빌려다 실물 탱크전을 스크린에 재현한 〈퓨리〉가 본보기이다. 리얼리티는 고증에서 출발해 소품으로 완성된다. 박물관을 더 잘 활용하시기를. (2019년 9월23일)

임신부＝임산부?

'다정도 병인 양하여…'라는 시구가 내 한 가지 버릇에 딱 들어맞는다. 잘못 쓰인 말만 보이고 들려서 스트레스 많이 받는 병. "쭉쭉 빨랫줄 같은 타구가 담장을 넘습니다." 홈런에 환호하려다가도 일본에서 빌려온 이 말을 들으면 즐겁던 마음이 싹 달아난다.

널어놓은 빨간 고추가 햇살 받아 빛나고, 마당을 가로지른 빨랫줄 가운데쯤 바지랑대가 받쳐져 있다. 그 끝에 고추잠자리 하나 앉으면 늦가을 정취로 제격이다. 늘어진 빨랫줄과 비뚜름한 바지랑대가 시간이 멎은 듯 느슨하기 한량없다. 그런데 곧장 뻗어가는 직선 타구를 빨랫줄 타구라니!

오래 전 어느 출판사 직원이 교정을 잘 보기에 물었다. "이렇게 실력 있는데 왜 전에 낸 책 제목을 쥬라기 공원이라고 했어요?"

"쥐라기라고 하면 쥐가 연상되잖아요."

영화도 책 제목을 따랐으니 '쥐'라고 배우고 '쥬'라고 말하게 된 사연이다.

틀린 말이 강제된 적도 있다. '작장炸醬은 중국 발음으로 자장이니 짜장은 쓰지 마라.' 그렇다면 면麵을 중국은 몐으로 발음하는데, 왜 자장**면**으로 쓰는 것을 못 본 체했을까.

지난번 이 난에 '임산부'가 틀린 말이라고 썼더니 어떤 분이 맞는 말이라고 반박했다. 물론이다. 사전에도 임산부가 '임신부와 해산부解産婦'라고 설명되어 있다. 내가 틀렸다고 한 것은 전철 안 안내표지가 '자장면'처럼 일부만 맞기 때문이다.

요즘 산후조리할 해산부가 갓난아기를 다중 앞에 드러낸 모습은 전철에서 볼 수 없다. 하물며 만삭인 임신부 그림을 임산부라는 글과 함께 붙여 놓았으니 임산부를 아기 밴 사람이라고 잘못 알기 십상이다. '산부인과'가 출산 관련 과와 부인병 관련 과를 합친 '산과·부인과'를 줄인 말인데도 산부産婦만 지칭하는 말로 잘못 알 듯 '임신부·해산부'를 임신부로 잘못 알게 한다면 그것은 틀린 말 퍼뜨리기이다.

임산부– 과연 해산부까지 염두에 두고 써붙였을까? (2019년 9월 30일)

'것이었던 것이었다'

어제도 잘못 쓰고 오늘도 잘못 쓰고 내일도 잘못 쓸 표현. 이 글에는 글을 쓸 때 버릇처럼 나오는 일본식 어법 가운데 가장 빈도가 높은 '**것이다**'와 '**것으로**'를 다루었다.

것이다

예전에 코미디언들이 일제 시대 신파극 대사나 무성 영화 변사辯士들을 흉내 낼 때 '것이었던 것이었다'라고 말을 끝맺어서 사람들을 웃게 만들었던 적이 가끔씩 있었다. 다음 일본어 보기 글을 보면 그것이 꾸며낸 얘기만은 아님을 알 수 있다.

○ 財産がどんどんわき出てくる泉のような<u>ものだというのだ</u>

(재산이 점점 솟아나는 샘 같은 <u>것이라는 것이다</u>)

물론 직역하지 말고 '샘 같다는 것이다'라고 의역해야 하겠지만, 그래도 '것이다'로 마무리된다. 이처럼 일본어 문장은 'もの

が ある' 꼴로 '~한 것이다'라고 강한 단정을 나타내며 끝나는 사례가 많다. 대부분은 '~のだ' '~のである' '~のです'를 쓴다.

○ こういう話には耳をかそうともしない<u>のだ</u>

(이런 말에는 귀를 기울이려고도 하지 않은 <u>것이</u>다)

○ 暗殺がきわめて一般的な戰い方とされていた<u>のである</u>

(암살이 극히 일반적인 전투 방법으로 되어 있었던 <u>것이다</u>)

○ スクルージだけが取り殘されていた<u>のです</u>

(스크루지만이 남아 있었던 <u>것이다</u>)

우리나라에서 '것이다'로 문장을 마무리하는 사람은 뜻밖에 많다. 한 단락에서 마지막 문장인 경우 더 심하다. 한번 써 버릇하면 좀처럼 끊기 어렵다. 다른 말로 끝맺으면 잘못된 것 같고, '것이다'를 안 쓰면 화장실에서 뒤처리를 안 하고 나온 듯이 찜찜해서 안 쓸 도리가 없다.

왜 그렇게 되었을까. 몸에 밴 뒤에는 그렇게 하지 않으면 뭔가 허전하고 어색해서 영 개운치 않은 것이 '버릇'이 지닌 속성이다. 한 단락을 끝내면, 그 단락에서 쓴 내용을 확실히 끝맺고 다음 단락으로 넘어가기 위한 말이 필요하다고 생각하는 사람에게 '것이다'가 적임으로 꼽힌 듯하다.

그는 부리나케 걸었다. 짐보따리를 메고 산을 넘느라고 몹시 힘들었지만 천천히 걸을 수 없었다. 빨리 가서 동생에게 약을 먹이지 않으면 목숨이 위태로워지는 **것이다.**

이 글은 앞 두 문장이 나오게 된 원인을 마지막 문장에서 설명함으로써 이 단락을 마무리하고자 했다. 그래서 '목숨이 위태로워지기 **때문이다**'와 같은 뜻으로 끝맺으려고 쓴 말이 '것이다'이다. 글쓴이로서는 그냥 '목숨이 위태로워진다'고 끝내면 뭔가 미흡해 설명할 말을 덧붙여야 한다고 느꼈을 것이 뻔하다. 자기가 쓴 글을 다른 사람이 잘 이해할지 못 미덥기 때문이다.

이처럼 어떤 상황이나 모습을 묘사하는 소설도 그렇지만 무엇을 설명하고 주장하는 글에는 '것이다'가 정말 많이 쓰인다. 그러다 보니 수긍하지 못할 경우가 너무 많다. 홍명희가 쓴 〈임꺽정〉 열 권 중 제1권 240여 쪽에는 '것이다'가 여덟 군데 쓰였다. 서른 쪽에 한 번꼴이다. 반면 책 말미에 이 소설을 평한 글에는 열한 쪽에 서른네 번이 쓰였다. 작가가 '것이다'를 한 번 쓸 때 평론가는 백 번이 넘게 쓴 셈이다. 그 백 번 중에 다음 보기 글에서처럼 '것이다'를 쓸 까닭이 전혀 없는 문장이 태반이다. 글버릇이라는 증거이다. '태어났다'를 '태어났던 것이다'라고 쓴 것은 글쓴이 자신이 보아도 이상하고 우스꽝스러울 터이다.

○ 홍명희는 … 충청북도 괴산에서 <u>태어났던</u> **것이다**. (→ 태어났다)
○ 부친상을 마치고 중국으로 <u>망명했던</u> **것이다**. (→ 망명했다)
○ 〈임꺽정〉은 카프와 동류로 묶기는 <u>어려운</u> **것이다**. (→ 어렵다)

왜 설명이나 주장에 '것이다'가 이렇게 남발될까. 앞에 쓴 글 내용에 대해 원인·이유·근거 따위를 설명하거나 강조하며 확실하게 매조지한다고 생각하니까 그렇다.

① 그는 돈을 벌려고 집을 나섰다. 비로소 가난이 무엇인지 깨닫게 되었던 **것이다**.

② 핏줄은 속일 수 없는 **것이다**.

보기 글 ①에서 '것이다'는 왜 그가 돈을 벌려고 나섰는지를 **설명**하려고 쓴 말이다. '것이다'를 안 쓰고 그냥 '깨달았다'로 끝나면 상황 묘사에 그칠 뿐이다. 사실 글이란 묘사에서 그치고 그다음은 독자에게 맡겨야 하는데 글쓰기에 익숙지 않으면 자꾸만 설명을 하려 든다. '가난이 무엇인지 깨달았기 때문에 돈을 벌려고 나섰다'고 설명하게 된다는 말이다.

보기 글 ②에서 '것이다'는 앞 말을 **강조**하려고 썼다. '핏줄은 속일 수 없다'보다 '핏줄은 속일 수 없는 것이다'라고 하면, '핏줄은 **절대로** 속일 수 없다'라고 마치 '절대로'가 들어간 말인 듯이 강하게 단정했다는 느낌이 든다. 이렇다 보니 무언가를 주장할 때 '것이다'로 끝맺게 되고, 그것이 버릇이 되면 강조하지 않아도 될 문장까지 '것이다'로 끝내게 된다.

우리말 구문構文에 없었던 '것이다'를 우리글에 옮겨다 심은 사람은 개화와 근대화 물결을 타고 일본에서 공부하고 돌아온 유학생들이다. 거의 문학청년인 그들이 '것이다'를 소설 작품에 쓴 해는 20대 초·중반이던 1920년대 초반이다. 그들은 처음에는 '것이다'를 쓰는 데 소극적이었으나 갈수록 그 사용 빈도가 늘어났다는 공통점을 보인다.

일본 메이지(明治) 학원과 와세다(早稻田) 대학을 졸업한 춘원

이광수가 1917년 신문에 연재한 장편 〈무정〉과 단편 〈소년의 비애〉에는 '것이다'가 나오지 않는다. 그러나 1939년 〈문장〉지 1호에 발표한 중편 〈무명無明〉에는 아홉 번이나 나온다. 신문에 몇 달간 연재한 장편 소설에 한 번도 쓰지 않았던 말을 중편 소설에 아홉 번이나 썼다는 사실은, 1938년 일본어만을 쓰도록 한 일본어 상용 정책이 실시되었음을 감안해도 놀라운 변화이다.

메이지 학원과 가와바타(川端) 미술학교를 다닌 김동인 단편들에도 '것이다'를 쓴 숫자가 점점 많아지는 현상이 보인다. 1921년 발표한 〈배따라기〉에는 딱 한 번, 〈감자〉(1925년)에는 두 번, 〈명문明文〉(1925년)에도 두 번 나온 '것이다'가 1930년대 들어서는 〈광화사〉(1930년*)에 열 번, 〈광염 쏘나타〉(1930년)에 열한 번, 〈발가락이 닮았다〉(1932년)에는 스물여섯 번이나 나온다('것이었읍니다' 1, '것입니다' 2, '것이요' 1, '것이외다' 22). 1941년 발표한 〈곰네〉에도 스물세 번이 나온다.

제 땅의 소득도 얼마는 될 **것이다**. 농사지은 것을 전부 팔고 연명하자면 한동안은 곤란하겠지만, 그 한동안만 지나면 그 뒤는 훨씬 셈이 펴게 될 **것이다**. 이러한 몇 해만 꿀꺽 참고 지나면 몇 해 뒤에는 지주의 자세받지 않고도 제것만 가지고도 빈약한 살림은 할 수 있을 **것이다**. ─이런 생각으로 곰네는 남편에게 자기의 몫의 전부를 맡겨서 고을로 보낸 **것이었다**. (〈곰네〉 김동인)

* 인터넷이나 일부 간행물에 1935년으로 잘못 나오기도 한다.

게이오(慶應) 대학 문과에서 공부하다가 투옥되었던 염상섭은 1921년 발표한 〈표본실의 청개구리〉에 '것이다'를 열 번 썼는데, 1949년작 〈임종臨終〉에는 〈표본실의 청개구리〉보다 훨씬 짧은 글인데도 스물아홉 번이나 썼다. 아오야마(靑山) 대학을 나온 전영택은 1925년 〈화수분〉에 '것이다'를 딱 한 번 썼으나, 〈하늘을 바라보는 여인〉(1949년)에는 일곱 번을 썼다.

1930년대 들어서는 일본 유학을 다녀오지 않은 작가들도 '것이다' 쓰기에 합류했다. 1911년 '조선교육령'에 따라 모든 교과서와 행정·법률 문서가 일본어로 바뀜으로써 '배운 사람'이란 곧 일본어를 배운 사람이었다. 이효석(1907년 출생)이나 주요섭(1902년 출생)이 초등학교 때부터 일본어를 배워 20대 중반인 1930년대 초·중반에 단편을 발표했으니 거기에 '것이다'가 나오지 않으면 오히려 이상하다고 하겠다.

1925년 서울에서 경성제국대학(지금 서울대학교)을 나온 이효석이 1933년에 발표한 〈돈豚〉에는 '것이다'가 두 번 나온다. 1936년 발표한 〈산〉에는 아홉 번, 같은 해 〈메밀꽃 필 무렵〉에는 여섯 군데 나온다. 중국 상하이 후장滬江대학과 미국 스탠퍼드 대학을 나온 주요섭이 1935년에 발표한 〈사랑 손님과 어머니〉에는 '것입니다' '것이었습니다'가 열 번 나오지만, 다음해 작 〈아네모네의 마담〉에는 '것이다'가 무려 서른네 군데나 나온다.

두 시간 가량 앉아서는 정해 놓고 영숙이를 바라다보는 **것이었다**. 세상에 다른 아무 존재도 없이, 오직 영숙이만 있다는 듯이 그 두 눈은 영숙이를 바라다보는 **것이었다**. 애정과 욕망과 정열에 가득 찬 눈이었다.

그런데 영숙이는 첫날부터 이 시선이 반가운 것을 감각한 **것이다**. … 잠시라도 그 학생의 시선이 딴데로 옮겨진 것을 발견할 때는 어째 서운한 생각이 드는 **것이었다**. (〈아네모네의 마담〉 주요섭)

이처럼 작가들이 시간이 갈수록 '것이다' 사용을 늘려간 현상에서 예외인 작가도 있기는 하다. 일본에서 중고등학교와 동경 독일어전수학원을 나온 현진건이다. 그는 1920년에 발표한 〈빈처貧妻〉에는 '것이다'를 열 번, 중편 〈타락자〉 (1922년)에는 열세 번 썼지만 〈술 권하는 사회〉(1921년)에는 한 번도 안 썼다. 〈운수 좋은 날〉(1924년)과 〈불〉(1924년)에는 한 번, 〈B사감과 러브레터〉(1925년)에도 한 번만 썼을 뿐이다. 다른 사람들이 쓰면 쓸수록 버릇이 되어 사용 횟수를 늘려간 점을 감안하면, 일본에서 중·고등학교와 대학을 다닌 현진건이 특별히 의도하여 실행하지 않고는 나타나기 어려운 현상이다.

일제 강점기에 문학 작품에 쓰인 '것이다'는 광복 이후에는 다양한 분야에서 왕성한 번식력과 전파력을 드러냈다.

○ 日本에눌러앉을 위험성이 있다는 생각도 있었을 **것이다**.

○ 中間政治가 國民에뿌리를 내린것이없었다는 事實에對한, 國民의 날카로운批判이 나온것을 말하는 **것이다**.

(〈일본기행〉 1949년, 설국환)

○ 國語學이 무엇이냐의 規定 如何에 따라 곧 國語學의 性格이 左右되는 **것이다**.

○ 게르만 語學을 연구하는 것으로 믿고 또 言語學의 一分科를 研究
하는 것으로 思考하고 있는 **것이다.**

○ 國語學은 곧 個別言語學이라 함은 잊어서는 아니될 **것이다.**

（〈국어학 개설〉 1954년. 이숭녕）

○ 잉쿳병을 열게 하여 나의 등불 아래로 인도되는 **것이었다.**

○ 소자(小字) 즉 아명을 현룡(見龍)이라고 그 어머니 사임당이 주었
었다는 **것이다.**

○ 이 모양을 보는 모든 어른과 아이 들은 자미 있다고 볼 만 하다고
손바닥을 치면서 웃는 **것이었었다.**

（〈율곡선생전〉 1956년. 류자후）

○ 이제는 벌서 그 많은 罪狀을 記憶속에 찾일바이 없다 그러나 아버
지는 그 때문에 애를 태우신 **것이다.**

○ 낡아빠진 헌 時計가 새벽 한時를 鈍濁하게 칠 때. 그때 당신은 난
데 없는 哀愁를 느낄 **것이다.'**

（〈생활인의 철학〉 1957년. 김진섭）

맨 앞에서 말했듯이 한 단락에서 마지막 문장인 경우 '것이다'
로 끝내는 현상이 훨씬 심하다. 다음 보기 글은 2001년 7월부터
〈중앙일보〉에 연재되었던 최인호 다큐 소설 〈해신海神〉 4회 일부
이다. 장보고張保皐를 다룬 이 소설은 TV 드라마로도 만들어지
며 한때 장보고 붐을 일으켰다.

3년 동안 절치부심하였던 오다 노부나가는 우선 자신의 영토에서 농민들을 확보하여 상비군을 편성하였다. …이른바 병농분리가 이루어지지 않았던 **것이다.**

오다는 농민이나 도시하층민 중에서 사람을 골라 민첩하게 행동하는 보병을 선발하였다. …이들은 더이상 농사를 짓지 않았으며 마침내는 가신단家臣團의 말단에 편입되어 3년동안 조직적인 군사훈련을 받으며 성장할 수 있었던 **것이다.**

훗날 오다의 뒤를 이어 천하통일의 위업을 완성한 사람이 바로 이 미천한 아시가루 출신의 아들이었던 도요토미 히데요시였다는 것은 아이러니컬한 일일 **것이다.**

또한 오다는 … 포르투갈 상인들로부터 조총을 수백 정 구입하여 자신의 무사단을 조총으로 무장시켰다. …오다는 이 세 가지의 단계를 거쳐야 하는 조총의 치명적인 약점을 보완하기 위해서 삼단식三段式 사격전술을 구사하였다.

즉 선두 열은 발사하고 물러나고, 두 번째 열은 심지에 불을 붙이고, 마지막 열은 탄환을 재는 일을 동시에 반복함으로써 잠시의 공백도 없이 일제 사격하는 효과적인 공격전술을 창안해낸 **것이었다.**

훗날 오다의 이 독창적인 전법은 그대로 도요토미에게 이어져 임진왜란 때 조선의 군사들에게 막대한 피해를 입혔던 것이 바로 조총이었던 **것이다.**

어쨌든 천하쟁패를 다투는 나가시노의 전투는 오다와 도쿠가와 연합군의 일방적인 승리로 끝이 났다. 단 한 번도 패하지 않았던 다케다의 무적 기마군단은 연합군의 조총 사격에 의해서 거의 전멸해버린 **것이었다.**

'것이다'로 단락을 끝맺는 것은 글버릇이다. 이야기(소설)는 스토리와 플롯이 중요한 요소이지만 이야기를 풀어가는 기본은 문장이다. 글짓기를 업으로 삼은 이야기꾼으로서 글을 지을 때 한 번쯤 모국어를 생각한다면 버릇도 극복할 수 있지 않을까.

것으로

'것이다'가 많이 쓰이는 사실만으로도 큰 문제인데 요즘에는 '것으로'까지 가세했다. 기자들 버릇 중에 어쩌면 '것이다'보다 더 사용 빈도가 높은 말이 '것으로'인 듯하다. 다음에 보기로 든 글과 그 아래 고친 글을 보면 '것으로'는 거의가 불필요하게 쓰이고 있음을 알게 된다. '~ㄹ 것으로'를 '~리라고'로, '~하는 것으로'를 '~한다고'로 바꾸면 어절이 2개에서 1개로 줄어 문장이 간결해지고 어법에도 맞는다.

○ 그들이 그런 짓을 **할 것으로** 전혀 생각한 적이 없다.
　　　　　　　　　하리라고

○ 그들이 핵무기를 **개발하는 것으로** 판단된다
　　　　　　　　　　개발한다고

○ 박회장은 명예회장으로 **추대될 것으로** 알려졌으나 박회장은
　　　　　　　　　　추대되리라고　　　　　　(삭제)

이를 고사하고 **있는 것으로** 알려졌다. (1992년 〈동아일보〉 1면 '포철 명예
　　　　　　　　있다고
회장직도 사양'에서)

'~의'를 어찌하오리까 ①

　내 잘못을 아뢰자면, 나는 30대 때 〈미지未知에의 도전〉을 쓴
뒤로 '미지에 도전하다'라고 하지 않은 일을 몹시 후회했다. 사실
'~에의'가 우리말 옛 용법 '엣'(부사격 조사 '에' + 관형격 조사 '의')
인지 일본어 'への'인지는 아직 논란거리이다. 어쨌든 나는 '미지
에 대한'이라는 뜻으로 썼는데, 〈석보상절〉에 나온 '거우루엣 제
그르멜'은 '거울에 있는 제 그림자를'이라는 뜻이니 나는 일본식
으로 쓴 셈이다. 이를 반성하면서, 또 '~의'를 오·남용하지 않고
도 얼마든지 글을 쓸 수 있음을 알리고 싶어서 이 책에는 인용
문 빼고 '~의'를 전혀 쓰지 않고 있다.

　2020년 3월21일 한 일간지 책 섹션이 내 눈길을 끌었다. 두 면에
걸쳐 커다랗게 상자 기사로 소개된 신간新刊 아홉 권 가운데 다섯
권 제목이 '○○의 ○○'였다. 〈유럽의 죽음〉〈타인의 해석〉〈야생
의 위로〉〈런던의 헨델〉〈현금의 재발견〉. 제목 가지고 내용을 짐

작한 책은 〈런던의 헨델〉뿐이었다. 특히 〈타인의 해석〉은 두 가지로 해석되었는데 그 내용이 정반대였다. ①내가 하는 말을 남이 달리 해석할 수 있다, 혹은 그러한 점을 고려해 말하기 ②낯선 사람 파악하기. ①일 경우 '타인의 해석'에 쓰인 '~의'는 관형격 조사가 아니라 주격 조사로 쓰였다. '타인이 하는 해석'이라는 뜻이다. ②는 내가 타인을 해석하기이니 '~의'가 목적격 조사로 쓰였다.

원제를 찾아 보니 'talking to strangers'였다. 낯선 이에게 말 걸기. 이렇게 좋은 제목을 왜 '타인의 해석'이라고 했을까. 알고 보니 역시 남을 파악하지 못하는 우리가 낯선 이에게 말 거는 법을 알지 못할 때 일어나는 비극과 그것을 막을 방법을 다룬 내용이었다. 나는 '~의'를 잘못 써서 문장 내용이 정반대로 바뀐 글도 본 적이 있거니와 '타인의 해석'처럼 '~의'가 주격과 목적격 두 가지로 다 해석될 수도 있게끔 헷갈리게 쓴 글은 훨씬 더 많다.

○ 매일 오전 휴대폰 한 대를 앞에 두고 할머니 학생들의 퀴즈 쇼가 열린다 (2020년 5월2일 〈조선일보〉 기사)

    ○ 할머니 학생들이 주관하는 퀴즈 쇼가 열린다 (주격으로 해석)

    ○ 할머니 학생들을 대상으로 하는 퀴즈 쇼가 열린다 (목적격으로 해석)

○ 남 내정자의 육참총장 발탁은 (2020년 9월25일 〈조선일보〉 기사)

    ○ 남 내정자가 육참총장을 발탁한 것은 (주격으로 해석)

    ○ 남 내정자를 육참총장으로 발탁한 것은 (목적격으로 해석)

제목이 '○○의 ○○'인 책은 내 서가에도 많다. 〈침묵의 봄〉〈침

묵의 세계〉〈심해의 발견〉〈성의 계약〉〈내부로부터의 혁명〉〈문명의 붕괴〉〈역사의 연구〉〈꿈의 해석〉〈철학의 산책〉〈희망의 이유〉〈자유의 길〉〈분노의 포도葡萄〉〈생각의 탄생〉…. 이처럼 '~의'가 많이 쓰이는 원인으로 일본어 노の 외에 영어 오브of도 지목된다. 영어 책 제목을 번역할 때 저지르는 잘못은 ① 'OO of OO'을 무조건 'OO의 OO'로 번역하거나 ② 원제에 of가 쓰이지 않았는데도 'OO의'라고 한 경우이다.

①인 경우. 영어 아는 사람보다 일본어 아는 사람이 훨씬 많던 시절에는 서양 책이라고 해도 일본어판을 번역했기 때문에 の가 미치는 영향이 컸다. 그러나 요즘도 영어권 책에 '~의'가 많이 쓰이는 까닭은? 영어를 공부한 사람조차 국민 전체가 익숙한 글버릇에서 벗어나지 못한 탓이다.

영어는 명사 앞에 명사를 쓰려면 특별한 경우를 빼고는전치사를 붙여 수식구를 만든다. 이 '명사+전치사'는 뒤에 오는 명사를 수식하는 말로 번역하거나 아예 무시하고 '명사+명사'로 번역해야 한다. 새뮤얼 헌팅턴이 쓴 〈문명의 충돌〉 원제가 'The clach of civilizations'이므로 'clach+of'가 civilizations를 꾸민다고 보고 '충돌하는 문명'이라고 하거나 그냥 '문명 충돌'이라고 번역해야 맞다. 토인비가 쓴 〈역사의 연구〉도 원제가 'A Study of History'이니 '역사 연구'이다. '연구'가 행위성 명사이므로 이를 동사로 바꾸어 '역사 연구하기'로 해도 된다.

지그문트 프로이트가 쓴 〈꿈의 해석〉. 영어권은 독일어 판을 'The interpretation of Dreams'라고 번역했다. 원제 '디 트라움도이퉁Die Traumdeutung'에서 die는 여성형 명사 앞에 붙이는 관사이고 traum은 '꿈', deutung은 '해석'이니 '꿈 해석'이다. 해석解釋이란 자기 논리에 따라 이해한 것을 설명한다는 뜻이다. 따라서 '꿈 해석'이라는 제목에는 '심리를 분석(析:쪼개어 밝히다)하기 위한 꿈 해석(釋:풀다)하기'라는 뜻이 담겼다. 영어 번역본이 해몽(dream interpretation 또는 oneiromancy)이라고 하지 않고 of를 쓴 것에서 원제에 충실하려고 한 의도가 엿보인다.

일본 역시 '꿈풀이' '해몽'이라는 유메한ゆめはん·夢判 혹은 유메아와세ゆめあわせ·夢合[わ]세가 아니라 프로이트가 '해석'을 쓴 의도를 반영해 '야메노 가이샤쿠夢の解釋'라고 했다. 우리는 그것을 〈꿈의 해석〉이라고 번역했다. 물론 영어나 독일어를 번역했더라도 '~의'를 넣었을 것이다. 그 말을 안 쓰면 뭔가를 안 한 것 같은 허전함을 느꼈을 테니까.

'꿈 해석하기'가 '꿈의 해석'보다 왠지 어색하다고? 그건 순전히 버릇 때문이다. 바꾸어 생각해 보자. 애초에 '꿈 해석하기'로 되어 있는데 나중에 '꿈의 해석'이 제안되었다면, 어색한 정도가 아니라 얼토당토않은 제목이라는 말을 들었을 것이 뻔하다.

제인 구달이 쓴 〈희망의 이유〉(원제 'Reason for Hope')는 for를 of처럼 '~의'로 번역해 다짜고짜 내지른 제목이다. 희망을 위한 이유? 희망에 대한 이유? 어쨌거나 '누가'도 '왜'도 없이 무조건 희망을 말했다. 이 책은 저자가 미래에 희망을 갖는 이유를 밝힌 책이므로 '제인 구달은 왜 미래를 낙관할까'로 했다면 어땠을까. 버트런드 러셀 〈철학의 산책〉도 마찬가지이다. 원제가 'The Problems of Philosophy'이니 '철학이 지닌 문제들'이다. 철학이 어렵다는 선입견을 떨치고 가볍게 읽을 입문서로 소개하고 싶었다면 '산책'은 탁월한 선택이다. 하지만 왜 '철학 산책'이 아니고 '철학의 산책'인지 번역자에게 설명을 듣고 싶다.

다음은 ② 원제에 of가 없는데도 '~의'를 단 경우를 보자. 환경운동가 레이철 카슨이 쓴 〈silent spring〉. 내가 〈참 아름다운 도전〉을 써서 우리나라에 카슨을 처음 소개했을 때 나는 〈silent spring〉을 〈침묵하는 봄〉이라고 표기했다. 그러나 나를 빼고는 모든 사람이 이 책을 〈침묵의 봄〉이라고 한다.

어째서 '침묵하는 봄'이 아니고 '침묵의 봄'인가. 원제에 쓰인 silent는 '침묵하는'이라는 형용사이다. 그런데 제멋대로 '~의'를 갖다 붙이고는 '침묵의 봄'이라니, 침묵이 소유한 봄이라는 뜻인가? 유명한 심해탐험가 자크 이브 쿠스토가 지은 〈침묵의 세계〉도 마찬가지이다. 원제가 'The silent world'이니 '침묵하는 세계'라고 해야 맞다.

이런 예는 얼마든지 있다. 이어령 선생이 쓴 〈縮小指向の 日本人〉을 번역한 국내판 제목은 〈축소지향의 일본인〉이다. 왜 '축소지향의'인가. 작가가 의도한 바가 '축소를 지향하는 일본인'이니 '축소지향인 일본인'이 맞다. 단정하기가 망설여지면 일본식으로 '축소지향적인 일본인'이라고 할 수도 있겠다. 어쨌든 '축소지향の'가 '축소지향인'이 아니고 '축소지향의'로 번역된 것만 보아도 の가 우리말을 얼마나 왜곡시켰는지 알겠다.

'○○の ○○'. 이 틀은 언제부터 쓰였을까. 1895년 〈서유견문〉에 '夢의 中'(꿈의 속)이라는 희한한 일본식 표현이 선보였을 때만 해도 대중은 몰랐다. 11년이 지난 1906년 '혈의 누'(血の涙)라

는 제목을 단 신소설이 등장했다. 한자漢字는 한 글자로는 낱말
이 되지 못한다. 두 글자 이상을 조합해야 한다. 거기에 익숙한 사
람들이 한 글자에 の를 붙인 낯선 틀과 맞닥뜨렸다. 'ㅇ의 ㅇ'은
'귀의 성'(鬼の聲) '화의 혈'(花の血) '안의 성'(雁の聲) 따위를 계속
내놓으며 교두보를 확보했다. 그리고 마침내 1917년 〈무정無情〉
을 통해 문장에까지 대군 'ㅇㅇ의 ㅇㅇ'이 상륙했다.

그 뒤로 'ㅇㅇ의 ㅇㅇ'는 〈死의 讚美〉(1926년, 음반)를 거쳐 〈사
랑의 불시착〉(2020년, TV 드라마)에 이르기까지 손쓸 사이 없
이 우리 사회 구석구석에 침투해 '토착 왜구'가 되었다. 〈사랑
의 불시착〉 영어 제목은 'Crash landing of love'가 아니고 'Crash
landing on you'이다. 영어로는 '당신에게 불시착하다'라고 제대
로 했으면서 왜 우리말로는 '사랑의 불시착'이라는 엉터리 제목
을 달았을까.

'ㅇㅇ의 ㅇㅇ'라는 제목에서 제일 많이 보이는 것은 아무 이유
없이 '~의'를 쓴 유형이다. 대부분이 제목만 보고는 그 뜻을 짐
작하기 어렵다. 헬렌 피셔가 쓴 〈성의 계약〉이 그렇다. 원제 'Sex
contract'에서 sex는 성gender 문제에서 여성에 대한 차별을 뜻하
는, 여성에게만 모든 짐이 지워진 불평등을 뜻한다. (강요된)성性
계약, 즉 '여성에게 강요되는 불평등한 계약'을 멋진 제목으로 의
역하기가 어렵기는 하지만 의미 없는 '~의'를 붙여 '성의 계약'이
라고 한 것은 받아들이기 어렵다.

장 폴 사르트르가 쓴 〈자유의 길〉도 그렇다. 프랑스어 제목
은 '레 슈망 드 라 리베르테Les chemins de la liberté'이다. chemins은
'길' liberté는 '자유', de는 전치사이다. 영어판 제목은 'The Roads

to Freedom'. 인간이 실존적 자유를 추구한 발자취를 그린 책이니 '자유를 향한 여정旅程'이라는 뜻을 반영해 의역했어야 했다. (최근 '자유에의 길'이라고 번역한 것이 더러 보인다. 두루뭉실한 '자유의 길'을 좀더 구체화해 '자유를 바라는 의지'를 반영한답시고 그렇게 한 것 같은데 어차피(於此於彼에)라는 말마따나 의를 쓰든 에의를 쓰든 마찬가지 아닌가.)

오래 전 나를 사로잡았던 〈문명의 종말〉은 좀 드문 사례이다. 고사카 마사타카(高坂正堯)가 쓴 원제는 '文明が 衰亡するとき'(문명이 쇠망할 때)이다. 일본 사람이 '문명의 쇠망文明の衰亡'이라고 쓰지 않은 것도 특이하려니와 の를 쓰지 않은 일본 책 제목에 의를 넣어 바꾼 것도 처음 보았다. 그러나 역효과였다. '문명의 종말'이라는 두루뭉실하고 모호한 제목으로는 문명과 종말이 무슨 상관인지 알 수가 없다. 어떤 문명이든 종말을 맞는다는 말인지, 문명이 종말을 맞는 이유를 분석한 것인지, 종말을 맞은 문명들을 소개한 것인지 모르겠다. 원제를 그대로 썼다면 '문명이 쇠망할 때 나타난 전조 현상'을 다루었다고 쉽게 짐작했으리라. 일본인 대다수가 쓰는 구문 법칙을 버리면서까지 작가가 독자에게 제대로 전달하고 싶었던 팩트는 이렇게 무참히 짓밟혀버렸다. 'の의 복수'라고나 할까.

외국 책을 번역한 제목에만 '~의'가 오·남용될까? 그렇지 않다. 국내 저자 책에도 헤아릴 수 없이 많다. 〈고구려의 발견〉〈우리말의 탄생〉…. 오용 사례로는 〈국어의 갈길〉을, 남용 사례로는 〈책의 탄생〉과 〈번역의 탄생〉을 보자. 오용이든 남용이든 다 の에서 말미암았다.

〈국어의 갈길〉은 평생을 한글 사랑에 바친 분이 쓴 책이다. 그는 신문 기사 제목을 데스킹하면서 '무료 입장'을 '거저 들어가'로 바꿀 정도로 우리말을 쓰려고 애썼다. 그런데도 자기 책 제목을 '○○의 ○○'으로 했다. 수백 년 전 〈두시언해〉에 실린 〈발주주發奏州〉에 '내의 도는'(내가 갈 길은)이라고 의를 주격 조사로 썼으니 の에서 비롯된 영향이라고 단정할 수는 없겠다. 하지만 오늘날 관점에서는 〈국어가 갈 길〉이어야 맞는다. 그러니 の에서 받은 영향이 아니라고 할 수도 없다.

출판인이 쓴 〈책의 탄생〉은 '격동기 한 출판인의 출판일기'라는 부제가 있어 저자가 만든 사회성 짙은 책들이 출판되기까지 겪은 비화를 다룬 내용임을 짐작했다. 그가 걸어온 길이 가시밭길이었다는 내용일 터인데 제목을 '책의 탄생'이라고 했다. 부제까지 통용되지는 않는 일상에서 누구라 제목만 보고 그런 출판 비화를 다룬 책임을 짐작이나 할까.

〈번역의 탄생〉에 딸린 부제는 '한국어가 바로 서는 살아 있는 번역 강의'이다. 그런데 왜 제목에는 '바로 선 글'과 역행하는 '~의'를 달았을까. 부제와 제목 사이에도 연관성이 전혀 없다. 게다가 제목 뜻은 오리무중이다. '번역'이나 '탄생'이나 둘 다 '~하다'를 붙일 수 있는 행위성 명사이다. 동사 뜻을 가진 두 말을 '~의'로 연결한 '번역하기의 탄생하기'라니 이 무슨 아닌 밤중에 봉창 두드리는 격인가.

'번역의 탄생'을 보고 책 내용을 알 사람이 있을까. 번역이라는 행위가 처음 시작된 때부터 역사를 다룬 책인지, 작가가 제대로 된 번역을 시작했다는 뜻인지, 새로운 번역 이론을 내놓는다는 말인지 정말 모르겠다. 차라리 부제에 쓴 말을 따서 '한국어를 바로 세우는 번역'이라고 했으면 번역가 지망생이나 우리글에 관심을 가진 사람들이 얼른 알아보지 않았을까. 이렇게 훌륭한 책을 쓰기란 쉽지 않은데, 각고 끝에 마무리에서 아쉬움을 남겼다.

이 글을 쓰고 있던 2020년 5월23일 한 일간 신문에 자기 책을 소개하는 외고外稿가 실렸다. 그 들머리.

남들이 뭐라 해도 나는 꽤 잘 나가는 작가다. 고종 후손들의 삶을 쓴 〈제국의 후예들〉, 소설가 이병주 평전 〈작가의 탄생〉, 야구선수 최동원에 대해 쓴 〈거인의 추억〉 등 논픽션·평전을 계속 써왔다.

이 책 원고를 출판사에 넘기기 열흘 전인 2020년 10월16일에는 우리 사회에서 대표적 지식인으로 꼽히는 송호근 포스텍 석좌교수가 '탄생 3부작' 마지막 권을 펴냈다. 이 시리즈는 한국이 어떻게 근대 국가로 탄생하고 국민을 형성했는지 14년이나 걸려 1,400쪽으로 마무리한 역작이다. 세 권 제목은 〈인민의 탄생〉〈시민의 탄생〉〈국민의 탄생〉.

우리가 잠든 사이에도 '○○의 탄생'은 계속 탄생하고 있다.

'~의'를 어찌하오리까 ②

우리는 배달 겨레요 배달 민족이다. 붉달(檀)에서 유래한 '배달'은 우리 겨레를 가리키는 고유명사이다. 그런데 어느날 '배달의민족'이라는 또 다른 고유명사가 생겼다. 기업인이 무슨 생각으로 기업 이름을 이렇게 지었는지는 모르겠으나 그로 말미암아 우리 배달 민족은 뜻밖에 '배달하는 민족'이 될 운명에 처했다.

그냥 '배달 민족'이라고 했으면 어땠을까. 기업 이름에 민족 자긍심도 심고, 배달이라는 말이 배달配達과도 음이 같으니 일거양득이었을게다. 그런데 '배달'에 '~의'를 붙이는 바람에 일이 꼬였다. 나는 '배달의민족'이라는 광고를 처음 보고 가슴이 서늘했다. 우리가 배달의 민족인 줄 아는 사람이 생겨나고, 언제인가는 그렇게 아는 사람이 더 많아질 수도 있겠다는 예감이었다.

'배달'이라는 일반 명사에 '~의'를 붙이면 관형구로 바뀐 '배달의'는 '배달하는'이라는 뜻으로 해석될 수밖에 없다. 배달이라는 말이 물건을 배달한다는 행위성 명사이기 때문이다. '배달 민족'에서 '배달配達'이라는 아이디어를 이끌어낸 발상이 기가 막히다고 감탄하는 사람을 여럿 보았다. 쓸쓸래했지만 그나마 그가 우리 민족이 '배달 민족'임을 안다는 말이니 괜찮았다. 그러나 현실은, 어느 틈에 우리가 '배달의 민족'인 줄 아는 사람이 생겨나고 있다. 몇 년 뒤 아이들에게 물어보라. 어떤 대답이 나올까?

"우리가 무슨 민족이지요?"

"배달의 민족이요."

그뿐일까. 그렇지 않아도 외국 사람들이 감탄하는 것 중 하나가 우리나라 배달配達·delivery 문화이다. 이대로 가다가는 우리가 진짜로 '배달하는 민족'으로 알려질 수도 있겠다. 벌써 인터넷 일본어 사전에는 모욕적인 뜻을 나타내는 단어인 'tribe'와 '配達'을 쓴 예문이 올라 있다.

○ 우리가 어떤 민족입니까? 배달의 민족!

Who are we? Tribe of delivery!

僕たちがどんな民族ですか? 配達の民族!

(이 글을 쓰고 열흘 지난 2020년 8월12일 〈퍼플 튜브〉라는 유튜브에 오른 '독일이 한국을 얕잡아보고…'라는 영상에 다음과 같은 내레이션과 자막이 나왔다. '이 어플은 우리 민족이 예로부터 **배달의 민족**이라고 불린 것에 착안하여 언어유희 삼아 그것을 그대로 어플 이름으로 선정한 기업입니다.')

일본어 の가 우리글을 망가뜨리는 것 중에서 가장 사용 빈도가 높고 폐해가 심한 것이 바로 '배달의 민족'에서처럼 명사와 명사 사이에 '~의'를 넣어 쓰는 '○○의 ○○'이다. 앞글에서는 제목에 쓰이는 '○○의 ○○'에 관해 살펴보았는데, 이 글에서는 문장에 나오는 '○○의 ○○'가 우리글 구문構文을 어떻게 망가뜨리고 있는지 알아보자.

'○○의 ○○'은 문장 속에서도 똑같은 잘못을 저지른다. 게다가 글 쓸 기회가 많은 사람이 자주 쓰고 곧잘 틀린다. 심지어 국어사전 표제어 풀이에조차 일본 사전 풀이를 그대로 베낀 '~의'가 헤아릴 수 없고, 한글 연구자들 글에도 무수히 등장한다. (밑금 그은 곳 아래 나오는 글은 모두 내가 이렇게 고치면 좋겠다고 생각한 것이니 참고만 하기 바람)

○ **국어사전에 나오는 '실례' '홍봉한洪鳳漢' 풀이말 보기**

  ○ 어떤 행동을 하려고 할 때 상대의 양해를 구하는 인사
                         상대에게

  ○ 환곡還穀의 작폐 엄금, 은결隱結의 조사 등 업적이 많음
    환곡에 따르는   은결에 대한

○ **국어학자 책에 나오는 문장 보기**

  ○ 세종이 첫 번째 지시한 것은 운서의 번역이었다
                      운서를 번역하는 일

  ○ 〈훈민정음해례〉의 편찬자 중에서 최항, 박팽년, 신숙주
    〈훈민정음해례〉 편찬자

  ○ 운회의 번역 사업은 단순히 중국 한자음을 새 문자로
    운회 번역

이런 예는 이 책에 수없이 나온다. 대학 교수이자 한글연구가인 필자가 몰라서 틀린 것이 아니다. 문장을 명사 위주로 쓰고 거기에 '~의'를 붙이는 글버릇 때문이다.

박병식씨는 〈일본어의 비극〉에서 '일본인도 우리처럼 어떤 소리도 낼 수 있는 신체 구조를 가지고 태어나지만, 초등학생 때 자기네 글자('50음도')를 익히면서부터 그들이 낼 수 있는 소리는 50가지 이내로 제한된다'고 지적했다. 그들이 정상인 성대를 가지고도 '똑딱 똑딱'이라고 발음하지 못하고 の를 붙여 쓰는 것을 놓고 회자된 우스갯소리가 있다. 한국 시계는 '똑딱 똑딱' 제대로 가는데 일본 시계는 '똑이노 딱이노' 하고 가니 한국 시계보다 느리다는 말이다.

그렇다면 냉정히 따져 보자. 우리가 남을 비웃을 처지인지. 우리가 그 노の를 들여다가 글자 수를 '똑이노 딱이노'처럼 늘린 글을 얼마나 많이 쓰는지 생각해본 적 있는가.

○ '맥아더의 해임'을 두고 거센 '비난의 소리'를 낸 ··· 6어절 15자
　　맥아더 해임　　　　　거세게 비난한　　 ··· 4어절 11자

○ 외래 '문화와의 접촉'을 통해서 이루어졌다 ··· 3어절 10글자
　　문화와 접촉해서 ··· 2어절 7글자

영화 〈황산벌〉에서 '거시기'가 난무하듯이 쓴 사람도 모르고 읽는 사람도 모르는 오류투성이 긴 글이 생산되고 소비되는 암묵적 공모共謀야말로 '한국어의 비극' 아닐까.

우리 문법에서 'OO의 OO'에 관해서는 여러 학설이 있다. 그 중 A씨는 '~의' 쓰임새를 뒤에 오는 말이 앞말과 맺는 관계에 따라 소유·주체·대상·소속·속성으로 분류했다. 그 가운데 A씨가 '속성'을 설명하고자 든 예문 '평화의 소리'를 보자. 나는 이 말 자체가 예문 자격이 없다고 생각한다.

'평화의 소리'란 평화라는 메시지를 담은 소리, 혹은 그렇게 들리는 소리를 말한다. 그냥 길게 뜻을 풀어서 쓰는 수밖에 없다. 그래야 명확하다. '평화를 염원하는 소리'인지 '평화를 상징하는 소리'인지 '평화가 왔다고 알리는 소리'인지 '평화롭게 들리는 소리'인지. 그렇게 하지 않고 우리가 일상에서 좀처럼 쓰지 않는 '~의'를 넣어 '평화의 소리'라고 했다. 알아서 해석하라는 뜻 아니고 무엇인가. 여기에 쓰인 '~의'를 관형격 조사 쓰임새라고 한다면 독선이다.

B씨가 내세우는 학설도 'N의 N'(명사＋의＋명사) 쓰임새를 다섯 가지로 분류했다. 그 중 하나.

○ 형용사적 어근＋의… 최악**의** 선택, 최선**의** 방법

A씨 학설 중 보기로 든 '평화의 소리'에서 '평화'는 '평화롭다'는 형용사가 명사형으로 바뀐 말이다. 따라서 B씨가 말하는 '형용사적 어근＋의'에 해당한다고 하겠다. B씨도 '평화의 소리'가 맞다고 한 셈이다. 그러나 나는 이미 '평화의 소리'가 틀렸다고 했다. 여기에 더하여 B씨가 예로 든 '최악의 선택, 최선의 방법'에도 동의하지 않는다.

뒤에 오는 명사를 꾸미는 형용사는 '~ㄴ' '~한'으로 끝난다. '가장 좋으ㄴ'이라는 뜻인 형용사적인 어근 '최선'에는 '~의'가 아

니라 '~이ㄴ'이 붙어야 한다. '가장 좋은 선택'은 '최선인 선택'이
지 '최선의 선택'이 아니라는 말이다. 그러니 나는 '~의'를 '속성'
을 나타낼 때 쓴다거나 '형용사적인 어근'에 붙여 쓴다거나 하는
주장이 애초에 우리나라 사람이 써온 구문構文을 도외시했다고
생각한다. 하도 많이 틀리게 쓰니까 거기에 면벌부免罰符를 준 뒷
수습용 학설이라는 심증을 가질 수밖에 없다.

A씨나 B씨 학설에 나오는 '○○의 ○○' 예문들은 편의성만을
지향하느라 문법과 구문을 망가뜨리는 대표적인 예라고 생각한
다. 이 대목에서 내가 생각해온 바를 밝히겠다. 나는 '○○의 ○
○'에서 두 ○○ 중 하나가 행위성 명사(혹은 B씨 말대로 형용사적
어근인 명사)냐 아니냐를 먼저 따져야 한다고 본다. 일반 명사라
면 그대로 놔두거나 의를 빼서 합성명사(복합 명사)로 만들면 되
지만, 명사 하나가 행위성 명사나 형용사적 어근인 명사라면 문
장 틀을 바꾸어야 한다. 그 명사는 처음부터 동사나 형용사로
써야 했기 때문이다. 앞말이나 뒷말 중 하나가 거기에 해당하면
다음 두 가지 방법 중 하나를 써서 제대로 고칠 수 있다.

하나. 앞말을 관형사로 바꾸기

명사는 명사를 수식하지 못하니 앞 명사를 구로 만들어야 한다.
의를 붙이는 것이 제일 손쉬우니 흔히들 그런 잘못을 저지른다.

○ 영채를 자유의 몸을 만들고… 《무정》

'英采를自由の身를作って'라는 일본식 구문構文이다. 이광수뿐
만 아니라 거의 모든 이가 이렇게 쓴다. 이를 뒷받침하는 B씨 이
론―'형용사적인 어근에 의를 붙인다'―도 있지만 이것은 틀린

방법이다. 본디 명사를 수식하는 것은 관형사이니 뜻도 안 통하는 **의**를 붙여 관형구('자유의')를 만들지 말고 '자유'라는 명사를 형용사('자유롭다')로 바꾸어 관형사(형용사 활용형 '자유로운')나 부사('자유롭게')로 하는 것이 옳다. 자, 다음 세 가지 예문 중에서 독자가 판단하시라.

○ 영채를 자유**의** 몸으로 만들고 … 형용사적인 어근에 **의**를 붙임
○ 영채를 자유**로운** 몸으로 만들고 … 형용사 '자유롭다'를 관형사로
○ 영채를 자유**롭게** 만들고 … 형용사 '자유롭다'를 부사로

둘. '〜의'를 주격 조사로 바꾸고 뒤에 동사를 넣기

○ 교육부**의** 2019년 교육 기본 통계이다
   교육부**가** 발표**한**
○ 나**의** 연구에 걸림돌이 될지도 모른다
   내**가** 하**는** 연구

행위성 명사에 **의**가 붙은 경우는 앞 명사에 붙은 **의**를 떼어내고 대신 '하다'를 붙여서 관형사(동사 활용형 '○○하는')로 바꾸면 문장이 간결해지고 어법에도 맞는다.

○ 배달**의** 민족→ 배달**하는** 민족
○ 비난**의** 소리가 들끓었다→ 비난**하는** 소리

동사나 형용사로 바꿀 수 없는 말도 있으리라. 그렇다면 'ㄴ' '〜한' 꼴을 갖추어 구나 절로 만들면 된다.

○ 전교생 스물네 명**의** 시골 학교→ 스물네 명**인**/ 스물네 명**뿐인**

'○○의 ○○' 다음으로 일본어 の가 우리글을 망가뜨렸다고 꼽을 것은 무엇일까. 동사 몫을 명사가 차지해 그 결과로 동사가 행위할 대상인 목적어가 사라지고, 행위를 꾸밀 부사도 사라진다. 우리글 구문이 근본부터 무너진다.

(×) 팬데믹의 성공적인 극복을 위해(パンデミックの成功的な克服のために)
　　　　　　형용사　　명사

(○) 팬데믹을 성공적으로 극복하려고
　　　(목적어)　　부사　　　동사

(×) 6자회담의 조속한 재개를 촉구했다(6者協議の速やかな再開を促した)
　　　　　　형용사　명사

(○) 6자회담을 조속히 재개하자고 촉구했다
　　　　　　　부사　　동사

○ 그의 전격적 기소는 예상 밖이다→ 그를 전격적으로 기소한 것은

○ 보트너는 미 9연대장의 해임 권고를→9연대장을 해임하라는

○ 그 공세는 기껏 유엔군 배치의 변경 정도의 성과만 얻었다

　→ 배치를 바꾸게 한 정도 성과만 얻었다

○ 향가의 연구는 그에게 더없이 중요했다→ 향가를 연구하는 일

○ 요즈음 가요는 사랑의 노래가 많다→ 사랑을 주제로 하는

동사와 부사에는 우리 토박이말이 많다. 보글보글, 시나브로, 쏜살같이, 빨리빨리처럼 정겹고 생동감 넘치는 부사와 역동적인 동사가 빠지고 한자어 명사가 나열된 글은 무미건조하다. 공문서, 브리핑, 프레젠테이션에 쓰이는 소제목들이 그렇다. 고등학교〈문법〉책도 예외가 아니다. ● 표시 ○ 표시 글을 비교해 보라.

- 자발적인 시민의 협조 유도 (프레젠테이션)
○ 시민이 스스로 나서서 돕도록 이끌자
- 적합한 단어의 선택, 단어의 바른 사용 (《문법》)
○ 알맞은 낱말 고르기, 낱말 바르게 쓰기

부사와 동사가 사라짐은 글 생활과 말 생활이 서로 달라짐을 뜻한다. 마케팅 강사가 가리키는 스크린에는 '신속한 배달'(형용사+명사)이라는 글이 떠 있는데, 강사는 "빨리 배달해야 합니다"(부사+동사)라고 말한다. 왜 자막에도 '빨리 배달하기'라고 쓰지 못할까. 우리가 날마다 듣는 날씨 정보에서건 어디서건 이렇게 '형용사+명사'가 '부사+동사'를 몰아낸 말과 글이 넘쳐난다.

○ **많은 비가** 올 것으로 예상됩니다 (×) **비가 많이** 오리라고 (○)
○ 단기간에 **큰 발전을** 이루었다 (×) **크게 발전했다** (○)

'자발적인 **시민의 협조** 유도'라고 쓰는 투가 버릇되면 정작 사람들 앞에서도 틀리게 말하게 된다.

(×) **시민 여러분의** 많은 **협조를** 부탁드립니다 … 5어절 7품사 17자
　　명사　　명사　　형용사 명사 조사　　동사

(○) 시민 여러분이 많이 도와주십시오 　… 4어절 5품사 14자
　　명사　 명사 조사 부사　　동사

'언니의 책'처럼 동사와 형용사로 바꿀 수 없는 명사에 '~의'를

붙인 경우는 어떻게 해야 할까. A·B씨는 왜 그것을 합리화했을까. '언니의 책'도 엄밀히 따지면 '언니가 가진 책'이고, '한국의 사찰'도 '한국에 있는 사찰'이기 때문이다. 그래서 '언니가 가진'과 '한국에 있는'이 '책'과 '사찰'을 꾸미는 관형구라고 보아 '○○의 ○○'을 묵인 내지는 합리화했다. 하지만 이 문제는 그냥 **의**를 빼거나, **의**를 빼고 합성명사로 간주해 해결해야 하는 경우가 대부분이다.

○ 언니의 책→ 언니 책, 한국의 사찰→ 한국 사찰

○ 수원의 갈비→ 수원 갈비, 수레의 바퀴→ 수레바퀴

다음 글에서는 **의**가 불필요하게 남용되는 일과 다른 조사처럼 오용되는 일을 다루겠다. 그것을 뒷받침하기 위해 세종대代부터 지금까지 우리글에서 '~의'가 어떻게 쓰였는지 찾아보겠다. 조선시대 초기·중기·후기를 대표하는 〈용비어천가〉〈두시언해〉〈한듕록〉〈홍길동뎐〉〈옥누몽〉을 텍스트로 삼았다. 그로써 우리가 예로부터 써온 '~의'와 일제 강점기에 들어와 우리글을 혼란에 빠트린 일본식 구문 용법 '~의'를 구별하고자 한다.

'〜의'를 어찌하오리까 ③

東海の小島の磯の白砂に　동해의 작은 섬의 갯가의 모래밭에

われ泣きぬれて　蟹とたむる　내 눈물에 젖어 게와 노닐다

　이어령 선생은 〈축소지향의 일본인〉에서 이시카와 다쿠보쿠 (石川啄木)가 지은 이 단가短歌를 두고 이렇게 분석했다. '무한히 넓은 동해가 노の에 의해 작은 섬으로 축소되고 그 섬이 또 갯가로, 갯가는 또 백사장으로 차례차례 수축되어 마지막에는 점에 불과한 게 잔등이까지 응축되고 만다. 그것이 또 내 눈물에 젖어 이므로 그 넓은 동해의 바닷물은 결국 한 방울의 눈물로 축소되어 버리고 만다. 세계를 축소시키려는 그 지향성이 직접 언어에 나타난 형태가, 세 번이나 の를 반복한 일본 특유의 어법이다.'

　이선생은 한국어와 일본어 차이가 노の를 가지고 어휘와 어휘를 잇는 이러한 구문構文 형태에 있다고 보았다. 그것을 축소

지향 의식이라는 관점으로 분석했다. 그러나 이 시가 우리나라 작품이라면 어땠을까. 너나없이 시가 아니라 산문散文이라고 했을 것이 틀림없다. 물론 운율 없는 산문에 산만하다는 뜻까지 보태서. 우리나라 시인이 똑같은 시상을 떠올렸다면 그가 내놓은 시 첫 행은 이러했으리라.

동해 작은 섬
갯가 모래밭에

글이 간결해야 감정도 군더더기 없이 표현할 수 있다. 여운도 길고 운율도 산다. 우리는 글을 그렇게 쓸 수 있다. 그런데도 왜 굳이 불필요한 の를 빌려다 쓸까? 차마 거론하기 민망하지만, 다음에 보기로 든 글은 최현배 선생이 쓴 〈우리말본〉(1937년) 머리말에 나오는 한 구절이다. '동해의 작은 섬의 갯가의 모래밭'에 못지않게 '~의'로 이어져 있다.

○ 조선말은 … 조선 사람**의** 창조**의** 활동**의** 말미암던 길이요, 연장이요, 또 그 성과**의** 축적**의** 끼침이다.

이 문장에 쓰인 **의**는 큰 바다를 눈물 한 방울로까지 축소시킨 용법이 아니다. **의**를 많이 써 버릇해서 달리 표현하지 못했다고밖에 말할 수 없다(이 글 풀이는 327페이지 참조).

최현배 선생도 이렇게 썼으니 초등학교 교과서든 국어학자가 쓴 책이든 '~의' 없이는 문장을 꾸리지 못한 것이 당연하다.

○ 다른 극끼리 끌어당겨서 서로 반대**의** 방향을 가리키는 것과 같이,

지구가 한 개의 큰 자석의 일을 하기 때문이다.(《자연 4-2》 1954년)

○ 문화의 발달로 고도의 생활의 필요성에 따라 국어의 어휘가 크게 증가될 것이다.(《국어학 개설》 이숭녕, 1954년)

의를 빼면 이 글들은 우리글다운 쉬운 문장이 된다.

○ 다른 극끼리 끌어당겨서 서로 반대 방향을 가리키는 것과 같이 지구가 큰 자석 노릇을 하기 때문이다.

○ 문화가 발달해 생활(수준)이 높아짐에 따라 국어 어휘가 크게 증가할 것이다.

の가 미친 여러 악영향을 크게 뭉뚱그려 세 가지를 꼽았다.

하나. 쓰지 말아야 할 곳에 '〜의'를 남발한다

'〜의' 남용 사례 중 가장 심한 것이 바로 위 경우처럼 없어야 더 좋은데도 쓰는 현상이다. 케임브리지 딕셔너리에 '무엇을 보여 줄 때(showing someone or something)' of를 '〜의'로 번역하라는 설명문이 있다. 그 용례를 보자.

○ a map of the Yeoju city ○ a photo of my boyfriend

'여주시 지도'가 아니라 '여주시의 지도'로, '내 남자 친구 사진'이 아니라 '내 남자 친구의 사진'으로 번역하라는 말씀이다. 우리는 일상에서 어떻게 말할까. '친구 사진'일까, '친구의 사진'일까? 날카로운 풍자와 비판으로 우리 사회 여론을 이끌어 가는 ㅈ씨가 쓴 책에서 한 단락을 보자. 우리는 '바다 냄새'라고 하고 일본은 '바다의 냄새(海の臭)'라고 함을 염두에 두고 읽어 보시라.

당시에 건축의 장식, 교회의 부조, 강단, 무덤, 메달 등 3차원의 구조를 가진 물건은 일체 조각가의 공방에서 제작되었다. 그리고 화가와 조각가는 다시 분수나 다리나 장벽을 짓는 대규모의 프로젝트에 함께 동원되기도 했다.

'~의'가 다섯 군데나 나온 두 문장에서 꼭 필요한 곳에 쓰인 '~의'는 없다. ㅈ씨 책에는 한 페이지에 '~의'가 15개꼴로 나온다. 387페이지이니 대략 5,800개인 셈이다. 그 중 예문에서 보았듯이 빼도 상관없는 '~의'가 절반이 넘는다. 나머지도 격格이 불분명하거나 잘못 쓰인 것이 많다.

위 보기에서 '~의'를 빼고 읽었더니 영 어색했다면 김성동 소설 〈국수〉에서 뽑은 다음 글을 보시라. 〈국수〉 다섯 권에는 '~의'가 아예 없다. *는 다른 사람이라면 반드시 '~의'를 넣었으리라고 확신하는 곳에 내가 한 표식이다.

김시과* 손길은 흔들리고 있었다. 쾌하지 아니하게 군수* 존문을 받은 다음날이었고 … 군수는 조촐하게 꾸미어진 사랑* 세간살이들을 둘러보았다. … 어지간한 선비 명색* 사랑에는 다 있는 것들인데, 얼음무늬 은은한 미리견* 유리병에 철따라 활짝 핀 곳송이들 꽂아놓고 … 행세하는 양반은 차치물론하고 심설 중인中人 나부랭이들* 사랑에도 한두 점씩은 있게 마련인 당물 왜물 양물 세간살이 한 점 보이지 않는 게 … 늙은 선비* 사랑다웁다. 군수* 눈길이 가 있는 곳은 보료 곁* 왼쪽이니 …

2020년 5월5일 〈조선일보〉에 이혜훈 기자가 쓴 "달고나 커피, 멈출 수가 없어요"에도 '~의'가 쓰이지 않았다.

지난 24일 스웨덴 최대* 일간지 다겐스니헤테에 **난** 기사 제목이다. … 달고나 커피가 '격리 커피'라는 이름으로 **한류를 또 하나** 만들고 있다.

다른 사람 같으면 '최대의' '다겐스니헤테의 기사'라고 했을 텐데 '최대' '다겐스니헤테에 난 기사'라고 바르게 썼다. 또 거의 모두가 '또 하나의 한류를'이라고 썼을 것도 '한류를 또 하나'라고 바르게 썼다. 쉬워 보이지만 아무나 할 수 없고, 흔할 것 같지만 아주 보기 드문 일이다. 1년에 한 번 맛볼까 말까 한 기쁨!

둘. '~의'를 붙여서 숫자를 앞으로 내놓는다

○ 전자산업, 천억 달러**의** 수출을 달성했다
　　　　　　수출 천억 달러를

○ 15명**의** 대원을 데리고 작전에 나섰다
　　대원 15명을

○ 이 병원에는 10명**의** 의사와 25명**의** 간호사가 일한다
　　　　　　의사 10명과 간호사 25명이

'N의 N' 학설을 소개한 B씨는 윗글에 쓰인 **의**를 '수량 관계를 나타내는 조사'라고 했다. 그 예로 '45kg의 몸무게' '5명의 학생'을 들었다. 하지만 일제 강점기 이전 우리글에는 숫자가 명사 앞에 쓰인 적이 없다. 이것은 '몸무게 45kg' '학생 5명'이어야 맞다. B씨 말이 '수량 관계를 나타내는 조사이니 앞에 내놓아야 한다'는 뜻이라면 그 근거가 무엇인지 황당하기 그지없다.

다시 인터넷판 Cambridge Dictionary '영어-한국어 사전'에서 'of의 번역' 편을 보자.

○ containing (내용물을 나타냄) … a glass of milk (한잔**의** 우유)

'~의' 용례 중 숫자 관련 설명을 보면 '내용물을 나타낼 때, 즉 a glass of milk인 경우 of를 의로 번역하라'고 되어 있다. 맞는 표현인 '우유 한 잔'이 아니고 틀린 표현인 '한 잔의 우유'라는 말씀.

간혹 숫자가 글 내용에서 매우 중요하기 때문에 그것을 강조한 도치법倒置法이라고 강변하는 사람이 있다. 하지만 '도치'란 뒤바꾸었다는 말이다. 바른 어순이 아니니 꼭 필요할 때에만 쓰라는 뜻이다. 지금처럼 백이면 백 모두가 그렇게 쓰는 것은 이미 도치법이 허용하는 범위를 넘어서고 그 용도가 왜곡되었음을 나타낸다. 또한 도치법을 써도 되도록 '~의'를 쓰지 않아야 한다.

○ 전자산업, 천억 달러**의** 수출 달성 … 잘못된 도치문
○ 전자산업, 천억 달러 수출 달성 … 바른 도치문
○ 전자산업, 수출 천억 달러 달성 … 바른 문장

시작詩作에서는 바르지 않음이 용인된다. 순서가 바뀌어서 더 좋을 때가 있다. 그래서 우리 감성은 '당신은 접시꽃'보다 '접시꽃 당신'에 더 반응한다. 그러나 일반 글에서는 무조건 숫자를 앞에 내놓는 행위가 용인될 수 없다.

○ 이 프로젝트에는 30명**의** 전문가가 참석했다.

이 글은 언뜻 보기에 30명을 강조한 글이 아닌데도 숫자를 앞에 내놓았다. 30명이라는 숫자를 강조하고자 했다면 보조사(특

수 조사) '~이나'를 쓰면 순서도 바르고 글맛도 나고 숫자도 훨씬 강조된다. '무려' '자그마치' 같은 부사를 활용해도 좋다.

○ 이 프로젝트에는 전문가가 15명**이나** 참석했다
○ 이 프로젝트에는 전문가가 **무려** 15명이 참석했다

우리가 북한 말을 들으면 어색하지만, 저들은 오히려 우리가 쓰는 말을 흉본다. 그처럼 말이란 자꾸 쓰면 자연스럽고 어쩌다 쓰면 어색하다. 그런 현상을 염두에 두고 '천억 달러' 달성을 강조하고자 했다면 다음 셋 중에 어떤 문장이 제일 효과적일까.

○ 전자산업, 천억 달러 수출 달성
○ 전자산업, 수출 천억 달러 달성
○ 전자산업, 수출 천억 달러**나** 달성

세 번째 글을 자꾸 써 버릇해도 어색할까. 하도 많이 써서 도치법이 주는 효과가 사라진 지금 '나' 한 글자야말로 천억이라는 숫자가 얼마나 대단한지 확 와닿게 하는 묘수가 아닐까.

셋. '~의'를 다른 조사가 쓰일 곳에 잘못 쓴다

'~의'가 주격·보격·부사격 조사와 보조사로 쓰인 일은 우리 옛글에서도 보이므로 の에서 왔다고는 할 수 없다. 하지만 오늘날 문법 체계에서는 바른 글이 아니다. (●는 요즘 글, ○는 옛글. 화살표 (→) 다음이 내가 추천하는 글)

○ '의'를 **주격 조사**로 쓴 예

● 나의 살던 고향은 꽃피는 산골→ 내가

● 역사의 변화를 기대하지 말라→ 역사가 변화하기를

○ 知章의 말 탐이 배 탐과 같으니→ 지장이 《두시언해》

○ 홍은의 외입하기로 별감을 치죄하였나이다→ 興恩이 《한듕록》

○ 아자(어린 자식)의 하직함을 보고→ 아자가 《홍길동뎐》

○ 축융이 여아의 명진明陣에 잡혀감을 보고→ 여아가 《옥누몽》

○ '~의'를 **보격 조사**로 쓴 예

● 중국 젊은이들은 백만장자의 꿈을 꾸고 한국 청년은 공무원의 꿈
  을 꾼다→ 백만장자가 될 꿈, 공무원이 될 꿈

○ 영웅호걸의 기상이라→ 영웅호걸이 될 《홍길동뎐》

○ 왕후의 기상이라→ 왕후가 될 《홍길동뎐》

○ '~의'를 **부사격 조사**로 쓴 예

● 인쇄술은 책의 무한한 자기 복제를 허락했다→ 책에게

● 젊은이들의 열렬한 사랑과 지지를 받았다→ 젊은이들로부터

○ 오늘 악양루의 올라라→ 악양루에 《두시언해》

○ 아시의 매양 외가의 가→ 아시에(어렸을 때에), 외가에 《한듕록》

○ 신의 천한 아이 있어→ 신에게 《홍길동뎐》

○ 상공의 총(사랑)을 잃을까 하여→ 상공에게서 《홍길동뎐》

○ 몸을 공중의 솟구쳐→ 공중으로 《홍길동뎐》

○ 석물 범절이 국능의 가깝게 하라→ 국능과 《홍길동뎐》

○ 어찌 남방풍토의 성장한 인물이리오→ 남방풍토에서 《옥누몽》

○ 축융과 일지련의 우익을 더했으니→ 일지련으로써 《옥누몽》

○ '~의'를 **보조사로 쓴 예**
○ 손야차는 소장의 고인(오랜 친구)이라→ 소장에게는 《옥누몽》

훈민정음으로 처음 쓰인 책은 〈용비어천가〉이다. 여기 실린 서사시 일백이십오 장 중 열다섯 장에 '~의'로 풀이될 수도 있는 음운 ㅅ, ㆆ, ㄱ, ㅣ, ㅿ, ㅓ와 음절 희(ㅢ) 횟(ㅢ+ㅅ) 희(ㅢ+ㅿ) 아홉 가지가 쓰였다. 하지만 관형격 조사로 '~의'가 쓰인 것은 제28장 한 군데뿐이다.

○ 員의 지븨 가사 避仇훓 소닉 마리 양한고사애 엇더ᄒᆞ 니잇고
　　원님의 집에 가서

15세기와 17세기에 나온 〈두시언해〉 초간본과 중간본, 19세기 초에 나온 〈한듕록〉에는 '~의'가 관형격 조사 외에 주격·부사격 조사로도 쓰였다. 그리고 19세기 중반 이후 많이 읽힌 〈홍길동뎐〉과 〈옥누몽〉에서는 아주 드물지만 해석하기에 따라서는 보조사로 쓰인 예도 보인다.

이처럼 관형격 조사에서 주격·보격·부사격 조사와 보조사로 차츰 영역을 넓혀온 '~의' 쓰임새에 1895년을 기점으로 목적격 조사와 '○○의 ○○'이 가세하고 일본식 한자어가 범람하자 우리글은 걷잡을 수 없이 일본식 구문에 어지럽혀지고 말았다. 한때 대한민국 국민이라면 누구나 외워야 했던 국민교육헌장을 보자. 여덟 문장에 '~의'가 스무 개나 나오는데, 제대로 쓰인 것은 하나도 없다. (화살표 다음 글이 내가 추천하는 글이다)

우리는 민족 중흥의 역사적 사명을 띠고 이 땅에 태어났다

　　→ 민족을 중흥시킬, 민족 중흥을 이룩할

조상의 빛난 얼을 오늘에 되살려→ 조상이 빛낸

자주 독립의 자세를 확립하고→ 자주 독립을 이룰

우리의 나아갈 바를 밝혀→ 우리가

교육의 지표로 삼는다→ 교육할

타고난 저마다의 소질을 계발하고→ 저마다 타고난

우리의 처지를 약진의 발판으로 삼아→ 우리, 약진할

창조의 힘과 개척의 정신을 기른다→ 창조할 힘과 개척하려는

상부상조의 전통을 이어받아→ 상부상조해온

우리의 창의와 협력을 바탕으로→ 우리가 지닌

나라의 융성이 나의 발전의 근본임을 깨달아

　　→ 나라가 융성함이 내가 발전하는 근본이 됨을

애국애족이 우리의 삶의 길이며 자유세계의 이상을 실현

　　→ 우리가 살 길이며 자유세계가 지닌

통일 조국의 앞날을 내다보며→ 통일될 조국을

민족의 슬기를 모아→ 민족이 지닌

　완벽하게 일본식 구문을 구현했다고 할 이 글은 시쳇말로 총체적 부실이요 の 종합 세트이다.

'~의'를 어찌하오리까 ④

우리나라 사람 중 첫 번째 일본 유학생인 유길준이 1892년부터 써서 1895년에 펴낸 〈서유견문〉. 우리 역사에서 여러 가지 깊은 뜻을 지닌 책이지만, 뒷날 우리말을 오염시킨 일본식 한자와 구문이 이 책에서 비롯되었다는 불명예도 받아들여야 한다. 〈서유견문〉과 함께 첫 신소설 〈혈의 누〉(1906년), 최초 근대 소설 〈무정〉(1917년) 그리고 1920년대에 발표된 단편소설과 1940~1950년대 글들을 통해 '~의'가 쓰여온 발자취를 살펴보자.

〈서유견문西遊見聞〉

〈서유견문〉 서문은 2,729자인데 오늘날 관형격 조사라고 불리는 '~의'가 109개 쓰였다. 25자마다 1개꼴이다. 〈홍길동전〉(경판본)이 72자당 1개, 〈옥누몽〉(권 2)이 93자마다 1개꼴인 데 견주면 그 빈도가 엄청나게 높아졌다.* 우리글에서 쓰임새가 한정되었

던 '~의'는 일본어 の처럼 쓰이게 되면서 우리글 조사助詞를 거의 대체했을 뿐만 아니라 심지어 목적격 조사로까지 쓰였다. の가 우리 구문構文을 제멋대로 휘젓고 어지럽히게 된 역사, 그 서막이었다.

○ **목적격 조사로 쓰인 예**

○ 文武才德의兼備ᄒ材를求ᄒ시…

　(문무재덕을 겸비한 인재를 구할 때…)

○ 磨沙州ᄂᆫ… 鴻匠巨擘의輩出ᄒ地라…

　(매사추세츠 주는… 큰 인물을 배출한 곳이어서…)

○ 朋輩의追逐에至ᄒ야도…

　(벗을 사귐에서도…)

○ 그밖에 **다른 조사로 쓰인 예**

○ 余의此遊에一記의無홈이不可ᄒ다ᄒ야

　(나는 이 유람을 기록하지 않을 수 없다고 생각하여)

○ 事物의繁殖ᄒ景像을見홈이竊料ᄒ든배…'

　(사물이 풍성한 모습을 보고 혼자 헤아리는 바…)

○ 公의名은泳翊이니芸楣ᄂᆫ其호라

　(공의 이름은 영익이니 운미는 그 호이다)

○ 婚葬의儀節을考ᄒ야

---

* 우리나라에서는 16세기부터 부사격 조사인 '~에'를 '~의'로 표기한 예가 많은데 18~19세기에는 거의 그렇게 썼다. 추사 김정희가 쓴 언문 편지에는 그 비율이 98.8%에 이른다. '~의'가 '~에'로 쓰인 경우는 뺀 수치이다.

(혼인과 장례에 **대하여** 의식 절차를 살피고)

○ 我邦이亦歐美諸國**의**友約을許ᄒᆞ야

(우리나라 또한 구미 나라들**에게** 조약 맺기를 허락해)

○ 具眼者**의**譏笑룰未免ᄒᆞ리로다

(안목 있는 이**에게서** 비웃음을 면치 못하리라)

○ 其國中**의**多聞博學의士룰從ᄒᆞ야

(그 나라**에서** 다문박학한 선비를 만나서)

○ 其冬**의**귀홈에與俱ᄒᆞᆫ則經年ᄒᆞᆫ客心

(그 겨울**에** 돌아가면서 함께하니 해 넘긴 나그네 심정)

○ 外務郎官**의**選을被ᄒᆞ야允可ᄒᆞᆫ 신聖恩을猥忝호니

(외무낭관**으로** 뽑혀 윤허하신 성은을 욕되게 하니)

○ 爾來歐美諸邦**의**約을訂結ᄒᆞᆫ後로브터

(그 후 구미 여러 나라**와** 조약을 맺은 뒤부터)

　　다음 예문에서 '십의팔구'나 '몽의중'은 일본식 표현 '十に
八九' '夢の中'을 그대로 따왔다. 우리나라에서는 '십중팔구', '몽
중' 혹은 '꿈속'이라고 쓴다.

○ '泰西의風을慕倣한者가十**의**八九룰是居ᄒᆞ니'

(서양 풍조를 흠모하여 따른 것이 십중팔구를 차지하니)

○ '夢**의**中에人의夢을說홈과其異가不無ᄒᆞ나'

(꿈속에서 남의 꿈을 말하는 것과 다름없으나)

○ 其國中**의**多聞博學**의**士룰 從ᄒᆞ야

(그 나라에서 다문박학한 선비를 만나서)

〈혈의 누〉

〈서유견문〉이 の를 우리글에 끌어들인 뒤로 이인직이 1906년 〈만세보萬歲報〉에 최초 신소설을 연재했다. 우리나라에 처음 등장한 '작가'가 붙인 제목은 〈혈의 누〉. 일본 관비 유학생 출신이 선보인 일본식 'OO의 OO'였다. 그런데 뜻밖에도 〈혈의 누〉 본문에는 '~의'가 관형격 조사와 주격 조사로 어쩌다 나올 뿐(다음 보기 글에 고딕체로 표시함) 일본식 구문은 보이지 않는다. 그 원인은 이 소설이 국한문을 혼용해 우리 구술체 문장을 구사한 데 있을 듯하다. 거기에 일본어 음독音讀과 훈독訓讀 방식에서 힌트를 얻은 듯이 소리 나는 대로(음석音釋), 혹은 뜻을 새겨(훈석訓釋) 국문으로 한자 위에 토를 단 형식이다.

　두 날개　　　　　　　　　　　분명　　이밤
○ 兩翼 탁탁 치며 꼿씌요우는 소리는 첫닭이 分明 흔딕, 此夜 식우기는 참 어렵도다

　(두 날개 탁탁 치며 꼬끼요 우는 소리는 첫닭이 분명한데 이 밤 새우기는 참 어렵도다)

　부친
○ 父親**의** 말ᄒ는 입을, 쳐다보면셔, 눈에는 눈물이 가득ᄒ 느 얼골에는, 깃 분빗을 씌여더라

　(부친**이** 말하는 입을 쳐다보면서 눈에는 눈물이 가득하나 얼굴에는 기쁜 빛을 띠었더라)

⟨무정無情⟩

⟨서유견문⟩에 선보인 일본식 구문은 1917년이 되어 첫 번째 근대 소설 ⟨무정無情⟩에서 재현되었다. ⟨서유견문⟩은 극소수에게만 배포된 책이지만 ⟨무정⟩은 달랐다. ⟨매일신보⟩에 연재되어 화제를 모으고 그 뒤 책으로 출판되어 수십 년간 인기를 모았다. 그러한 ⟨무정⟩이 온갖 일본투 구문을 다 보여주었으니 우리글 구문에 그것이 자리잡게 한 원인을 제공했다고 볼 수밖에 없다. 이 소설은 유학생 이광수가 일본에서 공부하면서 써보낸 원고이니 일본식 구문이 아니라면 도리어 이상할 터이다.

예문은 ⟨바로잡은「무정」⟩(김철 교주校註)에서 뽑았다. 본문 22 만여 자 중에 '~의'가 2,800여 자이니, 79자당 1개꼴이다. ⟨홍길동뎐⟩(72자당 1개) ⟨옥누몽⟩(93자당 1개)과 비교해 유의미한 숫자는 아니지만, 쓰임새가 훨씬 넓다(오·남용이 많다). 특히 'N의 N'과 'N의 AN'이 아주 많이 쓰였고, '~의'가 목적격 조사로 쓰인 일이 이어졌다. (원문 옆에 비교해 볼 일본어 문장을 필자가 넣었다)

○ 'N의 N'('명사+의+명사')

  ○ 월화의눈물의쯧을알녀ᄒ얏다 (月花の涙の意味を知ろうとした)

   (월화의 눈물의 뜻을 알려 하였다)→ 월화가 흘린 눈물
     명사   명사   명사   동사 명사

  ○ 월화의싱각에ᄂᆞ (月花の考えに)

   (월화의 생각에는)→ 월화가 생각건대/ 월화가 생각해 보니
     명사   명사   명사   동사   명사   동사

○ 원망의 피(怨望の血)→ 원망 서린/ 원망 맺힌

○ 사랑의 실망(愛の失望)→ 사랑에서 비롯된/ 사랑으로 말미암은

○ 'N의 AN' ('명사＋의＋형용사＋명사')

○ ᄌᆞᄀᆡ의유일ᄒᆞᆫ숭빅인물을삼앗다 (自分の唯一の崇拜人物とした)

(자기의 유일한 숭배인물을 삼았다) →자기가 유일하게 숭배할 인물
　　 명사　 형용사　 명사　　　　　　 명사　 부사　 동사

○ **목적격 조사**로 쓰인 예

○ 퇴학청원의리유는이러ᄒᆞ얏다 (請願の理由はこうだった)

(퇴학청원의 이유는 이러하였다)→ 퇴학을 청원하는 이유

○ 사랑의사실이잇는가 (戀の事實があるか)

(사랑의 사실이 있는가)→ 사랑을 한 사실

이 밖에 여러 가지 조사助詞로 오·남용된 사례는 그 전과 같
다. (《무정》이 1917년 〈매일신보〉에 연재될 때는 위 예문들처럼 띄어쓰
기를 하지 않았다. 1년 뒤 나온 책부터 띄어쓰기를 했다.) (화살표 다음
글이 내가 추천하는 글이다)

○ 형식의ᄉᆞ랑에딕ᄒᆞᆫ퇴도는 (亨植の愛に對する態度は)

(형식의 사랑에 대한 태도는)→ 형식이 사랑을 대하는

○ 그의방탕홈을허물ᄒᆞ더니 (彼の放蕩ぶりを惡口を言って)

(그의 방탕함을 허물하더니)→ 그가

○ 박진ᄉᆞ의ᄯᅩᆯ영칙의나히열살이니 (朴進士の娘英采の年十歳だから)

(박진사의 딸 영채의 나이 열 살이니)→ 박진사 딸 영채의 나이

○ 나츨월화의가삼의비비고 (顔を月花の胸にこすりつけて)

(낯을 월화의 가슴의 비비고)→ 낯을 월화의 가슴에 비비고

○ 형식의싱각이더욱식로워지고 (亨植の思いが更に新しくなり)

(형식의 생각이 더욱 새로워지고)→ 형식에 대한 생각

○ 표면의힝동은젼이나다름이업셔 (表面の行動は前と違いがなくて)

(표면의 행동은 전이나 다름이 없어)→ 표면에 드러난 행동

○ 형식은그우슘의쯧을모른다 (亨植はその咲いの意味を知らない)

(형식은 그 웃음의 뜻을 모른다)→ 웃음에 담긴 뜻/ 웃음에 감추인 뜻

○ 월향씨의포로가되엇지오 (月香さんの捕虜になりましたね)

(월향씨의 포로가 되었지요)→ 월향씨에게 포로

○ 형식의션비로즈쳐ᄒ며 (亨植の先輩を自任して)

(형식의 선배로 자처하며)→ 형식에게 선배라고

○ 그의교육을바든학싱이 (彼の教育を受けた學生が)

(그의 교육을 받은 학생이)→ 그에게서 교육받은

○ 영문덕문의금즈박힌칙이잇슴 (英文德文の金字入りの本があった)

(영문 덕문의 금자 박힌 책이 있음)→ 덕문으로

○ 녀즈의아름다운덤을구비ᄒ얏스리라 (女の美点を具備したであろう)

(여자의 아름다운 점을 구비하였으리라)→ 여자로서

동사·형용사가 '~의'로 쓰이고 숫자 표기 순서가 바뀌었다.

○ 죠롱의쯧이대부분이엇다

(조롱의 뜻이 대부분이었다)→ 조롱하는/ 조롱하려는/ 조롱하고자 하는

○ 죠션사름의살아날유일의길은

(조선 사람이 살아날 유일의 길은)→ 유일한 길은

○ 수빅명의남즈를대호대

(수백명의 남자를 대하되)→ 남자를 수백 명이나 대했지만

○ 락동강은십여척의증수가되엇다

(낙동강은 십여 척의 증수가 되었다)→ 강물이 십여 척 증수되었다

심지어 일본에서도 の를 쓰지 않는 문장에 '~의'를 넣었다. 또 일본식 표기인 '~에 있어서'도 처음 쓰였다. ~에 있어서(~に 於いて), ~에 있어서는(~に おいては), ~에 있어서의(~に おける).

○ 「싱명이나다훔은무엇이뇨」의질문 (生命が生まれるという質問)

('생명이 나다 함은 무엇이뇨'의 질문)→무엇이뇨'라는 질문

○ 「엇더케씨는가」의질문에 (どうやって覺ますのかという質問に)

('어떻게 깨는가'의 질문에→ '어떻게 깨어나는가'라는 질문에

○ 즈긔가됴션에잇셔셔는가장진보 (自分が朝鮮においては最も進步)

(자기가 조선에 있어서는 가장 진보)→ 조선에서는

다음 1920년대 단편 소설은 모두 일본 유학파 작품이다.

〈배따라기〉 김동인(1921년)

○ 가장 우리 사람의 이해자인 듯이→ 사람을 이해하는 존재

○ 열여섯 살부터의 동경 생활에→ 열여섯 살부터 해온

○ 그의 탄 배가 강화도를 지날 때에→ 그가

〈**감자**〉 김동인(1925년)

○ 열아홉 살의 한창 좋은 나이의 여편네→ 열아홉 살이라는, 나이인

○ 동네 여인들의 보통 하는 일을 본받아→ 여인들이

○ 하루에 삼십이 전씩의 품삯이→ 품삯이 하루에 삼십이 전씩

○ 왕서방의 이야기를 하면서 웃고 있었다.→ 왕서방 이야기

○ 복녀의 부처는 이제 이 빈민굴의 한 부자였다→ 복녀 부처, 빈민굴에서

〈**광화사**〉 김동인(1930년)

○ 사십여 년 전의 어머니의 사랑의 아름다운 얼굴→ 사십여 년전, 사랑이 담긴 어머니의

○ 소경은 이미 이 세상의 사람이 아니었다→ 이 세상

〈**화수분**〉 전영택(1925년)

○ 과연 아범의 우는 소리다→ 아범이

○ 큰것의 욕을 먹고, 성화 받고→ 큰것에게

○ 아범과 그 식구의 대강의전형이다→ 대충 본보기로 든 그 식구 모습

〈**빈처**〉 현진건(1920년)

○ 나의 유일의 신앙자이고 위로자이던 저까지→ 나에게 유일한

○ 그는 자기의 잘사는 것을 자랑하고자→ 자기가

○ 이때에 처형의 사준 신이 눈에 띄었는지→ 처형이

〈**운수 좋은 날**〉 현진건(1924년)

○ 뼈만 남은 얼굴에 유일의 생물 같은→ 유일하게

○ 그는 슬금슬금 그 여자의 곁으로 다가들었다→ 그 여자

○ 그 여자의 들고 있는 일본식 버들고리짝에→ 그 여자가

소설만 이랬을까? 아니다. 소설에서 터를 잡은 '~의'는 빠르
고 너르게 퍼졌다. 어느새 국어학자가 쓴 학술 서적이나 국어사
전에까지도 '~의'를 안 쓰고는 글을 쓸 수 없는 지경에 이르렀다.
그런 현상은 광복 후 글쓰기가 활발해지고 간행물이 많이 나오
자 더욱 기승을 부리며 이 땅에 뿌리를 내려 오늘에 이르렀다.

〈개정한 한글 맞춤법 통일안〉 '머리ㅅ말' 조선어학회 (1933년)

○ 최종의 정리가 다 마치었으며→ 최종 정리를

○ 3개년의 시일을 걸치어, 125회의 회의가 있었으며, 그 소요의 시간
수로는→ 3년에 걸쳐 125회나 회의를 열었으며, 거기에 소요된

○ 시대의 진보로 … 감사의 뜻을 표한다→ 시대가 진보함에 따라 … 감
사하는 뜻

〈우리말본〉 '머리말' 최현배 (1937년)

○ 한 겨레의 문화 창조의 활동은 … 그 말로써 남기나니→ 한 겨레가
문화를 창조한

○ 조선말은 … 조선 사람의 창조의 활동의 말미암던 길이요, 연장이
요, 또 그 성과의 축적의 끼침이다→ 조선 사람으로 하여금 창조 활동
을 말미암게 하던(창조적 활동을 하는 원인이 되게 하던), 그 성과가 축
적되게끔 영향을 끼친 존재이다 (나는 글 뜻은 짐작하지만 명확히 옮길
수가 없다. 명사로 쓰인 '끼침'을 제대로 해독했다고 생각하지 않는다.)

〈**국어학 개설**〉 이숭녕 (1954년)

○ 저자의 **多年의** 강의에서→ 저자가 다년간 **해온**

○ **연구의** 흥미를 돋구게 하고→ 연구에

○ **내일의** 발전을 위한→ 발전할 내일

○ 이 책을 **엮음에 있어서**→ 엮으면서

○ 한글을 연구하는 학문이라든지의 대답이→ 학문이라든지 그런

○ 국어학이 무엇이냐의 규정 여하에 → 무엇이라고 규정하는지에

○ **국어학의** 연구대상인 국어란→ 국어학이 연구할 대상으로 **삼는**

○ **문화사의** 일대전환의 실마리가 보이는→ 문화사에 일대전환이 **될**

○ 단순히 사실의 記述에 만족할 수는 없다→ 사실을 기술하는 것

〈**생활인의 철학**〉 김진섭 (1948년)

○ 돈이 많은 **공장주의** 몸으로서→ 공장주로서(공장주 신분으로서)

○ 창앞에 한 개의 老樹가 선 내 고향→ 노수 한 그루 선

○ 여기 十五의 弱年으로 세상을 떠난 소녀 클라라→ 약년 15세로

○ 어느 촌 주막에서의 외로운 一夜→ 주막에서 **보낸**

○ 滿月의 밤의 개 짖는 소리→ 만월인 밤에 (보름달 뜬 밤에)

○ **우리의** 오랫동안의 **경험**에 의하면→ 우리가 오랫동안 경험한 바

○ 내 마음이 **선택의** 주인공이 된 이제→ 선택할 주체가

〈**국어 3-2**〉〈**셈본 4-2**〉 문교부 (1954년)

○ **인쇄기계의** 기증을 받아 → 인쇄기계를 기증 받아

○ 한 모서리가 12cm 되는 정륙면체의 상자를→ 정육면체 상자

〈**국어대사전**〉 '머리말' 이희승 (1961년)

○ 이와 같은 커다란 사전의 편찬에 있어서는→ 사전을 편찬하는 데는

○ 100여 명의 인원의 협력을 얻어→ 100여 명에게서

○ 그 언어와 문자가 고도의 문화적 가치를 지니고→ 높은

○ 수천년 동안의 연연한 역사를 계속하여 왔다는→ 동안

○ 현대에 있어서도 삼천만의 동포가→ 현대에도 삼천만

○ 사전의 편찬처럼 힘들고 어려운 일도→ 사전 편찬

〈**우리말 큰사전**〉 '머리말' 한글학회 (1992년)

○ 우리 말글의 연구와 교육에 → 말글을 연구하고 교육하는 데

○ 민족 문화의 유지 발전을 위하여→ 문화를 유지, 발전시키기

○ 편찬 일꾼들의 피땀의 결정이오→ 일꾼들 피땀으로 이룬

〈**표준국어대사전**〉 '머리말' 국립국어연구원 (1999년)

○ 이미 간행된 몇 종의 사전을 대조해 보면→ 몇 가지

○ 어문 규정의 적용에 착오가 있어서→ 규정을 적용하는 데

○ 박사과정 수료 이상의 사람이 참여하였다→ 수료 이상인

○ 원고를 학회의 추천을 받은 전문가에게→ 학회가 추천한

○ 국민의 국어 생활의 표준을 제공→ 국민에게 국어 생활에 관한

○ 북한의 말도 폭넓게 수용하여→ 북한 말

○ 전문 인력의 확보가 여의치 못했다는→ 인력을 확보하기가

○ 다른 국어사전의 길잡이 역할을 해야→ 사전에게, 노릇(역)을

○ 이 사전이 나오기까지 많은 사람의 도움이 있었다

   → 여러 사람이 도왔다

글쓰기를 마치고

어쩌다 이런 네거티브 인생에 발을 디뎠을까. 현업에서 은퇴한 지 15년이 지나 일흔 살에 이 책을 쓴 것도 모자라, 이제는 정말 끝났나보다 하며 늘어지게 하품을 하고 기지개를 켰는데 또눈에 띈 것이 잘못 쓴 말들이다. 2020년 10월5일 마지막 편을 끝맺고 느긋한 마음으로 신문을 펼쳐들자 기다렸다는 듯이 이런제목과 기사 첫머리가 눈에 들어왔다.

① '법치 파괴하는 최고의 기술자는 법률가'

판사 출신의 한 로펌 대표가 얼마 전 식사 자리에서…

버릇으로 쓴 글을 보며 버릇처럼 드는 생각. 말로는 '판사 출신인 한 로펌 대표가'라고 하면서 왜 글은 '판사 출신의'라고 쓸까. 다음날 신문에서는 이 대목들에 눈길이 꽂혔다.

② 당시 독일의 기라성 같은 대가들을 인식하지 못했다

③ 상처 하나 없이 머리와 내장을 제거시킨 바다장어

정말 지나간 전쟁이 아니었다. 글로써 밥벌이를 하는 이른바작가·필자·교수·기자 들이 '모국어'라는 말을 한 번이라도 생각해 본 적이 있다면 이런 글들이 나올 수 없다.

그동안 우리 말과 글을 지키려는 노력은 거의 ②를 바로잡는데 국한했다. 즉 어휘에서 일본말 잔재를 없애는 것. 이 일은 더디지만 조금씩 나아지는 모습이 보인다. 그러나 우리말을 가꾸고살려 쓰자는 노력은 헛일이 될 공산이 크다. 정부와 기업이 문서에 한자어 명사만 쓰는 현실에서는 불가능하다. 게다가 우리말은 옛날에 생겨났다. 시대 흐름에 따라 사라지는 것은 숙명이다.

'삭정이'라는 말을 보자. 나무에 붙어 있거나 땅에 떨어진 마른 나뭇가지가 삭정이다. 이것 없이는 아궁이에 불을 지필 수 없으니 요즘으로 치면 전기·석유·도시가스·LPG이다. 삭정이는 줍기만 하면 안 된다. 오가면서 쓸데없는 잔가지들을 꺾어놓아야 또 삭정이를 얻는다. 그것은 또한 가지치기이므로 나무에게도 좋다. 이렇게 살아왔는데, 생활이 바뀌니 사라졌다. 아궁이·쏘시개·부싯돌 따위 삭정이와 연관된 말들도 다 사라졌다. 그것을 살려 쓸 수는 없다.

③은 아예 몰라서 우리말을 틀리게 쓴 글이다. 이 경우는 갈 길이 멀다. 그렇지만 ②나 ③ 같은 '어휘' 문제는 결국 해결될 일이다. 진짜 끝이 보이지 않는 것은 바로 문장 틀이 잘못된 ①이다. 글쓰기를 업으로 삼는 사람들은 버릇처럼 '~의'를 마구 써서 우리말 구문構文을 망가뜨린다. 그뿐만 아니라 부사와 동사를 억지로 형용사와 한자어 명사로 바꾸어 씀으로써 우리말 전체를 쪼그라뜨리고 있다. 이것을 바로잡기란 불가능에 가깝다. 그래서 '~의'에 관해 제일 공을 많이 들여서 쓴 이 책도 공허한 메아리일 수밖에 없다.

그래도 헛심 쓴 건 아닐 게다. 세상일이라는 게 다 아주 작은 외침에서부터 시작되는 것 아닌가. 그 정도 이치는 알 나이다. 그래서 즐겁다. *

모국어를 위한
불편한 미시사

지은이   이병철

          2021년 5월 3일   초판 1쇄 발행
          2021년 6월 7일   초판 2쇄 발행

기획편집   선완규 김창한 윤혜인
디자인   포페이퍼

펴낸곳   천년의상상
등록   2012년 2월 14일 제2020-000078호
전화   031-8004-0272
이메일   imagine1000@naver.com
블로그   blog.naver.com/imagine1000

ISBN   979-11-90413-24-4 03700